올림포스 영어

엮은이 김정민

1990년 서울대학교 사회학과 졸업

올림포스 영어

초판 1쇄 인쇄 | 2002년 12월 15일
초판 1쇄 발행 | 2002년 12월 20일

엮은이 | 김 정 민
프로듀서 | 김 명 희
디자인 | 박 해 경
펴낸곳 | 도서출판 비단길
출판등록 | 2002년 12월 7일 제10-2519호
주소 | 서울시 마포구 동교동 203-46 금양빌딩 2층
전화 | 02-325-7897
홈페이지 | www.bidangil.net
인쇄 | 삼신문화사

값 14,500원

ISBN 89-90482-00-3 03740

올림포스
영어

OLYMPUS
ENGLISH

김정민 엮음

비단길

책을 엮으며

　　외국어는 우리를 새로운 세계로 인도하는 길이다. 그리스 로마신화는 우리가 외국어를 통해 만날 수 있는 매우 흥미진진한 세계임에 틀림없다. 영어 공부에 대한 막연한 공포 내지는 부담감은 사실 지나친 기대수준과 딱딱한 학습태도에 원인이 있다. 나는 이 책이 단순한 주입식 영어참고서가 아니라, 영어와 함께 서양문화의 원류인 그리스 로마신화를 즐기게 하는 일종의 문화교양서로 자리잡히길 바란다.

　　이 책은 크게 세 부분으로 구성되어 있다. 먼저 문법편을 통해 영어의 체계를 크게 살펴보았다. 문법은 언어를 쉽고 빠르게 이해시키는 도구임이 분명하다. 그러나 간단명료하고 적은 분량일수록 학습에 효과적이라는 판단 아래 문법의 핵심적 요소만을 기술하려 했다.

　　텍스트로 쓰인 영문은 그리스 로마신화의 세계적 권위자인 토마스 벌핀치(Thomas Bulfinch, 1796∼1867)의 『The Age of Fable』 중에서 뽑은 글이다. 벌핀치는 보스턴의 평범한 은행원으로 일하며 오십대 후반에 이 작품을 발표해 황량한 미대륙에 서구 전통의 신화문학을 보급한 진정한 의미의 대중문학가였다. 그는 사건이 바로 눈앞에서 펼쳐지는 듯한 생생한 묘사를 자유롭게 구사했다. 여타의 신화학자나 소설가가 아직도 그의 대중적 인기를 뛰어넘는 신화집을 펴지 못했다는 것은 일반적으로 알려진 사실이다. 아울러 그가 로마식으로 표기한 신들의 이름을 가급적 그리스식으로 통일해 표기했음을 일러둔다. 즉 Jupiter를 Zeus로, Venus를 Aphrodite로, Hercules를 Herakles로 표기했다. 로마인들이 이름 끝에 바꿔 쓴 us를 가능한 한 원래 그리스어 형태인 os로 환원해 한글 '-오스'로 표기했음을 또한 일러둔다. 따라서 Pyramus를 피라모스로, Pegasus를 페가소스로 표기했다.

이 책의 어휘편에서는 영단어의 쓰임새를 어근별로 재미있게 묶어보려 했다. 우리말 탑(塔)은 고대 인도말 〈스투파 stupa〉가 중국을 거쳐 온 말이며 부처의 사리를 모시고 세워진 건축구조물을 가리킨다. 영어의 stand, stall, constant, system은 인도 유럽어족의 뿌리에서 갈라진 말들로서 〈서다, 세우다〉의 의미를 지니고 있다. 즉 〈탑〉과 〈stand〉는 그 뿌리가 같은 말들이다. 이처럼 영단어들을 어근별로 분류하여 살펴보는 것은 흥미진진한 역사연구, 사회사연구, 철학연구가 될 것이다.

아울러 르네상스시대 이후로 그리스 로마신화에서 영감을 얻은 수많은 천재들의 그림들을 지면을 통해 만날 수 있는 점은 우리 모두의 행운이다. 과학기술과 민주주의의 발전은 왕실과 대부호의 저택에 갇혀 있던 이 놀라운 그림들을 세상에 공개했으며, 그리스 로마신화를 접하는 우리에게 읽는 즐거움뿐만 아니라 보는 즐거움, 더 나아가 함께 느끼는 즐거움을 선사하고 있다.

끝으로 이 책을 엮으며 염두에 둔 점을 밝힌다. 나는 우리 학생들과 시민들이 외국어를 공부하며 즐겁고 유익한 시간 속에 책장을 넘겼으면 하는 생각을 시종일관 지녔다.

이 책과 만나는 모든 사람들이 행복해지기를 바란다.

2002년 12월

엮은이 김 정 민

차 례

Chapter 1 명사 *Noun*

1 명사의 기능

1 주어   **Chaos** means confusion.

2 목적어   ① 동사의 목적어 Zeus defeated **his enemy**.
           ② 전치사의 목적어 The sky sprang from **Chaos**.

3 보어   The thunder was **his weapon**.

2 명사의 종류

셀 수 있는 명사(可算名詞, Countable Noun)와 셀 수 없는 명사(不可算名詞, Uncountable Noun)로 나뉜다. 셀 수 있는 명사 앞에는 관사(a, an, the)를 붙일 수 있고 복수형도 가능하다. 하지만 구분은 원칙적일 뿐이며 쓰임새에 따라, 즉 말하는 이의 의도에 따라 전환이 가능하다.

셀 수 있는 명사	보통명사	a boy - the boy - boys
	집합명사	a team - the team - teams
셀 수 없는 명사	고유명사	Zeus, Apollon
	추상명사	patriotism, fertility(비옥함)
	물질명사	water, salt, light

1 보통명사(Common Noun)
  ① 대표를 나타내는 보통명사
    a+보통명사   **A bad workman** always blames his tools.
    the+보통명사   **The eagle** was his favorite bird, and bore his thunderbolts.
    복수형   **Dogs** are faithful animals. I like **dogs** very much.
    ＊구어체에서는 '보통명사의 복수형'이 대표를 가리키는 데 흔히 쓰인다.
  ② the+보통명사＝추상명사
    The pen is mightier than **the sword**.
    She felt **the mother** rise in her breast. (모성애)

2 집합명사(Collective Noun)

family, army, audience, committee, group 등은 단수형과 복수형이 모두 존재하지만, 집합체를 이루는 개개인을 의미할 때는 **단수의 형태로 복수 취급**된다.

His family **was** united on this question.

Her family **were** always fighting among themselves.

> *cf.* 경우에 따라 단수와 복수로 모두 취급되는 집합명사는 오직 생물에게만 해당된다. 무생물인 furniture, luggage 등은 언제나 단수로만 취급된다.
> This bedroom furniture **is** on sale.
> *cf.* The police는 항상 복수의 개념으로 쓰인다.
> The police **are** after the suspect. (경찰은 용의자를 추적중이다.)

3 고유명사(Proper Noun)

특정개체에 붙여진 이름이며 대문자로 시작한다. '~라는 사람'처럼 개체의 의미로 쓰일 때 관사가 붙을 수 있다.

They called her **a Aphrodite** with one voice.

> *cf.* Korea, China, Japan 등 고유한 나라 이름에는 관사를 안 붙이지만 복수로 이루어진 나라는 the를 붙여 특정시킨다.
> the United States of America, the Philippines, the United Nations
> Guus Hiddink came from **the** Netherlands.

4 추상명사(Abstract Noun)

개념적으로 존재하며 of와 함께 쓰여 형용사구 역할을 한다. 원칙적으로 관사가 붙지 않지만 특정시키면 the를 붙일 수 있고 개체를 의미하면 a, an을 붙일 수 있다.

It is a long story **of adventure**. (**=adventurous**)

This fruit is half **the size** of that fruit.

The party was **a success**. (파티는 성공적이었다.)

5 물질명사(Material Noun)

수량을 표시하는 단위와 함께 쓰일 수 있다.

Midas took **a glass of wine**, but it flowed down his throat like melted **gold**.

> *cf.* 물질명사가 개체를 의미할 경우 관사도 붙고 복수형도 가능하다.
> I want to have **a coffee**. (커피 한 잔)
> Do you have **a paper**? (신문)
> Artemis dashed **the water** into the face of the intruder.

STORIES OF GODS AND HEROES
신들과 영웅들의 이야기

Zeus[zju:s] *n.* 제우스, 로마식 표기로는
 Jupiter
deity[díːəti] *n.* 신, 복수형은 deities
feast[fiːst] *n.* 축제, 연회 *vi. vt.* 잔치를 베
 풀다
feast on 마음껏 즐기다

The abode of the gods was on the summit of Mount Olympus in Thessaly. A gate of clouds, kept by the goddesses named the Seasons, opened to permit the passage of the Celestials to earth, and to receive them on their return.

The gods had their separate dwellings; but all, when summoned, gathered to the palace of Zeus, as did also those deities whose usual abode was the earth, the waters, or the underworld. It was also in the great hall of the palace of the Olympian king that the gods feasted each day on ambrosia and nectar, their food and drink, the latter being handed round by the lovely goddess Hebe. Here they conversed of the affairs of heaven and earth; and as they drank their nectar, Apollon, the

J.앵그르(1780~1867)의 〈제우스와 테티스〉. 테티스는 트로이전쟁에서 활약한 그리스 영웅 아킬레스의 어머니이다. 1811년 작품. 엑상 프로방스 가르네 미술관 소장.

god of music, delighted them with the tones of his lyre, to which the Muses sang in responsive strains. When the sun was set, the gods retired to sleep in their respective dwellings.

ambrosia[æmbróuʒiə] n. 암브로시아, 신들의 음식
nectar[néktər] n. 넥타, 신들의 음료
converse[kənvə́:rs] vi. 이야기하다, 담화를 나누다
strain[strein] n. 노력, 선율
lyre[láiər] n. 수금(竪琴), 리라(=lyra), 하프(=harp)
respective[rispéktiv] a. 각각의, 각자의
dwelling[dwéliŋ] n. 처소, 거처
semicolon (;) : period(.)보다는 가볍고 comma(,)보다는 무거운 구두점
colon (:) : 대구(對句) 사이 또는 설명이나 숫자로 대비시킬 때 쓴다. 4 : 3 등

신들의 거처는 테살리아 땅의 올림포스 산 정상에 있었다. 계절이라 불리는 여신들이 지키는 구름 문은, 신들이 지상으로 내려갈 때나 다시 돌아올 때 열렸다. 신들의 거주지는 각자 달랐다. 하지만 호출을 받으면, 땅이나 바다, 혹은 지하세계에 살고 있는 신들은 모두 제우스의 궁전으로 모여들었다. 올림피아 왕궁의 거대한 전당에서 신들은 신의 음식인 암브로시아와 아름다운 헤베 여신이 돌리는 신의 음료 넥타를 매일 마음껏 즐겼다. 이곳에서 신들은 하늘과 땅의 일들을 이야기했다. 그들이 넥타를 마실 때면 음악의 신 아폴론은 리라를 연주하여 신들을 즐겁게 했고, 뮤즈 여신들은 그 선율에 맞춰 노래를 불렀다. 해가 지면 신들은 각자의 거처로 잠을 청하러 갔다.

니콜라 푸생의 〈파르나소스〉. 그리스 중부에 자리잡고 있는 파르나소스는 성스러운 신들의 산으로 알려져 왔으며 중턱에는 고대 도시 델포이의 유적인 아폴론 신전의 기단과 기둥이 남아 있다. 1630년경의 그림. 마드리드의 프라도 미술관 소장.

The robes and other parts of the dress of the goddesses were woven by Athena and the Graces, and everything of a more solid nature was formed of the various metals. Hephaestos was architect, smith, armorer, chariot builder, and artist of all work in Olympus. He built of brass the houses of the gods; he made for them the golden shoes with which they trod the air or the water, and moved from place to place with the speed of the wind, or even of thought. He was able to bestow on his workmanship self-motion, so that the tripods (chairs and tables) could move of themselves in and out of the celestial hall. He even endowed with intelligence the golden maids whom he made to wait on himself.

신들의 옷과 장신구들을 만들어주는 아름다운 그라케 여신들. 라파엘로의 그림 (1505년).

여신들의 옷과 그 밖의 옷 장신구들은 아테나 여신과 그라케 여신들이 짠 것이며 단단한 물질들은 여러 가지 금속으로 이루어졌다.

헤파이스토스는 건축가이면서 대장장이에 갑옷과 이륜차를 만드는 올림포스의 만능 장인이었다. 그는 청동으로 신들의 집을 지었다. 그는 신들이 물이나 공기를 밟고 바람처럼, 때로는 상상하는 대로 빠르게 다니게끔 하는 황금구두를 만들어주기도 했다. 그는 작품에 스스로 움직이는 힘을 부여할 수 있었기 때문에 그가 만든 삼각대(의자와 탁자)는 하늘 궁전 안팎을 스스로 드나들 수 있었다. 더욱이 그는 자기에게 시중들게 하기 위해 황금으로 만든 시녀에게 지능을 주기까지 했다.

Zeus, though called the father of gods and men, had himself a beginning. Cronos was his father, and Rhea his mother. Cronos and Rhea were of the race of Titans, who were the children of Earth(Gaia) and Heaven(Uranos), which sprang from Chaos. The representations given of Cronos are not very consistent; for on the one hand his reign is said to have been the golden age of innocence and purity, and on the other he is described as a monster who devoured his children. Zeus, however, escaped this fate, and when grown up, married Metis, who administered a draught to Cronos which caused him to disgorge his children. Zeus, with his brothers and sisters, now rebelled against their father Cronos and his brothers the Titans; vanquished them, and imprisoned some of them in Tartarus, inflicting other penalties on others. Atlas was condemned to bear up the heavens on his shoulders.

독일의 화학자 클라프로트는 1789년 새로운 방사능금속을 발견하고 그 이름을 uranium이라고 정했다. 그리스신화에서 Chaos, 즉 혼돈을 갈무리하며 등장한 하느님(uranos)이라는 존재가 이제는 핵무기라고 하는 무시무시한 파괴자의 모습으로 부활한 것이다.

신들과 사람들의 아버지로 불리는 제우스 역시 기원(起源)을 갖고 있었다. 크로노스는 그의 아버지였고 그의 어머니는 레아였다. 크로노스와 레아는 카오스로부터 생겨난 대지의 여신과 하늘 신의 자손인 타이탄족(族)의 일원이었다. 크로노스에 관한 기록은 그다지 일관적이지는 못하다. 한편으로는 그의 통치시대가 순결과 순수의 황금시

군터(Gunther, Franz Ignaz)의 작품 (1770). 크로노스는 그리스말로 시간을 의미한다. 크로노스(Cronos)로부터 chronology (연대기학, 연표), chronic(만성적인), anachronism(시대착오) 등이 나왔다. 시간은 모든 생명을 집어삼키며, 집어삼켜진 존재, 즉 망각된 존재는 다시 기억에 의해 최근의 것부터 세상에 나올 수 있다. 제우스는 크로노스의 자식들 중 가장 막내였다. 맨 나중에 태어난 제우스가 먼저 태어나 먹혀진 손위 형제자매들을 구출했다.

대였다고도 하지만, 또 한 편으로는 크로노스가 제 자식들을 집어삼키는 괴물로 묘사될 때도 있기 때문이다. 여하튼 위기를 모면하고 장성한 제우스는 메티스를 배우자로 맞이했다. 그녀는 꾀를 내어 크로노스로 하여금 그의 자식들을 토해내게 했다. 제우스는 그의 형제, 누이와 함께 그의 아버지 크로노스와 그 형제 타이탄 족에 반란을 일으켰고, 마침내 승리를 거뒀다. 타이탄 족에게는 죄를 따지고 벌을 내려 일부를 타르타로스[지하세계]에 가뒀다. 아틀라스에게는 어깨로 하늘을 떠받치는 벌을 내렸다.

On the dethronement of Cronos, Zeus with his brothers Poseidon and Hardes divided his dominions. Zeus's portion was the heavens, Poseidon's the ocean, and Hardes's the realms of the dead. Earth and Olympus were common property. Zeus was king of gods and men. The thunder was his weapon, and he bore a shield called Aegis, made for him by Hephaestos. The eagle was his favorite bird, and bore his thunderbolts.

Poseidon [pouséidən] *n.* 포세이돈, 바다의 신, 로마식 표기로는 Neptune
Hades [héidiːz] *n.* 하데스, 지하 세계의 왕, 로마식 표기로는 Pluto, Tartarus (지하세계)를 다스리며 지하에 금 따위의 보물이 묻혀있다는 그리스인들의 관념이 반영되어 부(富)의 신이기도 하다.

이지스함대   일본과의 태평양전쟁이 끝난 후 미국은 벌떼처럼 달려들던 가미가제(神風)식의 대공(對空)위협에 효율적으로 대처하는 함정용 방어체계를 구축하려 했다. 그 결과 1983년 이지스(AEGIS) 시스템, 즉 「어떠한 창칼의 공격도 방어할 수 있는 방패」가 탄생되었다. 이지스함대는 21세기 현재 미국의 주력함대로 운항 중에 있으며, 일본은 세계 2번째로 이지스급 함대를 보유한 나라가 되었다.

크로노스가 폐위되자, 제우스는 그의 동생들인 포세이돈과 하데스와 더불어 그의 영토를 분할하였다. 제우스는 하늘을 차지하고, 포세이돈은 바다, 하데스는 죽은 사람들의 나라를 차지하였다. 대지와 올림포스는 공동의 재산이었다. 제우스는 신과 사람들의 왕이었다. 벼락은 그의 무기였고, 게다가 그는 헤파이스토스가 만들어준 아이기스라는 방패를 지니고 있었다. 독수리는 제우스가 좋아하는 새였으며 그의 번개를 지니고 다녔다.

Hera was the wife of Zeus, and queen of the gods. Iris, the goddess of the rainbow, was her attendant and messenger. The peacock was her favorite bird.

Hephaestos, the celestial artist, was the son of Zeus and Hera. He was born lame, and his mother was so displeased at the sight of him that she flung him out of heaven. Other

Hera[híɪə] *n.* 헤라, 결혼을 주관하는 질투의 여신, 로마식 표기로는 Juno
Iris[áiris] *n.* 이리스, 무지개의 여신
fling-flung-flung *vt.* ~을 힘껏 던지다
take part in 참여하다, 참견하다
be sacred to~ ~에 바쳐진

15

accounts say that Zeus kicked him out for taking part with his mother in a quarrel which occurred between them. His lameness, according to this account, was the consequence of his fall. He was a whole day falling, and at last alighted in the Island of Lemnos, which was from then on sacred to him.

헤라는 제우스의 아내였고, 신들의 여왕이었다. 또 무지개의 여신 이리스는 헤라의 시녀이자 사자(使者)였다. 공작새는 헤라가 총애하는 새였다. 하늘 나라의 장인(匠人) 헤파이스토스는 제우스와 헤라 사이에 태어난 아들이었다. 그는 태어나면서부터 절름발이였기 때문에 그의 어머니는 그 꼴 보기를 매우 싫어하여 그를 천상 밖으로 내던졌다. 다른 설명에 의하면 제우스와 헤라가 부부 싸움을 했을 때 헤파이스토스가 그의 어머니 편을 들며 참견하자, 제우스가 그를 차버렸다고도 한다. 이 설명에 의하면 그가 절름발이인 것도 그의 추락 때문에 비롯된 것이다. 그는 하루 종일 추락하다가 마침내 렘노스 섬에 떨어졌고, 그 후 이 섬은 그에게 바쳐진 성지가 되었다.

Ares, the god of war, was the son of Zeus and Hera. Apollon, the god of archery, prophecy and music, was the son of Zeus and Leto, and brother of Artemis. He was god of the sun, as Artemis, his sister, was the goddess of the moon.

Aphrodite, the goddess of love and beauty, was the daughter of Zeus and Dione. Others say that Aphrodite sprang from the foam of the sea. The zephyr conveyed her along the waves to the island of Cyprus, where she was

Aphrodite[æ̀frədáiti] n. 아프로디테, 美의 여신, 로마식 표기로 Venus
Ares[ɛ́əriːz] n. 아레스, 전쟁의 신, 로마식 표기로 Mars
Artemis[áːrtəmis] n. 아르테미스, 달의 여신, 머리에 반달장식이 있는 관을 쓴다. 로마식 표기로 Diana
zephyr[zéfər] n. 서풍, 미풍(微風)
attire[ətáiər] vt. 옷을 입히다
render[réndər] vt. 바치다, 주다
forge[fɔːrdʒ] vt. 벼리다, 만들다
ill-favored[ilféivərd] a. 못생긴, 못난

received and attired by the Seasons, and then led to the assembly of the gods. All were charmed with her beauty, and each one demanded her for his wife. Zeus gave her to Hephaestos, in gratitude for the service he had rendered in forging thunderbolts. So the most beautiful of the goddesses became the wife of the most ill-favored of gods. Aphrodite possessed an embroidered girdle called Cestus, which had the power of inspiring love. Her favorite birds were swans and doves, and the plants sacred to her were the rose and the myrtle.

embroidered[embrɔ́idər] a. 자수 놓여진

girdle[gɔ́:rdl] n. 거들, 허리띠

　　전쟁의 신 아레스는 제우스와 헤라의 아들이었고, 궁술(弓術)과 예언과 음악의 신 아폴론은 제우스와 레토 사이에 태어난 아들이었으며, 아르테미스의 오빠였다. 그의 여동생 아르테미스가 달의 여신이었듯이 아폴론은 태양의 신이었다.

　　사랑과 미의 여신 아프로디테는 제우스와 디오네 사이에 태어난 딸이다. 다른 설명에 의하면 아프로디테는 바다의 거품에서 나왔다고도 한다. 서풍은 그녀를 파도에 태워 키프로스 섬으로 데려다 주었고, 계절의 여신들이 그녀를 영접하고 옷을 입혀 신들이 모인 곳으로 인

르네상스시대의 이탈리아 화가 보티첼리(Botticelli, Sandro)의 〈아프로디테와 아레스〉. 전쟁의 신 아레스는 아프로디테의 정부(情夫)이다. 1483년 작품. 런던국립미술관 소장.

도했다. 아프로디테의 아름다움에 매혹되어 신들은 모두 그녀를 아내로 삼으려 했다. 제우스는 헤파이스토스가 번개를 만들어 준 것에 대한 답례로 아프로디테를 그에게 주었다. 그래서 여신 중에서 가장 아름다운 여신이, 신 가운데 가장 못난 신의 아내가 되었다. 아프로디테는 케스토스라고 하는 수를 놓은 띠를 가지고 있었는데, 이 띠는 사랑을 일으키게 하는 힘을 가지고 있었다. 그녀가 좋아하는 새는 백조와 비둘기였고, 그녀에게 바쳐진 식물은 장미와 은매화였다.

Eros[éras] n. 에로스, 사랑의 신, 로마식
　표기로는 Cupid
bosom[búzəm] n. 가슴
slight[slait] n. 경멸 a. 경미한, 근소한
　vt. 무시하다
reciprocal[risíprəkəl] a. 상호간의, 보답
　하는
Themis[θí:mis] n. 법률, 질서의 여신
solitary[sálitèri] a. 혼자의, 외로운

Eros, the god of love, was the son of Aphrodite. He was her constant companion; and, armed with bow and arrows, he shot the darts of desire into the bosoms of both gods and men. There was a deity named Anteros, who was sometimes represented as the avenger of slighted love, and sometimes as the symbol of reciprocal affection. The following legend is told of him: Aphrodite, complaining to Themis that her son Eros continued always a child, was told by her that it was because he was solitary, and that if he had a brother he would grow apace. Anteros was soon afterwards born, and Eros immediately was seen to increase rapidly in size and strength.

사랑의 신인 에로스는 아프로디테의 아들이었고, 그는 항상 어머니와 함께 다녔다. 그는 활과 화살을 가지고 있어서, 신들과 사람들의 가슴에 욕망의 화살을 쏘았다. 또 안테로스라 불리는 신도 있었는데, 이 신은 때로는 무시된 사랑의 복수자로 표현되었고, 때로는 상호간의 애정의 상징으로도 표현되었다. 그에 대해서는 다음과 같은 전설이 있다. 아프로디테가 테미스에게, 에로스가 늘 어린애 상태로 머물

〈아프로디테의 탄생〉. 조개에서 태어난 아프로디테를 서풍의 신 제피로스가 해변으로 보내자 계절의 여신이 마중나와 옷을 입히고 있다. 보티 첼리(Botticelli)의 1480년 작품.

러 자라지 않는다고 불평을 했다. 그 이유는 에로스가 혼자이기 때문이므로 동생이 생기면 빨리 자라게 될 것이라고 테미스는 아프로디테에게 말했다. 얼마 안 있어 안테로스가 태어났고, 에로스 역시 빠르게 키도 커지고 힘도 세어졌다.

Athena was the offspring of Zeus, without a mother. She sprang forth from his head completely armed. Her favorite bird was the owl, and the plant sacred to her the olive.

Hermes was the son of Zeus and Maia. He presided over commerce, wrestling, and other gymnastic exercises, even

Hermes[hə́ːrmiːz] n. 헤르메스, 심부름꾼의 신, 로마식 표기로 Mecury, Mercury는 commerce(상업)와 market(시장)의 어원이 된다.
preside[prizáid] vi. 의장이 되다, 주재하다
gymnastic[dʒimnǽstik] n. a. 체조(의), 훈련(의)
dexterity[dekstérəti] n. 솜씨 좋음, 재주, 민첩성
rod[rɑd] n. 막대, 지팡이

over thieving, and everything, in short, which required skill and dexterity. He was the messenger of Zeus, and wore a winged cap and winged shoes. He bore in his hand a rod entwined with two serpents, called the caduceus.

아테나는 제우스의 딸로서 어머니가 없었다. 그녀는 제우스의 머리에서 완전 무장한 채로 태어났다. 그녀가 총애한 새는 올빼미였고, 그녀에게 바쳐진 식물은 올리브였다.

헤르메스는 제우스와 마이아 사이에 태어난 아들이었다. 그는 상업과 레슬링 및 그 밖의 체조 운동, 더나아가 도둑질처럼, 요컨대 기술과 민첩성을 필요로 하는 모든 것을 주재하였다. 그는 제우스의 사자(使者)였으며 날개 달린 모자를 쓰고 날개 달린 신을 신었다. 그는 두 마리의 뱀이 엉켜 있는 카두케우스라는 지팡이를 손에 지니고 다녔다.

제우스의 머리에서 완전 무장한 채 태어나는 아테나여신. 고대 그리스 항아리에 그려진 그림. 파리 루브르박물관 소장.

Hermes is said to have invented the lyre. He found, one day, a tortoise, of which he took the shell, made holes in the opposite edges of it, and drew cords of linen through them, and the instrument was complete. The cords were nine, in honor of the nine Muses. Hermes gave the lyre to Apollon, and received from him in exchange the caduceus.

Demeter was the daughter of Cronos and Rhea. She had a daughter named Persephone, who became the wife of Hardes, and queen of the realms of the dead. Demeter presided over agriculture.

Dionysos, the god of wine, was the son of Zeus and Semele. He represents not only the intoxicating power of wine, but its social and beneficent influences likewise, so that he is viewed as the promoter of civilization, and a lawgiver and lover of peace.

포도덩굴로 만든 관을 쓰고 포도주를 마시고 있는 술의 신 디오니소스. 카라바지오(Caravaggio)의 그림(1596).

헤르메스는 리라를 발명하였다고도 전해진다. 어느 날 그는 한 마리의 거북을 발견하고서 그 껍질을 떼어내 그 양쪽 모서리에 구멍을 내고, 아마(亞麻)실을 구멍에 꿰어 악기를 완성하였다. 현의 수는 아홉 뮤즈에게 경의를 표하기 위해 아홉이었다. 헤르메스는 이 리라를 아폴론에게 주고 그로부터 답례로 카두케우스(지팡이)를 받았다.

데메테르는 크로노스와 레아의 딸이었다. 그녀에게는 페르세포네라는 딸이 있었는데, 이 딸은 훗날 하데스의 아내가 되어 죽은 이들의 나라에서 왕비가 되었다. 데메테르는 농업을 주재하였다.

포도주의 신인 디오니소스는 제우스와 세멜레의 아들이었다. 그는 술의 취하게 하는 힘을 상징할 뿐만 아니라 술의 사회적인 좋은 영향력도 상징하고 있으므로, 문명의 촉진자, 입법자, 또 평화의 애호가로 간주되고 있다.

The Muses were the daughters of Zeus and Mnemosyne. They presided over song, and prompted the memory. They were nine in number, to each of whom was assigned the presidency over some particular department of literature,

Mnemosyne[niːmásənnì] n. 므네모시네, 기억(memory)의 여신
Muse[mjuːz] n. 뮤즈, 문학과 예술의 여신, muse+um(장소의 접미사)=museum, 즉 박물관은 바로 Muse 여신들이 거처하는 곳이다.
prompt[prɑmpt] vt. 자극하다, 촉진하다, 대사를 일러주다 a. 재빠른, 민첩한
office[ɔ́(ː)fis] n. 직무, 임무, 관청
throne[θroun] n. 왕의 자리, 옥좌

art, or science.

The Fates were also three. Their office was to spin the thread of human destiny, and they were armed with shears, with which they cut it off when they pleased. They were the daughters of Themis, who sits by Zeus on his throne to give him counsel.

뮤즈들은 제우스와 므네모시네 사이에 태어난 딸들이었다. 이들은 노래를 주재하고 기억을 촉진시켰다. 이들의 수는 아홉이었는데 각자에게 문학, 예술, 과학 등의 특정 부문에 대한 주재의 권한이 주어졌다.

운명의 여신들도 세 명이었다. 그들의 임무는 인간의 운명의 실을 잣는 것이었고, 또 그들은 가위를 가지고 있어서 내키는 대로 가위를 가지고 운명의 실을 끊기도 하였다. 이 여신들은 테미스의 딸이었으며, 테미스는 제우스 옥좌 곁에 앉아서 그의 상담역을 맡고 있었다.

The Erinnyes, or Furies, were three goddesses who punished by their secret stings the crimes of those who escaped or defied public justice. The heads of the Furies were wreathed with serpents, and their whole appearance was terrific and appalling.

Nemesis was also an avenging goddess. She represents the righteous anger of the gods, particularly towards the proud and insolent.

Pan was the god of flocks and shepherds. His favorite residence was in Arcadia.

The Satyrs were deities of the woods and fields. They

were conceived to be covered with bristly hair, their heads decorated with short, sprouting horns, and their feet like goats' feet. Momus was the god of laughter, and Hades the god of wealth.

에리니에스, 즉 복수의 세 여신들은 비밀스런 침으로, 공공의 재판에 대항하거나 도망친 자들의 범죄를 벌하였다. 복수의 여신들의 머리는 뱀으로 감겨져 있어 그녀들의 전체적인 모습은 무섭고 오싹한 것이었다.

네메시스 역시 복수의 여신이었다. 그녀는 신들의 정의로운 분노, 특히 거만한 자와 무례한 자들에 대한 분노를 상징하고 있다.

판은 가축과 목자(牧者)의 신이었다. 그가 즐겨 머무는 곳은 아르카디아였다.

사티로스는 숲과 들의 신들이었다. 그들은 온 몸에 억센 털이 있었고, 머리에는 짧게 돋아난 뿔이 있었으며, 발은 염소의 발과 비슷하다고 여겨졌다. 모모스는 웃음의 신이었고, 하데스는 부(富)의 신이었다.

〈프로크리스의 죽음〉. 숲에 사는 반인반수(半人半獸) 사티로스가 비운의 여인 프로크리스의 죽음을 슬퍼하고 있다. 피에로 디 코시모(Piero di Cosimo)의 1500년 작품. 런던국립미술관 소장.

Vocabulary Study

A

● **acro** 날카로운(sharp)

acropolis[əkrápəlis] *n.* 아크로폴리스

> acro(날카로운 = sharp) + polis(도시 = city) : 날카롭게 솟은 언덕 위의 도시. 파르테논 신전을 중심으로 한 아테네가 대표적인 모델이다. 서울대학교 내 중앙도서관과 본관건물 사이에 위치한 잔디광장의 애칭이기도 하다. 1980년대 조국의 민주화를 갈망하는 청년들의 웅변과 토론이 그치지 않았으며, 노래패 '메아리'의 주무대였다.

acid[ǽsid] *a.* (맛이) 신, 산성(酸性)의, (말투가) 날카로운

She resented his acid remarks. (그녀는 그의 날카로운 말에 분개했다.)

acrobat[ǽkrəbæt] *n.* 곡예, 곡예사 ▶ acro(날카로운 = sharp) + bat(걷다 = walk)

acrophobia[æ̀krəfóubiə] *n.* 고소공포증(高所恐怖症)

> acro(날카로운 = sharp) + phobia(공포 = fear)

acronym[ǽkrənìm] *n.* 머리글자 ▶ acro(= sharp) + nym(이름 = name)

MVP = Most Valuable Player(최우수선수)

acrid[ǽkrid] *a.* (맛이) 매운, 쓴

In the cauldron, Medea put magic herbs, with seeds and flowers of acrid juice. (메데아는 가마솥에 쓴 즙이 나오는 꽃과 씨 따위의 마법의 풀들을 넣었다.)

● **ac, ag** 움직이다(move)

react[riːǽkt] *vi.* 반응하다 ▶ re(= again) + act

transact[trænsǽkt] *vi. vt.* 집행하다, 처리하다, 거래하다 ▶ trans(가로질러 = across) + act

He transacts business with the Mafia. (그는 마피아와 거래하고 있다.)

agency[éidʒənsi] *n.* 대리점, 대리인 CIA = Central Intelligence Agency(美 중앙정보국)

agenda[ədʒéndə] *n.* 안건, 의제

antagonist[æntǽgənist] *n.* 적대자, 상대편

▷ ant(=against) + agon(경기 = contest) + ist(=person)

agony[ǽgəni] *n.* 고통, 고뇌 ▷ agon(=contest) + y(명사화접미사)

As soon as the garment became warm on the body of Herakles, the poison penetrated into all his limbs and caused him the most intense agony. (옷이 헤라클레스의 몸에서 데워지자마자 독이 그의 사지로 스며들어 엄청난 고통을 안겨줬다.)

● **alb** 하얀(white)

album[ǽlbəm] *n.* 사진첩, 사진으로 채워지기 전에는 하얀 상태다.

albumen[ælbjú:mən] *n.* 흰자위, 알부민(단백질의 일종)

Alps[ælps] *n.* 알프스, 독일어로 알펜(Alpen), 프랑스어로는 알프(Alps), 이탈리아어로는 알피(Alpi)라고 한다. '희고 높은 산'이라는 의미로 최고봉은 몽블랑(4,807m)이다. 우리나라의 큰 산들 역시 '하얗다'는 개념과 많이 닿는다. 민족의 성지 백두산(白頭山), 태백산(太白山), 소백산(小白山) 등이 白, 즉 '하얗다, 밝다'의 뜻을 지니고 있다.

알프스 산맥의 마터호른산

● **ali, alter** 다른(other)

alibi[ǽləbài] *n.* 알리바이, 현장과 다른 곳에 있었다는 것을 증명하는 것

allergy[ǽlərdʒi] *n.* 알레르기, 특정 물질에 대해 거부반응을 보이는 신체현상

allonym[ǽlənìm] *n.* 필명, 가짜 이름 ▷ allo(다른 = other) + nym(이름 = name)

altruism[ǽltruìzəm] *n.* 이타주의(利他主義) ▷ altru(다른 = other) + ism(생각 = think)

opp. egoism *n.* 이기주의(利己主義)

alter[ɔ́:ltər] *vi.vt.* 변경하다, 바꾸다

He altered a house into a store. (그는 집을 개조해 가게로 바꾸었다.)

alternate[ɔ́:ltərnit] *vi.vt.* 바꾸다, 교체시키다 *a.* 번갈아 하는

Good luck alternates with misfortune. (행운과 불행은 번갈아 온다.-속담)

alternately[ɔ́:ltərnətli] *ad.* 번갈아

The brothers had agreed to share the kingdom, and reign alternately year by year. (그 형제는 왕국을 공유하여 한 해씩 번갈아 통치하기로 합의했다.)

● **alt** 높은(high), 자라난(grown)

altitude[ǽltətjùːd] *n.* 고도, 높이 ▶ alti(=high) + tude(명사화접미사)

adult[ədʌ́lt] *n.* 성인, 어른 *a.* 성인의 ▶ ad(=toward) + ult(=high)

exalt[igzɔ́ːlt] *vt.* 높이다, 칭찬하다 ▶ ex(=out) + alt(=high)

The exaltation of a mortal gave great offence to the Aphrodite. (한낱 인간에 대한 찬미는 아프로디테를 매우 성나게 했다.)

● **am** 사랑하다(love)

amiable[éimiəbəl] *a.* 친절한, 상냥한 ▶ ami(=love) + able

amorous[ǽmərəs] *a.* 매혹적인, 요염한 ▶ amor(=love) + ous

enamor[inǽmər] *vt.* 사랑에 빠지게 하다, 반하게 하다 ▶ en(=into) + amor(love)

Ariadne, the daughter of the king, became deeply enamored of Theseus.
(왕의 딸 아리아드네는 테세우스에게 깊이 반해버렸다.)

amateur[ǽmətʃùər] *n.* 아마추어 ▶ ama(=love) + teur(=person)

> **취미와 직업** 아마추어는 직업으로 일하는 사람(professional)과 달리 돈과 관계없이 그 일 자체에 사랑을 갖고 있는 사람이다. 안타깝게도 아마추어는 프로의 세계, 즉 돈이 매개가 된 무한경쟁사회에서 제대로 대접받지 못한다. 한때 박찬호 선수의 연봉이 우리 나라 모든 프로야구단 선수들 연봉을 합친 금액보다 많이 나간 적이 있었다. 우리 나라 야구 선수들 수백 명이 흘리는 땀방울의 가치가 박찬호 한 사람의 땀방울보다 적게 값이 매겨지는 것은 참으로 희한한 현상이다. 이상적인 사회는 아마추어와 프로가 구별되지 않는 사회. 직업이 취미가 되고 취미가 직업이 되는 사회가 건강한 사회다.

● **ambi** 양쪽의(both), 주변의(round)

ambidexter[ǽmbidékstər] *n.* 양손잡이 ▶ ambi(=both) + dexter(=right)

ambiguous[æmbígjuəs] *a.* 애매모호한 ▶ ambi(=both) + gu(=get) + ous

ambitious[æmbíʃəs] *a.* 야망 있는, 야심 찬 ▶ amb(=round) + it(=go) + ous

Theseus, though aware of the danger, accompanied the ambitious lover in his descent to the underworld. (비록 위험하다는 것을 알고 있었지만 테세우스는 야심찬 애인과 동반해 지하세계로까지 내려갔다.)

● **anim** 정신(mind)

animation[ænəméiʃən] *n.* 만화영화 ▶ anim(=mind) + ation(명사화접미사)

unanimous[juːnǽnəməs] *a.* 만장일치의, 정신이 하나인

un(=one) + anim(=mind) + ous(형용사화접미사)

magnanimous[məgnǽniməs] *a.* 관대한, 마음이 큰

▶ magn(큰 = big) + anim(=mind) + ous

animism[ǽnəmìzəm] *n.* 애니미즘, 만물에 정령이 깃들여있다고 믿는 마음가짐

> **곰** 「크고 높음, 신(神)을 뜻하는 옛 말〈감·검·금〉은 곰(熊)과 유래가 같다고 볼 수 있다. 곰의 옛말은 고마이며, 고구려의 유민인 백제의 도읍지는 고마(곰)나루(熊津)·고마성(固麻城:熊城)이었다. 일본에서는 고려·고구려를 ㄱㅜ(고마)라고 하였고 옛 중국은 우리 민족을 맥(貊)·예맥(濊貊)·개마(蓋馬)라고 불렀다. 맥(貊)은 중국 전설에 나오는 동물로 전체적인 모습은 곰이며 코는 코끼리, 눈은 무소, 꼬리는 소, 발은 범과 비슷한 동물이다.

● **ang** 질식시키다(choke)

anguish[ǽŋgwiʃ] *n.* 고통, 고뇌 ▶ angu(=choke) + ish(명사화접미사)

In anguish, Dryope attempted to tear her hair, but found her hands filled with leaves. (괴로운 나머지 드리오페는 머리카락을 쥐어뜯으려 했지만 손에는 나뭇잎만 가득할 뿐이었다.)

anxious[ǽŋkʃəs] *a.* 걱정하는(about), 열망하는(to)

▶ anxi(=choke) + ous(형용사화접미사)

He received a message that two young men on horseback were anxious to see him. (그는 말 탄 두 젊은이가 그를 만나고 싶어한다는 전언을 들었다.)

● **ank** 구부리다(bend)

angle[ǽŋgl] *n.* 각도, 구도, 틀

triangle[triangle] *n.* 삼각형 ▶ tri(=three) + angle

anchor[ǽŋkər] *n.* 닻, 배가 정박할 때 물 속으로 내려놓는 구부러진 쇳덩이

anchorman[ǽŋkərmæ̀n] *n.* (중심적인) 뉴스전달자

ankle[ǽŋkl] *n.* 발목

The warrior twisted his ankle. (전사는 발목을 삐었다.)

● **ann, enn** 해, 년(year)

annual[ǽnjuəl] *a.* 연간의, 매해의 ▶ ann(=year) + ual(형용사화접미사)

annual ring (식물의) 나이테

anniversary[æ̀nəvə́:rsəri] *n.* 기념일, 해마다 돌아오는 날

▶ anni(=year) + vers(=turn) + ary

annuity [ənjúːəti] *n.* 연금 ▶ annu(=year) + ity(명사화접미사)

biennial [baiéniəl] *a.* 2년마다의(bi=two), 격년으로 치러지는 *n.* (접시꽃 같은)2년생 식물

perennial [pəréniəl] *a.* 다년생의, 여러 해의 *n.* 다년생식물

   ▶ per(= through) + enni(= year) + al

   A. D. = Anno Domini *n.* 주(예수)의 해 anno(=year) + domini(=lord(主人))

   B. C. = Before Christ

millennium [miléniəm] *n.* 천년, 천년기 ▶ mill(= 1,000) + enni(= year) + um

● anthrop 사람(man)

anthropology [æ̀nθrəpάlədʒ] *n.* 인류학

   ▶ anthropo(= man) + logy(=words)

anthropocentric [æ̀nθrəpouséntrik] *a.* 인간 중심의 ▶ anthropo(인간 = man) + centr(중심 = center) + ic(형용사화접미사)

anthropoid [ǽnθrəpɔ̀id] *n.* 유인원(類人猿) : 고릴라, 침팬지 등

philanthropy [filǽnθrəpi] *n.* 박애(博愛), 인류애(人類愛)

   ▶ phil(사랑 = love) + anthrop(사람 = man) + y(명사화접미사)

레오나르도 다빈치의 〈인체의 비율 Proportions of Man〉. 1485년경 작품. 35 X 25 cm. 베네치아의 아카데미아 갤러리 소장.

● anti 반대의(against)

antidote [ǽntidòut] *n.* 해독제

antiseptic [æ̀ntəséptik] *n.* 방부제 *a.* 방부제의, 썩지 않는

   ▶ anti(=against) + septic(= 썩는)

● apt 적당한(fit)

apt [æpt] *a.* 적당한(for), ~하기 쉬운(to do)

   She is apt to abuse her father's money. (그녀는 아버지의 돈을 흥청망청 쓴다.)

방부제　미국에서 밀은 대량으로 생산된다. 봄에 씨뿌려 가을에 거둔다. 대량생산에 어울리게 농약 역시 대량으로 살포된다. 수입 밀은 방부제의 긴 터널을 통과한다. 그래서 우리들 집에 있는 밀가루(우리 나라에 유통되는 밀가루는 대부분 수입 밀이다)는 잘 썩지 않는 것이다. 부드럽게 만들기 위해 영양가 많은 껍질과 씨눈도 까버리고, 심지어 보다 하얗게 보이게 하기 위해 표백제까지 더해진다. 대량생산, 대량유통 덕에 미국 밀의 가격 경쟁력은 엄청나다. 미국 자본주의가 만들어낸 환상적 상품이다. 이에 반해 우리 밀은 가을에 씨뿌려 추운 겨울을 지내고 봄에 거둔다. 추운 날씨 덕분에 병충해가 없어 농약을 칠 필요가 없다. 깨끗하고 그래서 고마운 곡식이다. 헌데 우리의 밀밭은 거의 사라졌다. 값싼 미국 수입 밀에 밀려 우리 농민은 밀 경작을 포기한 지 오래다. 민족의 건강을 생각한다면 무농약, 무방부제 우리 밀을 살려야 한다.

빈센트 고흐의 마지막 그림 〈까마귀와 밀밭〉. 1890년 작품.

adapt[ədǽpt] *vt.* 적응시키다, 익숙케 하다 ▶ ad(=toward) + apt(=fit)

You must adapt yourself to new circumstances. (당신은 새로운 환경에 자신을 적응시켜야만 합니다.)

inept[inépt] *a.* 부적당한, 부적절한 ▶ in(=not) + ept(=fit)

attitude[ǽtətjùːd] *n.* 자세, 태도 ▶ atti(=fit) + tude(명사화접미사)

He raised his javelin in the act to throw, and became stone in the very attitude. (그가 창을 던지려고 들어올리자 바로 그 자세로 돌이 되어버렸다.)

● **aqua**　물(water)

aquatic[əkwǽtik] *a.* 수중의, 수상의 *cf.* aquatic sports = 수상스포츠

aquarium[əkwέəriəm] *n.* 수족관 ▶ aqua(=water) + rium(=place)

aquanaut[ǽkwənɔ̀ːt] *n.* 해저탐험가, 수중전문가 ▶ aqua(=water) + naut(=ship)

● arch　질서, 다스리다(rule)

monarchy[mánərki] *n.* 군주제, 일인독재 ▶ mon(=alone) + archy(=rule)

anarchist[ǽnərkist] *n.* 무정부주의자 ▶ an(=not) + arch(=rule) + ist(=person)

architect[á:rkitèkt] *n.* 건축가, 설계자 ▶ archi(=rule) + tect(=build)

archaeology [à:rkiáládʒi] *n.* 고고학(考古學) ▶ archaeo(=rule)+ logy(학문 = speak)

hierarchy[háiərà:rki] *n.* (보통 천주교의) 성직자제도, 계급제도

　　▶ hier(성스러운 = sacred) + archy(=rule)

　　계급과 이슬람　　이슬람교는 신도 13억이 따르는 21세기 현재 세계 최대의 종교로서 9할이 넘는 정통 수니파와 소수 시아파가 있다. 기독교나 불교, 힌두교와 달리 이슬람 정통 수니파에는 성직자 계급이 없다. 즉 민중과 유일신 사이에 소수 특권 계급을 인정하지 않는 종교다. 예배할 때 맨 앞에서 예배를 주도하는 '이맘' 이 있지만 모든 무슬림(=이슬람신도)은 누구나 이맘이 될 수 있다. 소수 시아파만이 신의 대리자로서 이맘을 상정한다. 시아파의 나라 이란에서는 1979년 왕정타도와 미국축출에 성공한 호메이니(사진)에게 아야툴라(성자) 칭호를 붙여 존경을 표하고 있다. 무슬림이 흔히 쓰는 표현 중에 '인샬라' 가 있다. '신이 원하신다면' 의 뜻이다. 그들에게 인샬라는 생활이며 문화다. 유럽이나 미국 사람들 눈에는 무슬림의 생활방식이 무책임하게 보일 수도 있다. 하지만 한 치 앞도 제대로 못 보는 것이 바로 현대 인류의 솔직한 자기반성 아닌가? 합리성은 곧 예측가능성이라고 외치던 유럽사람들은 두 차례나 세계대전(암전하게 자기네 유럽에서만 싸운 것이 아님을 기억하자)을 벌이며 살육을 일삼았다. 미국은 핵폭탄을 개발했지만 얼마 안 가 지구는 각 나라의 핵폭탄 실험과 핵전쟁위협으로 중병에 걸리고 말았다. 21세기 인류는 보다 겸손해야 한다.

● arm　팔, 무기(weapon)

alarm[əlá:rm] *n.* (이탈리아말로 To arms! '무기를 들어라!' 에서) 경보, 경종

armament[á:rməmənt] *n.* 군비, 군비무장 ▶ arm(=weapon) + ament(명사화접미사)

One of the most effective methods against war is to refuse the production of munitions and armaments. (전쟁에 반대하는 가장 효과적인 방법 중 하나는 군수품생산과 군비무장을 거부하는 것이다.)

armada[ɑ:rmá:də] *n.* 함대, 무적함대(armed forces라는 의미의 스페인語) : 1588년 영국을 침략한 스페인의 무장 병선, 대포 2000여기를 탑재한 127대의 전함으로 이루어져 무적의 위용을 자랑했으나 엘리자베스 여왕의 영국군에 의해 섬멸되었다. 이후 영국은 스페인의 해상무역을 접수하게 되었다.

We Koreans defeated the Spanish Armada in 2002 Korea-Japan World Cup. (우리 한국은 2002년 한일 월드컵에서 스페인 무적함대를 무찔렀다.)

● **aster** 별(star)

astronaut[ǽstrənɔ̀ːt] *n.* 우주비행사, 우주탐험가 ▶ astro(=star) + naut(=ship)

astronomy[əstránəmi] *n.* 천문학 ▶ astro(=star) + nomy(학문 = study)

astrology[əstrálədʒi] *n.* 점성술 ▶ astro(=star) + logy(=speak)

disaster[dizǽstər] *n.* (별이 떨어지는 데서 유래하여) 재난, 불행

▶ dis(=away) + aster(=star)

consider[kənsídər] *vt.* (별을 관찰한다는 뜻에서) 곰곰이 생각하다, 간주하다

▶ con(=together) + sider(=star)

considerable[ɔ́ːdiòu] *a.* 상당한, 적지 않은, 중요한

A considerable portion of these sculptures is now in the British Museum among those known as the "Elgin marbles." (이 조각의 상당한 부분이 「엘긴(기증자이름)의 대리석」이라는 이름으로 알려진 것들의 일부로 지금 대영(大英) 박물관에 보관되어 있다.)

● **aud** 듣다(hear)

audio[ɔ́ːdiòu] *n.* 소리 *a.* 소리의

audience[ɔ́ːdiəns] *n.* 청중, 청취자 ▶ audi(=hear) + ence(명사화접미사)

audible[ɔ́ːdəbl] *a.* 들리는, 들을 수 있는 ▶ aud(=hear) + ible(형용사화접미사)

auditorium[ɔ̀ːditɔ́ːriəm] *n.* 청중석, 대강당 ▶ audito(=hear) + rium(=place)

auditor[ɔ́ːdətər] *n.* 방청인, 회계감사인, 청강생

Athena invented the flute, and played upon it to the delight of all the celestial auditors. (아테나는 플루트를 발명하고 연주해 하늘 나라의 청중을 기쁘게 했다.)

Chapter 2 관사 *Article*

---

1 부정관사(不定冠詞)

특정하지 않고 '여러 개 중 하나'를 뜻한다.

1 형 태
① 자음으로 발음되는 명사 앞에는 a
② 모음(a, e, i, o, u)으로 발음되는 명사 앞에는 an

2 구체적 용법
① 하나(=one)	Rome was not built in **a** day.
② 마다(=per)	forty kilometer **an** hour, three times **a** day
③ 어떤(=certain)	**A** Miss Baker came to see you.
④ 같은(=same)	Birds of **a feather** flock together. (같은 깃털)
	They are all of **a mind**. (동감)
⑤ 약간(=some)	I have **a knowledge** of astronomy. (약간의 지식)

---

2 정관사(定冠詞)

'the'는 다른 것과 구분해 특정하는 기능을 가진다.

1 형 태
자음 앞에서는 [ðə], 모음 앞에서는 [ði]로 발음된다.

2 구체적 용법
① 명사를 특정하여 강조하고 싶을 때

He picked out a golden apple in the garden. **The** golden apple was sent to the king. (그는 정원에서 황금 사과를 땄다. 그 황금사과는 왕에게 보내졌다.)

② 말하는 사람과 듣는 사람이 모두 아는 것을 부를 때

Pass me **the** salt, please.

③ 최상급, 서수, only, last, same 등이 명사를 특정시킬 때

January is **the** first month of the year.

Echo asked **the** same question.

④ the + 형용사 = 사람들 or 추상명사

The rich are not always happy. (부자들이 항상 행복한 것은 아니다.)

The miserable have no other medicine, but only hope. (곤경에 빠진 자에게는 희망만이 유일한 약이다. – Shakespeare)

She has an eye for **the beautiful**. (심미안)

⑤ 수량이나 시간의 단위를 나타낼 때

Sugar is sold by **the** pound. (파운드 단위)

⑥ 신체일부를 나타낼 때

She patted him on **the** shoulder.

He pulled her by **the** sleeve.

3 관사의 생략

① 부르는 말이나 가족관계 말에는 관사를 붙일 필요가 없다.

Boy, come here quickly.

Uncle gave me a birthday present.

② 장소, 공간, 수단 등이 본래목적으로 쓰일 때도 붙일 필요가 없다.

go to church (예배)   go to school (공부)

go to bed (취침)   go to hospital (입원)

> *cf.* 해석 주의
>
> I went to school by car. A dog was run over by the car. It was carried to hospital by a car. (나는 차를 타고 학교에 갔다. 어떤 개가 그 차에 치였다. 그 개는 어떤 차로 병원에 옮겨졌다.)

③ 명사들이 대구(對句)로 연결될 때 관사 생략

He lived **from hand to mouth**.

Men had to endure the extremes of **heat and cold**.

Rich and poor were surprised at the news. (부자나 가난한 자 모두 그 소식에 놀랐다.)

④ 신분 + 이름 앞에 관사 생략

세상에 하나밖에 없는 고유한 이름 앞에는 a(하나의)를 붙일 필요가 없고, 다른 것과 차별할 필요도 없기 때문에 the(그) 역시 붙이지 않는다.

The architect built the labyrinth for King Minos.

cf. 관직, 신분을 나타내는 말이 보어로 쓰일 때 관사를 생략한다고 하는 설명이 있으나 He is a teacher. She is the teacher of this classroom.에서 보듯이 얼마든지 관사를 붙일 수 있다. (teacher는 분명 신분이다!) 원래 하나밖에 없는 관직이나 신분의 경우 a를 쓸 필요가 없거나, 다른 것과 구분할 필요가 없기 때문에 the를 안 쓰는 것뿐이다.

He is chairman. [그는 (유일한) 의장이다.]

He is the president of the big country.

[그는 (약소국이 아닌) 강대국의 대통령이다.]

He is a mere principal.

[그는 (많은 교장 가운데) 단지 한 사람의 교장일 뿐이다.]

Zeus was king of gods and men. (제우스는 신들과 인간들의 왕이었다.)

⑤ 양보를 나타내는 절의 첫머리에서 생략

(A) Novice as he was, he volunteered for the dangerous task. (비록 그는 풋내기였으나 그 위험한 작업에 자원했다.)

⑥ 기타 관용적 생략

She took a train bound for Busan **by mistake**.

He reads books **at random**.

The terror of the people and grief of the attendants soon made Niobe acquainted with what had **taken place**. (사람들의 공포와 하인들의 비탄을 듣게 된 니오베는 무슨 사태가 일어났는가를 곧 알아차렸다.)

cf. Do you have the time? (지금 몇 시인가요?)

Do you have time? (지금 시간이 있나요?)

4 관사의 위치

1 원칙적으로 관사 + 부사 + 형용사 + 명사순이다.

That is a very big monster.

2 all, both, double, half + the +명사

The black cloud soon covered **all the** face of heaven.

Both the parents felt regret for their mistakes.

He paid **double the** price for the sword.

By that compromise, she was to pass **half the** time with her mother, and the rest with her husband Hardes. (그 약속에 의해 그녀는 시간의 반은 어머니와 함께, 나머지 반은 남편 하데스와 함께 보내게 되었다.)

3 such, what, quite, rather + a + 형용사 + 명사

Such a hard work could not be done in so short a time. (그런 힘든 일은 그렇게 짧은 시간 안에 할 수 없었다.)

What a wonderful world this is! (아름다운 이 세상이여!)

He was **quite** a good architect. (그는 매우 솜씨가 좋은 건축가였다.)

She looked **rather** an old woman (그녀는 약간 노인으로 보였다.)

4 so, too, how + 형용사 + a + 명사

The farmer had never seen **so** kind a knight. (농부는 그와 같이 친절한 기사는 본 적이 없었다.)

It was **too** good a chance to be lost. (그것은 놓치기엔 너무나 아쉬운 기회였다.)

How difficult a riddle this is! (이것이 얼마나 까다로운 수수께끼인가!)

---

5 관사의 반복과 생략

A poet and painter is dead. [(한 명) 시인이자 화가인 사람이 죽었다.]

A poet and a painter are dead. [(두 명) 시인 한 사람과 화가 한 사람이 죽었다.]

cf. 하나의 개념으로 취급하는 명사들은 and 다음에 관사를 생략한다.

a knife and fork (나이프와 포크)

a cup and saucer (받침 달린 잔)

The King and Queen (왕과 비)

PROMETHEUS AND PANDORA
프로메테우스와 판도라

Prometheus was one of the Titans, a gigantic race, who inhabited the earth before the creation of man. To him and his brother Epimetheus was committed the office of making man, and providing him and all other animals with the faculties necessary for their preservation. Epimetheus undertook to do this, and Prometheus was to overlook his work, when it was done. Epimetheus accordingly proceeded to bestow upon the different animals the various gifts of courage, strength, swiftness, sagacity; wings to one, claws to another, a shelly covering to a third, etc. But when man came to be provided for, who was to be superior to all other animals, Epimetheus had been so prodigal of his resources that he had nothing left to bestow upon him. In his perplexity he resorted to his brother Prometheus, who, with the aid of Athena, went up to heaven, and lighted his torch at the chariot of the sun. and brought down fire to man. With this gift man was more than a match for all other animals. It enabled him to make weapons to subdue them; tools with which to cultivate the earth; to warm his dwelling, so as to be comparatively independent of climate; and finally to introduce the arts and to coin money, the means of trade and commerce.

하늘나라의 불을 훔쳐 지상으로 내려오는 프로메테우스. J.크로시에 작품. 프로메테우스(Prometheus)는 '먼저 생각하는 자'라는 뜻으로 자유와 숭고한 희생의 상징이다.

프로메테우스는 인간이 창조되기 전에 지상에 거주하고 있던 거인족 타이탄의 하나였다. 프로메테우스와 그의 동생인 에피메테우스(나중에 생각하는 자)에게, 인간을 만들고, 인간과 그 밖의 다른 동물들에게 보존에 필요한 능력을 부여하는 일이 맡겨졌다. 에피메테우스는 이 일을 수행하였고, 프로메테우스는 그 일을 감독하기로 하였다. 그리하여 에피메테우스는 여러 동물들에게 용기, 힘, 속도, 지혜 등 여러 가지 선물을 주기 시작하였다. 어떤 것에게는 날개를, 다른 것에게는 발톱을 주고 또 다른 것에게는 몸을 덮는 패각을 주는 것 따위였다. 만물의 영장이 될 인간의 차례가 왔지만 에피메테우스는 자원을 몽땅 탕진하였으므로 인간에게 줄 것이 남아 있지 않았다. 당황한 그는 형인 프로메테우스에게 달려가 도움을 호소했고, 프로메테우스는 지혜의 여신 아테나의 도움을 받아 하늘로 올라가서 그의 횃대에다 태양의 이륜차에서 불을 옮겨 붙여, 그 불을 인간에게로 가지고 내려왔다. 이 선물 덕택으로 인간은 다른 동물보다 월등한 존재가 되었다. 인간은 불을 이용하여 다른 동물을 정복할 수 있는 무기와, 토지를 경작하는 연장을 만들 수 있었고, 거처를 따뜻하게 만들어 기후로부터 어느 정도 독립할 있었으며, 마침내 예술을 창출하고, 교역과 상업의 수단인 돈을 주조해 낼 수 있었다.

Woman was not yet made. Zeus made her, and sent her to Prometheus and his brother, to punish them for their presumption in stealing fire from heaven; and man, for accepting the gift. The first woman was named Pandora. She was made in heaven, every god contributing something to perfect her. Aphrodite gave her beauty, Hermes persuasion, Apollon music, etc. Thus equipped, she was conveyed to earth, and presented to Epimetheus, who gladly accepted her, though cautioned by his brother to beware of Zeus and his gifts.

　　여자는 아직 만들어지지 않았다. 제우스는 여자를 만들어서 프로메테우스와 그의 동생에게 보냈는데, 그 이유는 그들이 하늘로부터 불을 훔친 무례한 짓을 벌하고, 인간에 대해서는 그 선물 받은 것을 벌하기 위해서였다. 최초의 여자는 판도라라고 이름지어졌다. 그녀는 하늘에서 만들어졌으며, 그녀를 완성하기 위해 모든 신이 기여하였다. 아프로디테는 미를 주었고, 헤르메스는 설득력을, 아폴론은 음악 등을 그녀에게 주었다. 이와 같이 갖춰진 판도라는 지상으로 실려와 에피메테우스에게 선물로 주어졌다. 그는 형인 프로메테우스로부터, 제우스와

장 쿠쟁(Jean Cousin)의 〈인류 최초의 여성 이브〉. 1550년 작품.

그의 선물을 경계하라는 주의를 받았음에도 그녀를 기꺼이 맞아들였다.

Epimetheus had in his house a jar, in which were kept certain noxious articles for which, in fitting man for his new abode, he had had no occasion. Pandora was seized with an eager curiosity to know what this jar contained; and one day she slipped off the cover and looked in. Immediately there escaped a multitude of plagues for poor man,—such as gout, rheumatism, and colic for his body, and envy, spite, and revenge for his mind,—and scattered themselves far and wide. Pandora hastened to replace the lid! But, the whole contents of the jar had escaped, one thing only excepted, which lay at the bottom, and that was hope. Another story is that Pandora was sent in good faith, by Zeus, to bless man; that she was furnished with a box containing her marriage presents, into which every god had put some blessing. She opened the box incautiously, and the blessings all escaped, hope only excepted.

noxious[nákʃəs] a. 해로운
fit A for B : B를 위해 A를 돕다
gout[gaut] n. 통풍
rheumatism[rú:mətizəm] n. 류머티즘
colic[kálik] n. 복통
lie-lay-lain vi.vt. 누워있다, 위치하다
be furnished with ~ ~이 주어지다, 공급되다
incautiously[inkɔ́:ʃəsli] ad. 무심코

에피메테우스는 그의 집에 어떤 해로운 것들이 담겨 있는 단지를 갖고 있었는데 그것은 인간에게 새로운 주거를 만들어 줄 때도 사용한 적이 없었다. 판도라는 이 단지 속에 무엇이 들어 있는지 알고 싶은 강렬한 호기심에 사로잡혔다. 그래서 어느 날 그녀는 단지 뚜껑을 열고 들여다보았다. 그러자 곧 불운한 인간을 괴롭히는 무수한 전염병—이를테면 육체를 괴롭히는 것으로 통풍, 류머티즘, 복통 등이었고 정신을 괴롭히는 것으로는 질투, 원한, 복수 등—이 그 속으로부터 달아나 사방 팔방으로 흩어져 갔다. 판도라는 황급히 뚜껑을 닫으려

했지만, 이미 단지 속에 들어 있던 것은 모두 날아가고, 오직 하나만이 예외로 맨 밑에 남았는데, 그것은 희망이었다. 다른 이야기에 의하면 판도라는 제우스의 호의로 인간을 축복하기 위하여 보내졌다는 것이다. 그래서 판도라에게는 그녀의 결혼선물로 모든 신이 넣어준 축복이 들어 있는 상자가 주어졌다. 그녀가 무심코 그 상자를 열었더니 축복이 다 달아났는데, 오직 희망만이 남았다는 것이다.

호기심을 이기지 못하고 끝내 〈황금상자를 열어보는 판도라〉. 영국화가 J. W. 워터하우스(Waterhouse, John Williams)의 1903년 작품. 1891년 무렵 이후 한 여인이 계속해서 그의 주요 작품에 모델로 등장하고 있다.

magistrate[mǽdʒəstrèit] n. 관리, 판사
spear[spiər] n. 창
plow[plau] n. 쟁기 vt. 밭을 갈다
perpetual[pərpétʃuəl] a. 끊임없는, 영구적인
distill[distil] vi. 스며 나오다 vt. 증류시키다

The world being thus furnished with inhabitants, the first age was an age of innocence and happiness, called the Golden Age. Truth and right prevailed, though not enforced by law, nor was there any magistrate to threaten or punish. The forest had not yet been robbed of its trees to furnish timbers for vessels, nor had men built fortifications round their towns. There were no such things as swords, spears, or helmets. The earth brought forth all things necessary for man, without his labor in plowing or sowing. Perpetual spring reigned, flowers sprang up without seed, the rivers flowed with milk and wine, and yellow honey distilled from the oaks.

이와 같이 해서 세상에 사람이 살게 되었는데, 그 최초의 시대는 죄악이 없는 행복한 시대로 황금시대라고 불리었다. 법률이라는 강제

에 의하지 않고도 진리와 정의가 이루어
졌고, 협박하거나 벌을 내리는 관리도 없
었다. 그 무렵에는 아직 배를 만들기 위한
목재를 얻기 위하여 숲이 헐벗겨지는 일
도 없었고, 마을의 주변에 사람들이 요새
를 쌓는 일도 없었다. 칼이나 창이나 투구
같은 것도 없었다. 땅은, 인간이 밭을 갈
고 씨를 뿌리며 노동하지 않더라도 인간
에게 필요한 모든 것을 제공하였다. 끝없
는 봄이 지배하였고, 꽃은 씨가 없어도 피
어났다. 강에는 우유와 포도주가 흘렀고,
노란 꿀이 참나무에서 배어 나왔다.

피에트로 다 코르토나(Pietro da
Cortona)의 〈황금시대〉. 1646년 작품.

Then succeeded the Silver Age,
inferior to the golden, but
better than that of brass. Zeus
shortened the spring, and divided the year into seasons.
Then, first, men had to endure the extremes of heat and cold,
and houses became necessary. Caves were the first
dwellings, and leafy coverts of the woods, and huts woven of
twigs. Crops would no longer grow without planting. The
farmer was obliged to sow the seed, and the toiling ox to
draw the plow.

covert [kʌ́vəːrt] a. 은밀한 n. 잠복장소,
보호
toilt [tɔil] vi. 수고하다, 고생하다 n. 수고,
노력

다음에는 은의 시대가 이어졌다. 이 시대는 황금시대만은 못했지
만, 청동시대보다는 나았다. 제우스는 봄을 짧게 하고 일 년을 계절들
로 나누었다. 그 후 최초로 인간은 지독한 추위와 더위를 견뎌내야만

했고 비로소 집이 필요하게 되었다. 동굴이 최초의 주거지였고, 숲의 나뭇잎으로 만든 은신처, 그리고 나뭇가지로 엮어 만든 오두막집이 지어졌다. 이제는 곡식도 심지 않으면 자라지 않았다. 농부는 씨를 뿌리지 않으면 안 되었고, 소는 쟁기를 끄는 수고를 해야만 했다.

Next came the Brazen Age, more savage of temper, and readier to the strife of arms, yet not altogether wicked. The hardest and worst was the Iron Age. Crime burst in like a flood; modesty, truth, and honor fled. In their places came fraud and cunning, violence, and the wicked love of gain. Then seamen spread sails to the wind, and the trees were torn from the mountains to serve for keels to ships, and vex the face of the ocean. The earth, which till now had been cultivated in common, began to be divided off into possessions. Men were not satisfied with what the surface produced, but must dig into its bowels, and draw forth the ores of metals. Mischievous iron, and more mischievous gold, were produced. War sprang up, using both as weapons; the guest was not safe in his friend's house; and sons-in-law and fathers-in-law, brothers and sisters, husbands and wives, could not trust one another. Sons wished their fathers dead, that they might come to the inheritance; family love lay prostrate. The earth was wet with slaughter, and the gods abandoned it, one by one.

다음은 사람의 기질이 훨씬 난폭한 청동시대가 왔는데, 걸핏하면 무기를 들고 싸우려는 시대였다. 하지만 모두가 사악하지는 않았다.

가장 무섭고 나쁜 시대는 철의 시대였다. 죄악이 홍수처럼 넘쳐들었고, 겸손과 진실과 명예는 도망가버렸다. 그 대신 사기와 간사함, 폭력과 사악한 물욕이 나타났다. 그 후로 바다사람들은 항해에 나섰고 나무를 산에서 벌채하여 배의 용골로 만들어 바다의 얼굴을 긁어냈다. 이제까지 공동으로 경작되던 땅이 분할되어 사유 재산이 되기 시작하였다. 사람들은 땅의 표면에서 산출되는 것에 만족하지 않아 그 속까지 파고 들어가서 광물을 끄집어내야만 했다. 이리하여 해로운 철과 더욱 해로운 금이 생산되었다. 철과 금을 무기로 쓰며 전쟁이 일어났다. 손님은 그의 친구의 집에 있어도 안전하지 못하였다. 사위와 장인, 형제와 자매, 남편과 아내는 서로 믿지 못하였다. 자식들은 재산을 상속받기 위하여 부친이 죽기를 바랐다. 가족의 사랑은 땅에 떨어졌다. 대지는 살육의 피로 물들었고 신들은 하나 둘 씩 대지를 저버렸다.

Zeus, seeing this state of things, burned with anger. He summoned the gods to council. They obeyed the call, and took the road to the palace of heaven. The road, which any one may see in a clear night, stretches across the face of the sky, and is called the Milky Way. Along the road stand the palaces of the illustrious gods; the common people of the skies live apart, on either side. Zeus addressed the assembly. He explained the frightful condition of things on the earth, and closed by announcing his intention to destroy the whole of its inhabitants, and provide a new race, unlike the first, who would be more worthy of life, and much better worshippers of the gods. So saying he took a thunderbolt,

illustrious[ilʌ́striəs] a. 저명한, 유명한
on either side 양편에(side가 단수형이다)
address[address] vi. vt. 연설하다 n. 주소
frightful[fráitfəl] a. 무서운, 가공할
recollect[rèkəlékt] vt. 회상하다, 생각하다
drown[draun] vi. 물에 빠지다 vt. 물에 빠뜨리다

and was about to launch it at the world, and destroy it by burning; but recollecting the danger that such a conflagration might set heaven itself on fire, he changed his plan, and resolved to drown it.

〈은하수의 기원〉. 아기 헤라클레스가 헤라 여신의 젖을 세게 빨다가 뿜어져 나온 젖이 밤하늘을 수놓는 은하수가 되었다. 그림 중앙에 제우스의 상징인 독수리가 보인다. 이 탈리아의 화가 틴토레토(Tintoretto, Jacopo, 1518~1594)의 그림. 아버지가 염색장인(tintore)이므로 Tintoretto(작은 염색장인)라는 이름이 붙었다. 티치아노의 제자였으며 1545년 로마를 여행하는 가운데 미켈란젤로 등의 영향을 받았다.

제우스는 이런 상태를 보고 크게 분노하였다. 그는 회의를 열고자 신들을 소집하였다. 신들은 그 부름에 따라 하늘의 궁전을 향해 떠났다. 그 길은 맑은 밤이면 누구나 볼 수 있는데, 하늘의 가운데를 가로질러 펼쳐져 있으며 '젖의 길' (은하수)이라고 불린다. 이 길가에는 유명한 신들의 궁전이 즐비하게 늘어서 있고, 하늘나라의 일반 족속들은 길 양편에서 떨어져서 살고 있다. 제우스는 신들의 회의에서 연설을 하였다. 그는 지상의 가공할 상태를 설명하고 자기는 그 주민들을 다 멸망시킨 다음, 처음과는 달리 그들보다 더 살 가치가 있고 신을 더 잘 숭배하는 새로운 종족들을 만들 작정이라고 선언하며 끝을 맺었다. 이렇게 말하며 제우스는 번개를 쥐고 그것을 세상에 던져 불태워 버리려고 했다. 그러나 큰 불길이 하늘에도 옮겨질 위험이 있다고 생각한 제우스는 계획을 바꾸어 세상을 물에 잠기게 해야겠다고 결심하였다.

The north wind, which scatters the clouds, was chained up; the south was sent out, and soon covered all the face of heaven with a cloak of pitchy darkness. The clouds, driven together, resound with a crash; torrents of rain fall; the crops are laid low; the year's labor of the farmer perishes in an hour. Zeus, not satisfied with his own waters, calls on his brother Poseidon to aid him with his. He lets loose the rivers, and pours them over the land. At the same time, he heaves the land with an earthquake, and brings in the reflux of the ocean over the shores. Flocks, herds, men, and houses are swept away, and temples, with their sacred enclosures, profaned. If any edifice remained standing, it was overwhelmed, and its turrets lay hid beneath the waves.

비구름을 흩어버리는 북풍은 사슬로 매어지고 남풍이 보내졌다. 순식간에 하늘의 모든 면은 칠흑 같은 어둠으로 뒤덮였다. 구름이 몰려와 부딪치는 소리를 냈고, 비는 억수같이 쏟아졌으며, 곡식이 쓰러져 한 해 동안의 농부의 수고는 순식간에 물거품이 되고 말았다. 제우스는 자기의 물만 가지고는 만족하지 않고 동생인 포세이돈에게 그의 물로 도와주기를 청했다. 포세이돈은 물길을 풀어 대지를 범람케 했다. 동시에 그는 지진을 일으켜 대지를 뒤흔들었고, 바다의 역류를 끌어들여 해안을 휩쓸었다. 크고 작은 가축과 사람, 그리고 집들이 떠내려가고 신성한 담으로 둘러싸인 신전들도 무너졌다. 남아 있는 큰 건물들은 모조리 물에 잠겼고, 탑까지도 파도 밑으로 침몰되었다.

Now all was sea, sea without shore. Here and there an individual remained on a projecting hilltop, and a few,

미켈란젤로의 〈최후의 심판(일부)〉. 바티칸 시스티나 성당 내부를 가득 채운 그의 역작은 1536년부터 5년에 걸쳐 이루어졌다.

in boats, pulled the oar where they had lately driven the plow. Parnassus alone, of all the mountains, overtopped the waves; and there Deucalion, and his wife Pyrrha, of the race of Prometheus, found refuge—he a just man, and she a faithful worshipper of the gods. Zeus, when he saw none left alive but this pair, and remembered their harmless lives and pious demeanour, ordered the north winds to drive away the clouds, and disclose the skies to earth, and earth to the skies. Poseidon also directed Triton to blow on his shell, and sound a retreat to the waters. The waters obeyed, and the sea returned to its shores, and the rivers to their channels.

이제 모든 것은 바다, 그것도 망망대해(茫茫大海)가 되었다. 여기 저기 돌출한 언덕 꼭대기에는 사람이 외톨이로 남겨졌고, 몇몇 사람들은 최근까지 쟁기질을 하던 곳에서 작은 배를 타고 노를 저었다. 모든 산 가운데 오직 파르나소스 산이 물 위로 솟아 거기에 프로메테우스의 일족인 데우칼리온과 그의 아내 피라가 피난하였다. 남편은 정직한 사람이었고, 아내도 신들에게 신실한 경배를 드리는 사람이었다. 제우스는 이 한 쌍의 부부 외에 살아남은 자가 없는 것을 보고는 이 부부의 흠 없는 삶과 경건한 처신을 떠올려 북풍에 명하여 구름을 쫓아내 하늘과 땅이 제 모습을 드러내게 하였다. 포세이돈도 아들 트리톤에게 소라고둥을 불어 물을 물러가게 하였다. 물은 이에 복종하여 바다는 해안으로, 강은 제 물길로 돌아갔다.

Then Deucalion thus addressed Pyrrha: "Let us seek that temple over there, and inquire of the gods what remains for us to do." They entered the temple, deformed as it was with slime, and approached the altar, where no fire burned. There they fell prostrate on the earth, and prayed the goddess to inform them how they might retrieve their miserable affairs. The oracle answered, "Depart from the temple with head veiled and garments unbound, and cast behind you the bones of your mother." They heard the words with astonishment. Pyrrha first broke silence: "We cannot obey; we dare not profane the remains of our parents." They sought the thickest shades of the wood, and revolved the

altar[ɔ́:ltər] n. 제단
retrieve[ritrí:v] vt. 회복하다, 만회하다
veil[veil] n. 면사포 vt. 베일로 가리다
thick[θik] a. 두터운, 두꺼운
revolve[riválv] vi. 회전하다 vt. 곰곰이 생각하다
impiety[impáiəti] n. 신앙심이 없음, 불경

47

oracle in their minds. At length Deucalion spoke: "Either my sagacity deceives me, or the command is one we may obey without impiety. The earth is the great parent of all; the stones are her bones; these we may cast behind us; and I think this is what the oracle means. At least, it will do no harm to try."

〈데우칼리온과 피라〉. 그들이 던진 돌덩이가 사람이 되어 신전으로 들어가고 있다. 16세기 이탈리아의 화가 안드레아 델 밍가의 그림.

그때 데우칼리온은 피라에게 이렇게 말했다. "저기 보이는 신전에 가서 신들에게 우리가 무엇을 해야 하는지 여쭤봅시다." 그들이 신전으로 들어가 보니, 그곳은 진흙으로 흉해져 있었다. 성화가 꺼진 제단에 이르자, 그들은 땅에 엎드려 여신에게 어떻게 하면 그들의 불행한 사태를 회복시킬 수 있는지 가르쳐 달라고 기도했다. 신탁이 답했다. "머리를 베일로 가리고 옷을 벗고 신전을 떠나라. 그리고 너희 어머니의 뼈를 너희 뒤로 던져라." 그들은 이 말을 듣고 깜짝 놀랐다. 피라가 먼저 침묵을 깨뜨리고 말했다. "저희들은 복종할 수 없습니다. 저희들은 감히 부모님의 유골을 더럽힐 수 없습니다." 그들은 나무가 우거진 그늘 밑으로 가서 신탁에 대하여 곰곰이 생각해 보았다. 마침내 데우칼리온이 입을 열었다. "내 생각이 틀리지 않는다면 그 명령은 불경함이 없이 복종할 수 있을 게야. 대지는 만물의 위대한 어머니이고 돌은 그 뼈인즉 우리는 이것을 뒤로 던질 수 있으니 내 생각에 이것이 바로 신탁이 의미하는 바지. 적어도 그렇게 해 보아서 나쁠 것은 없을 게야."

They veiled their faces, unbound their garments, and picked up stones, and cast them behind them. The stones began to grow soft, and assume shape. By degrees, they put on a rude resemblance to the human form, like a block half finished in the hands of the sculptor. The moisture and slime that were about them became flesh; the stony part became bones; the veins remained veins, retaining their name, only changing their use. Those thrown by the hand of the man became men, and those by the woman became women. It was a hard race, and well adapted to labor, as we find ourselves to be at this day, giving plain indications of our origin.

그들은 얼굴을 베일로 가리고 옷을 벗고 돌을 주워 뒤로 던졌다. 그러자 돌은 말랑말랑해지며 형태를 갖추기 시작하였다. 점점 돌들은 인간의 형태에 가깝게 되었는데 마치 조각가의 손에 반쯤 조각된 돌덩어리와 같았다. 돌들의 주변에 있던 습기 찬 진흙이 살이 되었고 돌부분은 뼈가 되었다. 그래서 돌의 결은 혈관이 되어 이름은 변하지 않고 그 쓰임만 변했다. 남자의 손으로 던져진 돌은 남자가 되었고, 여자의 손으로 던져진 돌은 여자가 되었다. 그들은 오늘날의 우리들 자신에게서 알 수 있듯이 튼튼하고 노동에 잘 적응했으며, 우리 인간의 기원에 대한 명쾌한 설명을 해주고 있다.

Prometheus has been a favorite subject with the poets. He is represented as the friend of mankind, who interposed in their behalf when Zeus was incensed against them, and who taught them civilization and the arts. But as, in so doing,

구스타프 모로(Gustave
Moreau)의 〈프로메테우스〉.
독수리에게 간을 파 먹히면서
도 그의 눈은 더욱 활활 타오
르고 있다. 1868년 작품. 파리
모로 미술관 소장.

he transgressed the will of Zeus, he drew down on himself the anger of the ruler of gods and men. Zeus had him chained to a rock on Mount Caucasus, where a vulture preyed on his liver, which was renewed as fast as devoured. This state of torment might have been brought to an end at any time by Prometheus, if he had been willing, to submit to his oppressor; for he possessed a secret which involved the stability of Zeus's throne, and if he would have revealed it, he might have been at once taken into favor. But that he disdained to do. He has therefore become the symbol of magnanimous endurance of unmerited suffering, and strength of will resisting oppression.

vulture[vʌ́ltʃər] *n.* 독수리
prey[prei] *n.* 먹이, 희생
  prey on ~ ~을 잡아먹다
liver[lívər] *n.* 간
devour[diváuər] *vt.* 게걸스레 먹다
torment[tɔ́ːrment] *n.* 고통, 고문 *vt.* 고문하다
bring to an end 끝내다
submit[səbmít] *vi.vt.* 복종하다, 굴복시키다
stability[stəbíləti] *n.* 고정성, 안정성
stable[stéibl] *a.* 고정적인, 안정적인
unmerited[ʌ̀nméritid] *a.* 부당한

프로메테우스는 시인들이 즐겨 찾는 주제다. 그는 인류의 벗으로 표현되는데, 제우스가 인류에 대하여 노하였을 때 인류를 위하여 중재하였고 인류에게 문명과 예술을 가르쳤기 때문이다. 그러나 그럼으로써 그는 제우스의 뜻을 거역했기에 신들과 인간들을 지배하는 자의 분노를 한 몸에 샀다. 제우스는 그를 코카서스 산의 바위에 사슬로 묶이게 하였다. 독수리 한 마리가 와서 그의 간을 파먹었는데, 그의 간은 먹히자마자 다시 생겨났다. 이러한 고문의 상태는 언제든지 프로메테우스가 자신의 압제자에게 복종하려고만 했다면 끝날 수도 있었다. 왜냐하면 그는 제우스의 왕위의 안전에 관한 비밀을 갖고 있었고, 그가 그것을 밝히려 했더라면 그는 즉시 후한 대접을 받았을 것이다. 하지만 그는 그렇게 하는 것을 경멸하였다. 이로써 그는 부당한 수난에 대한 커다란 인내, 그리고 압제에 저항하는 의지력의 상징이 되었다.

Vocabulary Study
B

● **bal** 던지다(throw)

ballet[bǽlei] *n.* 발레, 춤

parabola[pərǽbələ] *n.* 포물선 ▶ para(=beside) + bola(=throw)

ballistic[bəlístik] *a.* 날아가는, 비행물체의 ▶ ball(=throw) + istic

problem[prábləm] *n.* (앞으로 던져진 것) 문제 ▶ pro(=forth) + blem(=throw)

symbol[símbəl] *n.* 상징, 표상 ▶ sym(=together) + bol(=throw)

emblem[émbləm] *n.* (안으로 문양을 파 넣는 상감 세공에서) 상징, 도안

   ▶ em(=in) + bl(=throw) + em

The sunflower is an emblem of nymph who loved Apollon. (해바라기는 아폴론을 사랑한 님프의 상징이다.)

남과 여 (♂ ♀)　화성(火星)의 영어이름은 Mars(전쟁의 신 Ares의 로마식 이름)이며 Mars의 기호는 전쟁의 신답게 창과 방패, 즉 ♂를 취한다. 금성(金星)의 영어이름은 Venus(아름다움의 여신 Aphrodite의 로마식 이름)이며 Venus의 기호는 거울을 뜻하는 ♀이다. 이 기호들은 현재 남과 여를 뜻하는 기호로 널리 쓰이고 있다.

프랑스 화가 드가(Degas, Edgar)의 〈무대 위의 댄서〉. 드가는 춤을 추거나 쉬고 있는 발레리나의 모습에 반한 화가였다. 인상파라고 불리는 것을 싫어해 자신을 사실주의자라고 주장했다.

● **band** 묶다(bind)

bond[bɑnd] *n.* 접착제, 계약, 보증금

    a public bond 공채(公債)

bondage[bándidʒ] *n.* 속박, 노예상태, 농민

bandage[bǽndidʒ] *n.* 붕대 *vt.* 붕대를 감다

    a bandaged leg (붕대 감은 다리)

bundle[bʌ́ndl] *n.* 다발, 꾸러미 *vt.* 묶다

    a bundle program (꾸러미로 제공하는 프로그램)

bound[baund] *a.* ~행의

    a train bound for Paris (파리행 기차)

bind[baind] *vi.vt.* 묶다, 동여매다 bind—bound—bound

    Aphrodite was bound by affection with Adonis. (아프로디테는 아도니스에 대한 사랑의 포로가 되었다.)

● **bar** 나무막대(stick)

go to the bar는 '변호사가 되다' 는 뜻이다. 법정을 유심히 살펴보면 판사석, 피고석, 원고석 등 자리 구분이 확연하다. 각각의 자리를 예전에는 막대기로 구분해 표시했다. 영국에서 변호사를 가리키는 barrister 역시 이런 법정의 구조에서 온 말이다.

barbecue[báːrbikjùː] *n.* 바비큐, 통구이

barrel[bǽrəl] *n.* 배럴, 가운데가 불룩한 나무통, 기호는 bbl. 지역과 대상에 따라 용량이 다르다. 미국에서 석유의 경우 1배럴=158.9 *l* 로 한국은 이 단위를 채택하고 있다.

barrier[bǽriər] *n.* 장벽, 장애 tariff barriers (관세장벽)

barricade[bǽrəkèid] *n.* 바리케이드, 장애물

bartender[báːrtèndər] *n.* 바텐더 ▶ bar(=stick) + tender(시중드는 사람)

embargo[embáːrgou] *n.* 봉쇄, 금지 ▶ em(=in) + bargo(=stick)

    The gold was under an embargo. (금은 수출입이 봉쇄되었다.)

embarrass[imbǽrəs] *vt.* 당황하게 하다, 난처하게 하다

    ▶ em(=in) + bar(=stick) + rass(동사화접미사)

The students embarrassed their teacher with difficult questions.

(학생들은 까다로운 질문들로 선생님을 당황시켰다.)

● bat 때리다(beat)

bat[bæt] *n.* 박쥐, 야구방망이

battery[bǽtəri] *n.* 포대, 배터리, 건전지 : 에너지의 집합체

debate[dibéit] *vt.* 논쟁하다, 토론하다 ▶ de(=down) + bate(=beat)

    They debated on their wedding cost. (그들은 결혼비용문제로 다퉜다.)

debut[deibjú:] *n.* 데뷔 (프랑스 말에서 왔으며 '처음으로 내딛다, 부딪치다' 는 뜻)

rebate[rí:beit] *vt.* 환불하다, 되돌려주다 ▶ re(=back) + bate(=beat)

butt[bʌt] *vi.vt.* 부딪치다, 충돌하다 *n.* 박치기

    On the way home, he butted into his rival. (집으로 오는 길에 그는 적수와 부딪쳤다.)

combat[kámbæt] *n.* 전투 ▶ com(=together) + bat(=beat)

    At length both armies agreed that the brothers should decide their quarrel by single combat. (마침내 양편의 군대는 형제들이 단 일회전으로 그들의 분쟁을 결말짓기로 합의했다.)

벼락을 집어던지는 제우스. 페이데르베(Faydherbe, Luc)의 1655년경 작품.

● bel 전쟁(war)

bellicose[bélikòus] *a.* 전쟁을 좋아하는, 호전적인

belligerent[bəlídʒərənt] *a.* 전쟁중인 *n.* 교전국

rebel[rébəl] *n.* 반역, 반역자 *vi.* 반역하다. ▶ re(뒤로 = back) + bel(= war)

　Zeus, with his brothers and sisters, rebelled against their father Cronos. (제우스는 형제, 누이들과 함께 그들의 아버지 크로노스에 대항해 반란을 일으켰다.)

● bene 좋은(good), 아름다운(beautiful)

benefit[bénəfit] *n.* 이익, 혜택 ▶ bene + fit(만들다 = make)

beneficial[bènəfíʃəl] *a.* 유익한

benediction[bènədíkʃən] *n.* 축복, 감사 ▶ bene + dic(말하다 = speak) + tion

benign[bináin] *a.* 인자한, 친절한

　A benign smile is our virtue. (친절한 미소는 우리의 미덕)

embellish[imbéliʃ] *vt.* 아름답게 하다, 미화하다 ▶ em(= make) + bell(=good) + ish

　The procession formed the subject of the sculpture which embellished the outside of the temple of the Parthenon. (그 행렬은 조각의 주제가 되어 파르테논 신전의 외부를 장식했다.)

● bi 둘(two)

binary[báinəri] *n.* 이진법 *a.* 이진법의

biscuit[bískit] *n.* (두 번 구운 데서 유래) 비스킷 ▶ bis(=two) + cuit(=cooked)

bilateral[bailǽtərəl] *a.* 양쪽의

　a bilateral contract (쌍무계약) *opp.* unilateral contract (일방계약)

bilingual[bailíŋgwəl] *a.* 두 개의 언어를 쓰는 *n.* 2개국어사용자

　▶ bi(=two) + lingu(말 = language) + al

　　유태인　두 개의 언어를 쓰는 민족은 긴장감을 갖게 마련이다. 로마의 침입 이후 지난 2천년간 나라를 잃고 전 세계를 헤매는 민족이 된 유태인들이 그 표본이다. 그들은 집단적으로 유랑하는 민족이 되었기에 거주 지역의 문화 중심에 진입할 수 없었다. 셰익스피어는 피도 눈물도 없는 상인 샤일록을 설정해 유태인을 경계하고 있다. 한계에 몰린 민족으로서 그들은 스스로를 고되게 훈련시켜왔다. 탈무드(학문)와 랍비(선생)라는 특유의 교육시스템이 이를 뒷받침해왔다. 세계제일의 천재 아인슈타인, 세계제일의 부자 빌 게이츠, 국제적 금융부호 로스차일드 가문, 현금왕 조지 소로스, 천재적 영화감독 스티븐 스필버그, 혁명가 칼 마르크스, 무의식의 세계를 연구한 프로이드 등등 세계적 천재와 부호들이 유태민족으로부터 나온 사실은 그들이 스스로를 끊임없이 훈련시켜 왔음을 말한다.

● bio 생명(life)

biology[baiálədʒi] *n.* 생물학 ▶ bio(=life) + logy(=speak)

biography[baiàgrəfi] *n.* 전기(傳記), 일대기 ▶ bio(=life) + graphy(=write)

biocide[báiəsàid] *n.* 살충제 ▶ bio(=life) + cide(=kill)

bio-rhythm[báiouríðəm] *n.* 바이오리듬, 생체리듬

bio-technology[báiouteknálədʒi] *n.* 생명공학

antibiotic[æntibaiátik] *a.* 항생물질의 *n.* 항생물질(抗生物質)

> **항생물질** 생물, 특히 미생물에 의하여 만들어지는 물질로서 세균이나 그 밖의 미생물의 발육과 기능을 억제하는 기능을 한다. 1887년 프랑스의 파스퇴르는 미생물이 서로 견제하고 곰팡이가 병원체에 대항한다는 것을 관찰하였고 미국의 왁스먼은 anti(대항)+bios(생명)에 착안해 antibiotics, 즉 항생물질이라고 이름지었다.
>
> **항생제 덩어리들** 우리가 매일 먹는 음식들은 대부분이 상품이다. 내가 만든 것이 아니고 남이 만든 것이다. 그 '남'의 목적은 나의 건강이 아니라 나의 '돈'이며 이는 상품경제의 속성이다. 우리 식탁에 올려지는 대부분의 닭들의 고기와 달걀은 항생제 덩어리다. 양계업자에게 가장 무서운 경험은 닭들이 이름 모를 돌림병에 걸려 몽땅 죽는 것이다. 때문에 닭의 사료에도 방부제와 항생제는 꼭 들어간다. 동물을 대량 사육하여 상품으로 파는 체제에서, 그 닭이 항생제에 얼마나 취해 있는가는 주된 관심의 대상이 아니다. 얼마나 무게가 잘 나가고 번듯해 보이며 궁극적으로 얼마의 돈이 되는가가 관심거리일 뿐이다. 결국 항생제(抗生劑)가 오늘날 우리의 생(生)에 대항(對抗)하는 비극이 펼쳐지고 있는 것이다.

● blank 흰(white)

blaze[bleiz] *n.* 불꽃, 화염

  The fire sprang into a blaze. (불이 별안간에 확 타올랐다.)

bleach[bliːtʃ] *vt.* 표백하다 *n.* 표백제

birch[birch] *n.* 자작나무(나무껍질이 희다.)

blind[blaind] *a.* 눈 먼, 맹목적인 *vt.* 어둡게 하다

  She blinded the room with curtains. (그녀는 커튼으로 방을 어둡게 했다.)

Casablanca *n.* ('하얀 집'이란 뜻)카사블랑카, 모로코의 한 도시, 영화로 유명하다

  ▶ casa(=house) + blanca(=white)

● br- 부풀리다. 발효시키다(boil)

bread[bred] *n.* 빵, 곡식을 부풀려 구워 만드는 대표적 음식, 우리 말 "빵"은 포르투갈어에서 온 것으로 알려져 있다.

bride[braid] *n.* ('빵 굽는 사람'의 뜻에서) 신부(新婦)

lady[léidi] *n.* ('빵을 만들다'는 뜻에서) 여인, 숙녀

엘 그레코의 〈털옷입은 숙녀〉. 1580년 작품.

breed[bri:d] *vt.* (새끼나 알을) 낳다

brew[bru:] *vt.* 양조(釀造)하다, 술을 만들다

broil[broil] *vt.* 굽다

bribe[braib] *n.* 뇌물 *vt.* 매수하다

The armory lobbyist bribed the officers with money. (그 무기 로비스트는 공무원을 돈으로 매수했다.)

> **뇌물**　뇌물을 가리키는 말 bribe는 고대 프랑스어에서 거지에게 주는 빵 조각을 의미했다.

● **brev** 짧은(short)

brief[bri:f] *a.* 짧은, 간략한 *vt.* 요약하다

To be brief, he is a thief. (요컨대 그는 도둑이다.)

abridge[əbrídʒ] *vt.* 요약하다, 줄이다 ▶ a(=toward) + bridge

an abridged edition (요약판)

abbreviate[əbrí:vièit] *vt.* 간략히 하다, 줄여 쓰다 ▶ ab(=toward) + brevi(=short) + ate

United Nations Childrens Fund is commonly abbreviated to UNICEF. (유엔 아동 기금은 보통 유니세프로 요약 표기된다.)

Chapter 3 수·격·성 *Number, Case and Gender*

1 단수, 복수

① -s : 일반적으로 명사의 끝에 -s를 붙여 복수형을 만든다.

    book – books   eagle – eagles

② -es : 명사가 o, ss, sh, ch [ts], x로 끝날 때 -es를 붙인다.

    tomato – tomatoes   kiss – kisses   brush – brushes

    watch – watches   fox – foxes

        cf. monarch – monarchs(어미의 발음이 [k]인 경우)

③ 자음 뒤의 y로 끝나는 명사는 y를 빼고 -ies를 붙여 복수형으로 쓴다.

    baby – babies   lady – ladies

④ 모음 뒤의 y로 끝나는 명사는 그대로 s를 붙여 복수형으로 쓴다.

    boy – boys   play – plays

⑤ f, fe로 끝나는 명사는 보통 ves로 복수형을 만든다.

    life – lives   knife – knives   thief – thieves

    leaf – leaves   self – selves   wife – wives

    wolf – wolves

        cf. 그냥 s를 붙일 경우도 있다.

          cliff – cliffs   grief – griefs   safe – safes

          proof – proofs   roof – roofs

⑥ 그 외 다양하게 복수형이 만들어진다. 영어는 게르만어족, 라틴어족, 더 올라가 그리스어족, 인도-유럽어족이 탄생시킨 언어이기 때문이다.

    analysis – analyses   basis – bases   crisis – crises

    formula – formulae   oasis – oases   phenomenon – phenomena

⑦ 합성어의 복수형은 중요한 단어를 복수형으로 한다.

    son-in-law → sons-in-law (사위, 양자 등)

    sister-in-law → sisters-in-law (시누이, 올케, 형수, 제수, 처제, 처형 등)

    looker-on → lookers-on (구경꾼)

    man student → men students

    woman student → women students

⑧ 머리글자단어(Acronym)의 복수형은 맨 뒤에 s를 붙인다.

    VIP – VIPs   UFO – UFOs

⑨ 이중복수(복수의 형태와 뜻이 다른 경우)

brother – brothers(형제) – brethren(동포)

cloth – cloths(천의 가짓수) – clothes(옷)

genius – geniuses(천재들) – genni(수호신들)

---

2 명사의 단수 취급, 복수 취급

① 짝을 이루는 명사 - 복수취급

trousers, pants, pajamas, glasses, spectacles, scissors.

These scissors **are** mine.

> *cf.* A pair of scissors **is** on the desk.

② 다음 단어들은 복수형으로 나타나지만 단수로 취급받는다.

- 학문이름 mathematics, politics, ethics
- 나라이름 The United Nations, The United States, The Philippines

Mathematics **is** my favorite subject. (수학은 내가 좋아하는 학문이다.)

The United States **is** now being challenged with its morality. (미국은 지금 도덕성에 도전을 받고 있다.)

> *cf.* I can't believe my mathematics **are** incorrect.
> (내 계산이 틀리다는 것은 믿을 수 없다.)

③ 부분을 나타내는 말은 뒤따르는 명사가 수를 결정

the bulk, a lot, the majority, part, portion, rest, 분수 등의 부분을 나타내는 말은 뒤따르는 명사에 따라 단수 · 복수가 결정된다.

The rest of her daughters **were** playing in the garden.

The rest of his real estate **was** hidden before the tax investigation.

---

3 명사의 소유격

1 소유격의 형태

① 생물인 명사의 소유격은 명사 뒤에 's를 붙인다.

Hera's jealousy   Charles's book   the student's pen

② 무생물인 명사의 소유격은 of를 명사 앞에 붙인다.

the legs of this table

'The art of loving' is written by Erich Fromm. ('사랑의 기술'은 에리히 프롬의 저서다.)

cf. 무생물인 명사를 의인화시켜 's를 사용하는 경우는 무수히 많다.

today's headline news / five dollars' worth / ten miles' distance
two pounds' weight / Seoul's population

cf. 관용적으로 의인화시킨 구문도 많다.

for heaven's sake (제발, 아무쪼록)
at one's wit's end (어쩔 줄 몰라)

③ 복수형 -s로 끝난 단어에는 apostrophe(')만 붙인다.

eagles' nest   girls' school

④ 합성어의 소유격은 단어 끝에 's를 붙인다.

my brother-in-law's pen (자형, 매부, 처남, 시숙 등의 펜)
the Prime Minister's speech (수상의 연설)

2 소유격의 용법

① 소유의 관계

Tom's book (탐이 소유한 책)

② 사용목적이나 대상 등을 표시

a children's hospital = a hospital for children

③ 주격 관계 표시

the rise of imperialism (제국주의의 발흥)

④ 목적 관계 표시

her praise of the government → She praised the government.

⑤ 동격관계

the city of Paris / the five of us (우리 다섯 사람 – 전부 5명일 때)

4 이중소유격(Double Genivitive)

14세기 이후로 영어에서 소유격은 다른 한정사(determiner)인 a, an, this, these, that, those, some, any, no, the only 등과 나란히 쓰이지 않는다. 'of + 소유대명사'를 사용한다.

This is a book of mine.

These books of Tom's are very interesting.

It was no faults of students'.

That's the only friend of yours that I have ever met. (저 사람은 내가 본 유일한 너의 친구다.)

5 영어의 성(性)

-ess는 여성을 의미하는 접미사로서 lioness, sculptress, waitress, stewardess, actress, mistress 등이 쓰이고 있다.

> *cf.* 직업에서 성을 드러내는 것에 대해 최근의 영미권에서는 이를 기피하려는 움직임이 뚜렷하다. 일례로 미국에서 비행기를 이용할 때 steward 내지 stewardess 대신에 중성인 attendant라는 말을 자주 접하게 된다.

19세기 후반의 화가 부게로(Bouguereau, William)의 양치기 소녀(The Little Shepherdess).

APOLLON AND DAPHNE
아롤론과 다프네

slime[slaim] *n.* 진흙
fertility[fəːrtíləti] *n.* 비옥함, 풍부함
call forth 불러내다, 야기(惹起)하다
creep-crept-crept *vi.* 기다, 기어다니다
lurk[ləːrk] *n.* 잠복 *vi.* 숨다, 잠복하다
hare[hɛər] *n.* 산토끼
game[ɡeim] *n.* 사냥감
commemorate[kəmémərèit] *vt.* 기념
하다
illustrious[ilʌ́striəs] *a.* 빛나는, 혁혁한
feat[fiːt] *n.* 업적, 무훈, 묘기
wreath[riːθ] *n.* 화환
wreathe[riːð] *vt.* 화환으로 만들다

The slime with which the earth was covered by the waters of the flood produced an excessive fertility, which called forth every variety of production, both bad and good. Among the rest, Python, an enormous serpent, crept forth, the terror of the people, and lurked in the caves of Mount Parnassus. Apollon slew him with his arrows-weapons which he had not before used against any but feeble animals, hares, wild goats, and such game. In commemoration of this illustrious conquest he instituted the Pythian games, in which the victor in feats of strength, swiftness of foot, or in the chariot race was crowned with a wreath of beech leaves; for the laurel was not yet adopted by Apollon as his own tree.

홍수로 대지를 덮은 진흙은 매우 비옥한 토양을 이루어, 나쁜 것
과 좋은 것을 가리지 않고 모든 종류의 산물을 불러냈다. 그 중에서
엄청나게 큰 뱀인 피톤이 기어 나와 사람들을 공포에 떨게 하며 파르
나소스 산의 동굴에 똬리를 틀었다. 아폴론은 자신의 화살로 이 큰 뱀

을 죽였는데, 이 화살은 산토끼나 산양과 같은 힘없는 사냥감에만 사용하던 무기였다. 이 빛나는 승리를 기념하기 위하여 아폴론은 피톤 경기를 창설하여, 씨름이나 빨리 뛰기 혹은 이륜차 경주에서 우승한 자에게 너도밤나무 잎으로 만든 관을 씌워 주었다. 왜냐하면 아직 그때에는 월계수가 아폴론에 의해 그의 나무로 채택되지 않았기 때문이었다.

프랑스화가 들라크로아(Ferdinand Victor Eugene Delacroix, 1798~1863)의 〈왕뱀 피톤을 죽이는 아폴론〉. 1850년경 작품.

Daphne was Apollon's first love. It was not brought about by accident, but by the malice of Eros. Apollon saw the boy playing with his bow and arrows; and being himself elated with his recent victory over Python, he said to him, "What have you to do with warlike weapons, saucy boy? Leave them for hands worthy of them, look at the conquest I have won by means of them over the vast serpent who stretched his poisonous body over acres of the plain! Be content with your torch, child, and kindle up your flames, as you call them, where you will, but presume not to meddle with my weapons."

다프네는 아폴론의 첫 사랑이었다. 그것은 우연에 의해서가 아니라 에로스의 악의에 의해 초래된 것이었다. 아폴론은 활과 화살을 가

malice[mǽlis] n. 악의, 앙심
elate[iléit] vt. 우쭐대게 하다, 뽐내게 하다
saucy[sɔ́ːsi] a. 건방진, 까부는
stretch[stretʃ] vi.vt. 뻗다, 펴다
kindle[kíndl] vi.vt. 불붙다, 불붙이다
presume[prizúːm] vi. vt. 가정하다, 상상하다, 감히 ~하다
meddle[médl] vt. 참견하다, 만지작거리다

〈벨베데레의 아폴론〉. B.C.300년경에 제작된 원작을 로마시대에 복제한 작품이다. 높이 2m24cm. 로마 바티칸 박물관 소장. 아폴론은 서구 남성상의 이상형으로 존재해왔다. 거대한 뱀 피톤을 물리치고 태양의 신이며 예술과 의술, 예언을 주관하는 신이다.

지고 노는 꼬마를 보았다. 아폴론은 방금 피톤을 물리치고 우쭐해있던 터라 꼬마에게 말했다. "까불거리는 꼬마야, 그런 무기로 무엇을 하려는 게냐? 그것은 어울리는 사람에게나 줘라. 보아라. 나는 이 무기들로 독을 품은 몸뚱이를 넓은 들판에 펴고 있던 큰 뱀을 퇴치했다! 횃불로 만족하거라. 꼬마야, 네가 불꽃이라 부르는 것들이나 마음대로 피우렴. 허나 나의 무기는 함부로 만지지 않도록 하거라."

Aphrodite's boy heard these words, and rejoined, "Your arrows may strike all things else, Apollon, but mine shall strike you." So saying, he took his stand on a rock of Parnassus, and drew from his quiver two arrows of different workmanship, one to excite love, the other to repel it. The former was of gold and sharp pointed, the latter blunt and tipped with lead. With the leaden shaft he struck the nymph Daphne, the daughter of the river god Peneus, and with the golden one Apollo, through the heart.

아프로디테의 아들은 이 말을 듣고 대답했다. "아폴론, 당신의 화살은 다른 모든 것을 맞힐지 모르지만 내 화살은 당신을 맞힐 거예요." 이렇게 말하며 에로스는 파르나소스 산의 바위 위에 올라 화살통에서 서로 달리 만들어진 두 개의 화살을 빼냈는데, 하나는 사랑을 불러일으키는 화살이었고, 하나는 사랑을 거부하는 화살이었다. 전자

는 황금으로 만들어져 끝이 뾰족하였고, 후자는 무디고 끝에 납이 씌
워져 있었다. 에로스는 납촉 화살로 강의 신 페네이오스의 딸 다프네
라는 님프를 쏘았고, 금촉 화살로는 아폴론의 가슴을 맞혔다.

Immediately the god was seized with love for the maiden, and she abhorred the thought of loving. Her delight was in woodland sports and in the spoils of the chase. Many lovers sought her, but she spurned them all, ranging the woods, and taking no thought of Eros nor of Hymen. Her father often said to her, "Daughter, you owe me a son-in-law; you owe me grandchildren." She, hating the thought of marriage as a crime, with her beautiful face tinged all over with blushes, threw her arms around her father's neck, and said, "Dearest father, grant me this favor, that I may always remain unmarried, like Artemis." He consented, but at the same time said, "Your own face will forbid it."

abhor[æbhɔ́ːr] *vt.* 끔찍이 싫어하다
ab(=away) + hor(두려운=fear)
spoil[spɔil] *vt.* 약탈하다, 망치다 *n.* 전리
품, 약탈품
seek-sought-sought *vi.vt.* 추구하다, 구
애하다
spurn[spəːrn] *vi.vt.* 쫓아내다, 거절하다
range[reindʒ] *vi.vt.* 돌아다니다, 도달하
다
Hymen[háimən] *n.* 히멘, 결혼의 신

그러자 곧 아폴론은 이 처녀를 향한 사랑의
포로가 되었고, 다프네는 연애라는 생각마저 끔
찍이 싫어졌다. 그녀의 즐거움은 숲 속에서 노는
것이었으며 사냥하는 것이었다. 많은 남자들이
그녀에게 구애를 했지만, 그녀는 모두 거절하고

부게로(Bouguereau, William 1833~1898)의 〈에로스로부터 자신을 보호
하려는 소녀〉.

는 숲을 누비며 사랑이나 결혼은 염두에도 두지 않았다. 그녀의 아버지는 종종 그녀에게 말했다. "딸아, 내게 사위도 보이고 손자도 얻게 해주렴." 다프네는 결혼하는 생각을 죄악처럼 싫어하였으므로 아름다운 얼굴을 붉히면서 아버지의 목에 팔을 감고 말했다. "제발 아버지, 저의 이런 취향을 허락하셔서 아르테미스 여신처럼 결혼하지 않고 언제나 처녀로 남게 해 주세요." 그는 승낙했지만 동시에 이렇게 말했다. "너의 얼굴이 허락하지 않을 것이다."

Apollon loved her, and longed to obtain her; and he who gives oracles to all the world was not wise enough to look into his own fortunes. He saw her hair flung loose over her shoulders, and said, "If so charming, in disorder, what would it be if arranged?" He saw her eyes bright as stars; he saw her lips, and was not satisfied with only seeing them. He admired her hands and arms, naked to the shoulder, and whatever was hidden from view he imagined more beautiful still. He followed her; she fled, swifter than the wind, and delayed not a moment at his entreaties.

아폴론은 다프네를 사랑하였기 때문에 그녀를 얻으려 갈망하였다. 세상에 신탁을 내려주는 아폴론도 자기 자신의 운명을 들여다볼 만큼 현명하진 못하였다. 그는 다프네의 어깨에 머리카락이 흐트러져 있는 것을 보고 말했다. "흐트러져 있어도 저렇게 아름다운데, 곱게 빗겨지면 얼마나 아름다울까!" 그는 별과 같이 빛나는 그녀의 눈을 보았다. 그는 그녀의 입술을 보았지만 단지 보는 것만으로는 만족할 수가 없었다. 그는 그녀의 손과 어깨까지 노출된 팔을 보고 감탄하였다. 그리고 보이지 않는 부분은 더 아름다울 것이라고 상상하였다. 그는 다프네의 뒤를 쫓아갔고, 다프네는 바람보다도 빨리 달아나며 그의 간청에 잠시도 멈추지 않았다.

"S tay," said he, "daughter of Peneus; I am not a foe. Do not fly me as a lamb flies the wolf, or a dove the hawk. It is for love I pursue you. You make me miserable, for fear you should fall and hurt yourself on these stones, and I should be the cause. Pray run slower, and I will follow slower. I am no clown, no rude peasant. Zeus is my father, and I am lord of Delphos and Tenedos, and know all things, present and future. I am the god of song and the lyre. My arrows fly true to the mark; but, alas! an arrow more fatal than mine has pierced my heart! I am the god of medicine, and know the virtues of all healing plants. Alas! I suffer a malady that no balm can cure!"

"멈추시오." 그는 말했다. "페네이오스의 딸이여. 나는 원수가 아니오. 양이 늑대를 피하고 비둘기가 매를 피하듯이 나를 피하지 말아 주시오. 내가 당신을 쫓는 것은 사랑하기 때문이오. 나 때문에 그렇게 달아나다가 돌에 걸려 넘어져 다치지는 않을까 근심스럽소. 제발 좀 천천히 가시오. 나도 천천히 따를 것이니. 나는 시골뜨기도 아니고 무례한 농사꾼도 아니오. 제

foe[fou] *n.* 적, 원수
fly[flai] *vi.vt.* 날다, ~로부터 도주하다
clown[klaun] *n.* 어릿광대, 시골뜨기
malady[mǽlədi] *n.* 질병
social malady 사회적 병폐
balm[bɑːm] *n.* 향유, 연고

베르니니(Bernini,Gian Lorenzo)의 〈아폴론과 다프네〉. 1619년경 대리석 작품. 로마의 보르게제 박물관 소장.

우스가 나의 아버지이며 나는 델포이와 테네도스의 군주라오. 그리고 현재와 미래 모든 것을 알고 있소. 나는 노래와 리라의 신이오. 나의 화살은 정확히 표적을 맞히지만, 아! 나의 화살보다 더 치명적인 화살이 나의 가슴을 뚫었소. 나는 의술의 신이고, 모든 약초의 효능을 알고 있소. 하지만! 지금 나는 어떠한 약으로도 치료할 수 없는 병에 걸려 괴로워하고 있소!"

The nymph continued her flight, and left his plea half uttered. And even as she fled she charmed him. The wind blew her garments, and her unbound hair streamed loose behind her. The god grew impatient to find his pleas thrown away, and, sped by Eros, gained upon her in the race. It was like a hound pursuing a hare, with open jaws ready to seize, while the feebler animal darts forward, slipping from the very grasp. So flew the god and the virgin—he on the wings of love, and she on those of fear. The pursuer is the more rapid, however, and gains upon her, and his panting breath blows upon her hair. Her strength begins to fail, and, ready to sink, she calls upon her father, the river god.

그 요정은 계속 달아나 그의 간청은 온전히 나오지도 못했다. 그리고 달아나면서도 그녀는 그를 매혹시켰다. 바람은 그녀의 옷을 나부끼게 했고, 묶지 않은 머리카락은 그녀의 등뒤로 찰랑거렸다. 아폴론은 애원이 거절되자, 더 이상 참을 수 없어 연정을 품고 질주하여 그녀에게 다다랐다. 그것은 마치 사냥개가 산토끼를 추격하고 있을 때와 흡사했다. 벌려진 입이 물려고 하면 이 약한 동물은 급히 내달려가 가까스로 그 아귀에서 빠져나가는 것이었다. 이렇게 신과 처녀는 계속 나는 듯이 달렸다. 아폴론은 사랑의 날개를 달고, 다프네는 공포의 날개를 달고서. 그러나 더 빨리 달리는 추격자가 그녀에게 육박하게 되었고, 그의 헐떡이는 숨결이 그녀의 머리카락에 닿았다. 그녀의 힘이 약해져 마침내 쓰러질 지경에 이르자, 그녀는 강의 신인 아버지에게 도움을 청했다.

이탈리아의 거장 티에폴로의 〈아폴론과 다프네〉. 워싱턴 국립미술관 소장. 티에폴로(Tiepolo, Giovanni Battista, 1696~1770)는 환상적인 기법에 있어서 16세기 베네치아파의 베로네세를 능가한다는 평가를 받았으며 훗날 그의 예술은 스페인의 고야에 의해 이어져 근대회화의 산파역할을 한다.

"Help me, Peneus! open the earth to enclose me, or change my form, which has brought me into this danger!" Scarcely had she spoken, when a stiffness seized all her limbs; her bosom began to be enclosed in a tender bark; her hair became leaves; her arms became branches; her foot stuck fast in the ground, as a root; her face became a tree-top, retaining nothing of its former self but its beauty, Apollon stood amazed. He touched the stem, and felt the flesh tremble under the new bark. He embraced the branches, and lavished kisses on the wood. The branches shrank from his lips.

"아버지 페네이오스 신이시여, 살려 주세요. 땅을 열어 나를 숨겨 주세요. 아니면 내 모습을 바꾸어 주세요. 이 모습 때문에 제가 이런 위험에 빠졌답니다." 다프네가 말을 마치자마자, 그녀의 팔다리는 굳어지고, 가슴은 부드러운 나무껍질로 둘러싸이고, 머리카락은 나뭇잎이 되었고, 팔은 가지가 되었으며, 그녀의 다리는 뿌리가 되어 땅 속에 단단히 박혔다. 그리고 그녀의 얼굴은 나무의 끝이 되어 옛 모양은 사라졌으나 아름다움만은 여전했다. 아폴론은 깜짝 놀라 그 자리에 멈춰 섰다. 줄기를 만져 보니 새로운 나무껍질 속에서 그녀의 몸이 떨고 있었다. 그는 가지를 끌어안고 입맞춤을 퍼부었다. 나뭇가지는 그의 입술을 피하는 것이었다.

"Since you cannot be my wife," said he, "you shall assuredly be my tree. I will wear you for my crown; I will decorate with you my harp and my quiver. And, as eternal youth is mine, you also shall be always green, and

마라티(Maratti, Carlo)의 〈다프네를 뒤쫓는 아폴론〉. 다프네 옆에 항아리를 기울이고 있는 노인은 강의 신 페네이오스이다. 1681년 작품.

your leaf know no decay." The nymph, now changed into a Laurel tree, bowed its head in grateful acknowledgment.

"그대는 이제 나의 아내가 될 수 없으므로 나의 나무로 확실히 만들겠노라. 나는 나의 왕관으로 그대를 쓰겠다. 나는 그대를 가지고 나의 하프와 화살 통을 장식하리라. 영원한 청춘을 내가 주재하므로 그대는 항상 푸를 것이며, 그대의 잎은 시들지 않으리라." 이미 월계수로 변해버린 님프 다프네는 이를 고맙게 받아들여 머리를 숙였다.

PYRAMUS AND THISBE
피라모스와 티스베

reign[rein] n. 지배, 통치 vi. 통치하다
acquaintance[əkwéintəns] n. 알고 있음
acquaint[əkwéint] vt. 알리다
ripen into ~로 익다
forbid-forbade-forbidden vt. 금지하다, 반대하다
ardor[ɑ́ːrdər] n. 열정, 열심
with ardor 열심히
cover up 은폐하다, 감추다

Pyramus was the handsomest youth, and Thisbe the fairest maiden, in all Babylonia, where Semiramis reigned. Their parents occupied adjoining houses; and neighborhood brought the young people together, and acquaintance ripened into love. They would gladly have married, but their parents forbade. One thing, however, they could not forbid – that love should glow with equal ardor in the bosoms of both. They conversed by signs and glances, and the fire burned more intensely for being covered up. In the wall that parted the two houses there was a crack, caused by some fault in the structure. No one had remarked it before, but the lovers discovered it. What will not love discover!

세미라미스 여왕이 통치하는 바빌로니아에서 가장 잘 생긴 청년은 피라모스였고 가장 아름다운 처녀는 티스베였다. 두 사람 부모의 집이 연접해 있었기 때문에 이웃이 된 젊은이들은 가까운 사이가 되었고, 서로를 잘 아는 관계는 결국 사랑으로 발전하였다. 두 남녀는

서로 결혼을 하고 싶어했으나 부모들이 반대했다. 그러나 부모들도 금할 수 없었던 것은, 두 남녀의 가슴속에 똑같은 열정으로 사랑의 불꽃이 타오르는 것이었다. 두 사람은 몸짓이나 눈짓으로 서로 이야기를 나눴고, 감춰진 것이기에 그 사랑은 더욱 강렬히 타올랐다. 두 집 사이의 벽에는 만들어질 때 실수로 생긴 틈이 있었다. 이제까지 아무도 그것을 발견하지 못했으나, 연인들은 그것을 발견했다. 사랑이 발견할 수 없는 것이 무엇이랴!

벽의 갈라진 틈으로 피라모스와 이야기하는 〈티스베〉. 워터하우스(Waterhouse, John William)의 1909년 작품.

It afforded a passage to the voice; and tender messages used to pass backward and forward through the gap. As they stood, Pyramus on this side, Thisbe on that, their breaths would mingle. "Cruel wall," they said, "why do you keep two lovers apart? But we will not be ungrateful. We owe you, we confess, the privilege of transmitting loving words to willing ears." Such words they uttered on different sides of the wall; and when night came and they must say farewell, they pressed their lips upon the wall, she on her side, he on his, as they could come no nearer.

afford to ～할 수 있다, 할 여유가 있다
mingle[míŋɡəl] vi.vt. 섞다, 섞이다
ungrateful[ʌ̀ngréitfəl] a. 은혜를 모르는, 배은망덕한
grateful[gréitfəl] a. 은혜를 아는
transmit[trænsmít] vt. 전하다, 보내다

그 틈으로 목소리가 오고갈 수 있었다. 그래서 사랑의 밀어(蜜語)들이 이 틈을 통해 서로 오고갔다. 피라모스가 한쪽 벽에, 그리고 티스베가 다른 벽 쪽에 다가섰을 때, 두 사람의 숨결이 닿는 듯했다. "잔인한 벽 같으니," 그들은 말했다. "왜 너는 우리 두 연인을 떼어놓는가? 하지만 우리는 너의 은혜를 잊지 않겠다. 고백하건대 사랑에 목마른 우리들의 귀에 사랑의 말을 전해주는 것이 바로 너니까." 이와

같은 말들을 그들은 벽 양쪽에서 속삭였다. 그리고 밤이 되어 이별하지 않으면 안 될 때에는 더 가까이 갈 수가 없었으므로, 남자는 남자 쪽 벽에, 여자는 여자 쪽 벽에 입을 맞추었다.

Next morning, when Eos had put out the stars, and the sun had melted the frost from the grass, they met at the accustomed spot. Then, after lamenting their hard fate, they agreed that next night, when all was still, they would slip away from the watchful eyes, leave their dwellings and walk out into the fields; and to insure a meeting, go to a well-known edifice standing without the city's bounds, called the Tomb of Ninus, and that the one who came first should await the other at the foot of a certain tree. It was a white mulberry tree, and stood near a cool spring. All was agreed on, and they waited impatiently for the sun to go down beneath the waters and night to rise up from them.

다음날 아침, 새벽의 여신 에오스가 별들을 내쫓고 태양이 풀 위에 내린 이슬을 녹일 때, 두 사람은 익숙해진 장소에서 만났다. 두 사람은 자기들의 모진 운명을 한탄한 뒤 계획을 꾸몄다. 그 날 밤 모두가 잠들어 고요할 때 감시의 눈을 피해 집을 빠져나와 들판으로 나오기로 한 것이다. 마을 밖에 있는 니노스의 무덤이라는 유명한 곳의 어떤 나무 아래에서 먼저 온 사람이 다른 사람을 기다리기로 했다. 그 나무는 하얀 뽕나무였고 시원한 샘 곁에 있었다. 모든 것이 약속되자, 그들은 태양이 바다 밑으로 내려가고 밤이 그 위로 떠오르기를 고대하였다.

Then cautiously Thisbe stole forth, unobserved by the family, her head covered with a veil, made her way to the monument and sat down under the tree. As she sat alone in the dim light of the evening she saw a lioness, her jaws reeking with recent slaughter, approaching the fountain to slake her thirst. Thisbe fled at the sight, and sought refuge in the hollow of a rock. As she fled she dropped her veil. The lioness after drinking at the spring turned to retreat to the woods, and seeing the veil on the ground, tossed and tear it with her bloody mouth.

reek[riːk] *n.* 김, 땀 *vi.* 김을 내다, 땀내다
tear[tɛər] ※발음주의 *vt.* 찢다
tear-tore-torn

〈바람부는 풍경 속의 피라모스와 티스베〉.
푸생(Poussin, Nicolas)의 1651년 작품.
피라모스와 티스베의 이야기는 영국의 대
문호 셰익스피어의 〈로미오와 줄리엣〉의
원형으로 알려져 있다.

마침내 티스베는 얼굴을 베일로 가린 채, 가족들에게 들키지 않고 몰래 빠져나와 약속한 장소에 와서 약속한 나무 아래 앉았다. 땅거미가 지는 저녁 시간에 외로이 앉아 있으려니까 한 마리의 암사자가 보이는 것이었다. 암사자는 방금 잡아먹은 동물의 피를 아가리에서 뚝뚝 흘리며 갈증을 채우려는지 샘터로 다가왔다. 그것을 보자 티스베는 달아나 바위 틈에 몸을 숨겼다. 달아나면서 그녀는 쓰고 있던 베일을 떨어뜨리고 말았다. 암사자는 샘에서 물을 마시고 다시 숲 속으로 돌아가려다가 땅 위에 떨어져 있는 베일을 보고는 피묻은 아가리로 그것을 잡아채 찢어버렸다.

Pyramus, having been delayed, now approached the place of meeting. He saw in the sand the footsteps of the lion, and the color fled from his cheeks at the sight. Presently he found the veil all torn and bloody. "Oh poor girl," said he, "I have been the cause of your death! You, more worthy of life than I, have fallen the first victim. I will follow. I am the guilty cause, in tempting you forth to a place of such peril, and not being myself on the spot to guard you. Come on, lions, from the rocks, and tear this guilty body with your teeth." He took up the veil, carried it with him to the appointed tree, and covered it with kisses and with tears. "My blood also shall stain your texture," said he, and drawing his sword plunged it into his heart. The blood spurted from the wound, and tinged the white mulberries of the tree all red; and sinking into the earth reached the roots, so that the red color mounted through the trunk to the fruit.

시간에 늦은 피라모스는 이제야 약속 장소에 다다르게 되었다. 모래밭에서 사자의 발자국을 발견하는 순간 그의 안색은 싹 가셨다. 잠시 후 그는 갈기갈기 찢어진 피투성이의 베일을 발견하였다. 그는 부르짖었다. "오, 가엾은 티스베여. 그대가 죽은 것은 나 때문이다! 나보다 더 오래 살아야 하는 그대가 먼저 희생되다니. 나는 그대의 뒤를 따르겠소. 그대를 이렇게 위험한 장소에 오도록 해놓고 위험이 닥쳤을 때 그대를 지키지 못한 내가 잘못했소. 오라, 사자들아, 바위 속에서 나와 이 죄 많은 몸뚱이를 너희의 이빨로 물어뜯어라." 피라모스는 베일을 손에 들고 약속한 나무에 가서 눈물을 흘리며 여러 번 입을 맞추었다. "당신의 베일에 나의 피도 묻히겠소." 이렇게 말한 그는 칼을 빼어 자기의 가슴을 찔렀다. 상처로부터 피가 뿜어져 뽕나무의 하얀 오디를 온통 붉게 물들였다. 피가 땅에 스며들어 뿌리에 닿았고 그 붉은 빛깔이 줄기를 타고 열매에까지 올라간 것이다.

By this time Thisbe, still trembling with fear, yet wishing not to disappoint her lover, stepped cautiously forth, looking anxiously for the youth, eager to tell him the danger she had escaped. When she came to the spot and saw the changed color of the mulberries, she doubted whether it was the same place. While she hesitated she saw the form of one struggling in the agonies of death. She started back, a shudder ran through her frame as a ripple on the face of the still water when a sudden breeze sweeps over it. But as soon as she recognized her lover, she screamed and beat her breast, embracing the lifeless body, pouring tears into its wounds, and imprinting kisses on the cold lips.

shudder[ʃʌ́dər] *n.* 떨림 *vi.* 떨다
ripple[rípəl] *n.* 잔물결, 파문
breeze[briːz] *n.* 미풍, 산들바람
sweep[swiːp] *vi.vt.* 청소하다, 휩쓸다

바로 이 때 공포에 떨고 있던 티스베는 연인을 실망시켜서는 안 되겠다고 생각하고 조심조심 걸어나왔다. 그녀가 벗어난 위험을 말해 주고 싶어 젊은 연인을 간절히 찾았다. 바로 그 장소로 와서 뽕나무의 열매 색깔이 빨갛게 변한 것을 보고는 그곳이 맞는 장소일까 하는 의심이 났다. 그녀는 잠시 주저하다가, 죽음의 고통에 몸부림치는 어떤 사람의 모습을 발견했다. 티스베는 깜짝 놀라 물러섰다. 잔잔한 수면 위로 갑자기 바람이 휩쓸고 지나갈 때 일어나는 물결처럼 전율이 그녀의 몸에 밀려들었다. 그러나 자기 연인을 알아보게 되는 순간 티스베는 비명을 지르며 자기 가슴을 쳤다. 늘어져버린 그의 몸을 꺼안고 상처에 눈물을 쏟으며 그의 싸늘한 입술에 그녀의 입을 대었다.

droop[dru:p] n. 축 늘어짐 vi.vt. 축 늘어지다
scabbard[skǽbərd] n. 칼집
ratify[rǽtəfài] vt. 비준하다, 허락하다

"Oh, Pyramus," she cried, "what has done this? Answer me, Pyramus; it is your own Thisbe that speaks. Hear me, dearest, and lift that drooping head!" At the name of Thisbe Pyramus opened his eyes, then closed them again. She saw her veil stained blood and the scabbard empty of its sword. "Your own hand has kill you, and for my sake," she said. "I too can be brave for once, and my love is as strong as yours. I will follow you in death, for I have been the cause; and death which alone could part us shall not prevent my joining you. And you, unhappy parents of us both, deny us not our united request. As love and death have joined us, let one tomb contain us. And you, tree, retain the marks of slaughter. Let your berries still serve for memorials of our blood." So saying she plunged the sword into her breast. Her parents ratified her wish, the gods also ratified it.

The two bodies were buried in one tomb, and the tree ever after brought forth purple berries, as it does to this day.

영국의 레이턴 경(Leighton, Frederic Lord)이 그린 〈화해〉. 로미오와 줄리엣의 가문이 뒤늦은 화해의 악수를 하고 있다.

그녀는 부르짖었다. "오, 피라모스여, 이것이 어찌된 일인가요? 대답해주세요, 피라모스, 이렇게 말하고 있는 사람은 당신의 티스베예요. 사랑하는 이여, 내 말을 듣고 제발 그 늘어진 머리를 들어 줘요!" 티스베라는 말에 피라모스는 눈을 떴으나 이내 감아 버렸다. 티스베는 피에 묻은 자기의 베일과 칼이 없는 칼집을 발견했다. "자결했군요. 나 때문에."라고 티스베는 말했다. "이번만은 나도 용기가 있어요. 나의 사랑도 당신의 사랑에 못지 않답니다. 죽은 당신을 따르렵니다. 저 때문이니까요. 죽음이 당신과 나 사이를 갈라놓았지만 결코 내가 당신과 하나되는 것을 막지 못할 것입니다. 그리고 우리의 불행한 부모님이시여, 우리의 하나된 청을 물리치지 말아주세요. 사랑과 죽음이 저희들을 결합시켰으니, 한 무덤에 묻어 주세요. 그리고 나무야. 우리의 죽음을 기념해 다오. 너의 열매로 우리의 피를 기념해 다오." 이렇게 말하면서 그녀는 칼로 자기 가슴을 찔렀다. 티스베의 부모는 딸의 소원을 받아들였고, 신들도 또한 그것을 받아들였다. 두 사람의 유해는 하나의 무덤에 묻혔다. 그 후로 오늘날까지 그 나무는 자줏빛 열매를 맺게 되었다.

CEPHALUS AND PROCRIS
케팔로스와 프로크리스

Cephalus was a beautiful youth and fond of manly sports. He would rise before the dawn to pursue the chase. Eos saw him when she first looked forth, fell in love with him, and stole him away. But Cephalus was just married to a charming wife whom he devotedly loved. Her name was Procris.

케팔로스는 아름다운 젊은이로 사내다운 운동을 좋아했다. 그는

귀도 레니(Guido Reni)의 〈에오스〉. 태양 신 아폴론의 마차 바로 앞에서 길을 열어 가고 있다. 1614년 작품.

해가 뜨기 전에 일어나서 사냥을 나가곤 했다. 새벽의 여신 에오스가 지상에 얼굴을 내미는 처음 그 순간 그를 보고는 사랑에 빠져 끝내 그를 납치해 버렸다. 그러나 케팔로스는 열렬히 사랑하는 아름다운 아내와 방금 결혼한 몸이었다. 그녀의 이름은 프로크리스였다.

She was a favorite of Artemis, the goddess of hunting, who had given her a dog which could outrun every rival, and a javelin which would never fail of its mark; and Procris gave these presents to her husband. Cephalus was so happy in his wife that he resisted all the entreaties of Eos, and she finally dismissed him in displeasure, saying, "Go, ungrateful mortal, keep your wife, whom, if I am not much mistaken, you will one day be very sorry you ever saw again."

javelin[dʒǽvəlin] *n.* 투창
entreat[entrí:t] *vt.* 간청하다, 탄원하다
entreaty[entrí:ti] *n.* 간청, 탄원
dismiss[dismís] *vt.* 풀어주다, 해고하다

그녀는 사냥의 여신 아르테미스의 총애를 받았고 여신은 그녀에게 어떤 사냥감보다도 빨리 달리는 개 한 마리와, 표적을 틀림없이 맞히는 투창을 주었다. 그리고 프로크리스는 이 두 선물을 남편에게 주었다. 케팔로스는 아내와 너무나 행복했기 때문에 에오스의 간청을 받아들이지 않았다. 마침내 에오스는 노하여 그를 풀어주며 다음과 같이 말했다. "가거라, 이 배은망덕한 인간아, 여편네나 간수해라. 내가 잘못 본 것이 아니라면 너는 훗날 다시없이 후회하게 될 것이다."

Cephalus returned, and was as happy as ever in his wife and his woodland sports. Now it happened some angry deity had sent a ravenous fox to annoy the country; and the hunters turned out in great strength to capture it. Their efforts

ravenous[rǽvinəs] *a.* 게걸스레 먹는, 굶주린
turn out ~의 결과가 되다
game[geim] *n.* 경기, 사냥감

독일의 화가 프란츠 마르크(Franz Marc 1880~1916)의 〈여우들〉. 마르크는 신학과 철학을 공부하였으나 20세에 화가가 되려고 뮌헨미술학교에 진학하였다. 파리 여행을 통해 고흐에게서 감명을 받았고 1910년 이후 칸딘스키 등과 교류를 가졌다. 역동적인 색채감각을 발전시켜 〈붉은 말〉과 〈푸른 말〉 등을 그렸다. 미완성 대작 〈티롤〉을 남긴 채 제1차 세계대전 중 베르에서 전사하였다.

were all in vain; no dog could run it down; and at last they came to Cephalus to borrow his famous dog, whose name was Lelaps. No sooner was the dog let loose than he darted off, quicker than their eye could allow him. If they had not seen his footprints in the sand they would have thought he flew. Cephalus and others stood on a hill and saw the race. The fox tried every art; he ran in a circle and turned on his track, the dog close upon him, with open jaws, snapping at his heels, but biting only the air. Cephalus was about to use his javelin, when suddenly he saw both dog and game stop instantly. The heavenly powers who had given both were not willing that either should conquer. In the very attitude of life and action, they were turned into stone.

　케팔로스는 집으로 돌아와 전처럼 아내와 행복하게 살았고 숲 속 사냥도 마냥 즐겼다. 이윽고 어떤 화가 난 신이 그 나라를 괴롭히려고 굶주린 여우를 보냈다. 사냥꾼들은 여우를 잡으려고 무척 애를 썼다. 그들의 노력은 수포로 돌아갔고 어떤 개도 그 여우를 잡지 못했다. 마침내 그들은 케팔로스에게 찾아와 그의 유명한 개 렐랍스를 빌려달라고 했다. 개는 고삐에서 풀리자마자 눈에 보이지 않을 정도로 쏜살같이 내달렸다. 개가 발자국을 모래 위에 남기지 않았다면 날아갔다고 믿어질 만했다. 케팔로스 일행은 언덕 위에 올라 경주를 감상했다. 여우는 별 재주를 다 부렸다. 여우가 원을 그리며 달리다가 되돌아 서버리자 개는 거의 덮치기 직전이 되었다. 개는 아가리를 벌리고 덥석 뒤꿈치를 물어버리려 했지만 허공을 물어버리는 꼴이 되었다. 마침내 케팔로스가 투창을 쓰려고 하자, 개와 사냥감이 순간 멈추는 것이었다. 애초에 이들을 만든 신들은 한편이 다른 한편을 이기는 것을 바라지 않은 것이었다. 사생결단이 이뤄지는 순간에 그 둘은 돌로 변하고 말았다.

Cephalus, though he had lost his dog, still continued to take delight in the chase. He would go out at early morning, ranging the woods and hills unaccompanied by any one needing no help, for his javelin was a sure weapon in all cases. Fatigued with hunting, when the sun got high he would seek a shady nook where a cool stream flowed, and, stretched on the grass, with his garments thrown aside, would enjoy the breeze. Sometimes he would say aloud, "Come, sweet breeze, come and fan my breast, come and allay the heat that burns me."

nook[nuk] n. 구석, 은신처
allay[əléi] vt. 진정시키다, 완화하다

개를 잃은 케팔로스는 그래도 여전히 사냥을 즐겼다. 아침 일찍 나가서 누구도 동반하지 않은 채 숲과 언덕을 누볐다. 왜냐하면 그의 투창은 어떠한 경우에도 빗나가는 일이 없는 무기였기 때문이었다. 사냥에 지치거나 해가 중천에 오른 때는 시원한 냇물이 흐르는 그늘진 구석을 찾아 옷과 장신구들을 벗고 풀 위에 쭉 누워 서늘한 바람을 즐겼다. 때로는 소리 높이 외쳤다. "오라, 감미로운 미풍아. 와서 내 가슴에 부채질 해다오. 와서 내 뜨거운 열을 식혀 다오."

credulous[krédʒələs] a. 잘 믿는, 속기 쉬운
faint away 졸도하다, 기절하다

Some one passing by one day heard him talking in this way to the air, and, foolishly believing, that he was talking to some maiden, went and told the secret to Procris, Cephalus's wife. Love is credulous. Procris, at the sudden shock, fainted away. Presently recovering, she said, "It cannot be true; I will not believe it unless I myself am a witness to it." So she waited, with anxious heart, till the next morning, when Cephalus went to hunt as usual. Then she

푸생(Poussin,Nicolas)이 그린 〈케팔로스 와 오로라〉. 오로라는 에오스의 로마식 이름.

stole out after him, and concealed herself in the place where the informer directed her.

어느 날 어떤 사람이 지나가다가 케팔로스가 이와 같이 허공을 향해 이야기하는 것을 듣고 어리석게도 어떤 처녀와 이야기하는 줄 알고 이 비밀을 케팔로스의 아내 프로크리스에게 가서 말했다. 사랑이란 속기 쉬운 것이다. 프로크리스는 뜻하지 않은 충격으로 기절해 버렸다. 이윽고 깨어난 그녀는 이렇게 말했다. "그럴 리 없어. 내 눈으로 보기 전에는 믿을 수 없어." 프로크리스는 두근거리는 가슴으로 다음날 아침을 기다렸다. 케팔로스는 여느 날과 마찬가지로 사냥하러 나갔다. 그녀는 몰래 그의 뒤를 쫓아가 전에 말한 사람이 알려준 장소에 가서 몸을 숨겼다.

Cephalus came as he was wont when tired with sport, and stretched himself on the green bank, saying, "Come, sweet breeze, come and fan me; you know how I love you! you make the groves and my solitary rambles delightful." He was running on in this way when he heard, or thought he heard, a sound as of a sob in the bushes. Supposing it some wild animal, he threw his javelin at the spot. A cry from his beloved Procris told him that the weapon had too surely met its mark. He rushed to the place, and found her bleeding, and with sinking strength endeavoring to draw forth from the wound the javelin, her own gift.

grove[grouv] n. 작은 숲
solitary[sɑ́litèri] a. 혼자의, 고독한
sob[sɑb] n. 흐느낌(의성어) vi. 흐느끼다
run on 계속 달리다, 계속 하다, 계속 지껄이다

케팔로스는 사냥에 지치자 늘 하는 대로 푸른 강둑으로 가서 드

러누웠다. "오라, 감미로운 미풍아, 와서 나에게 부채질을 해다오. 내가 얼마나 너를 사랑하는지는 너도 잘 알지. 네가 있기 때문에 이 숲도, 나의 외로운 걸음도 즐겁단다." 케팔로스가 계속 중얼거리고 있는데 갑자기 숲 속에서 흐느끼는 듯한 소리가 어렴풋이 들리는 듯했다. 야수일 거라는 생각에 그는 소리나는 곳을 향해서 창을 힘껏 던졌다. 사랑하는 프로크리스의 비명 소리가 들려왔다. 그가 던진 창이 표적을 너무도 정확히 맞춘 것이다. 케팔로스가 그 장소로 달려가 보니 프로크리스가 피를 흘리면서 케팔로스에게 선물로 준 창을 상처에서 빼내려고 애쓰며 죽어가고 있었다.

strive[straiv] *vi.* 노력하다, 애쓰다
stanch[staːntʃ] *vt.* 지혈시키다, 출혈을 멈추다
reproach[ripróutʃ] *n.* 꾸짖음, 책망 *vt.* 꾸짖다, 비난하다
implore[implɔ́ːr] *vi.vt.* 애원하다, 간청하다
odious[óudiəs] *a.* 증오할, 밉살스러운

Cephalus raised her from the earth, strove to stanch the blood, and called her to revive and not to leave him miserable, to reproach himself with her death. She opened her feeble eyes, and forced herself to utter these few words: "I implore you, if you have ever loved me, if I have ever deserved kindness at your hands, my husband, grant me this last request; do not marry that odious Breeze!" This disclosed the whole mystery: but alas! what advantage to disclose it now? She died; but her face wore a calm expression, and she looked pityingly and forgivingly on her husband when he made her understand the truth.

케팔로스는 그녀를 땅에서 안아 일으키고 출혈을 막으려고 노력했다. 기운을 차리라고, 결코 죽음으로 꾸짖듯이 자기를 처참히 남기고 떠나지 말라고 외쳤다. 그러자 그녀는 힘없이 눈을 뜨고 몇 마디 말을 입에 올렸다. "여보, 당신이 나를 사랑했었다면, 그리고 내가 당신의 사랑을 받을 만한 자격이 있다면, 제발 이 마지막 소원을 들어

주세요. 그 얄미운 미풍하고는 결혼하지 말아 주세요." 이 말로 모든 비밀은 밝혀졌다. 하지만 지금 그것을 밝힌들 무슨 소용이 있으랴! 프로크리스는 숨을 거두었다. 그러나 그 얼굴은 평온해 보였다. 케팔로스가 그녀에게 진실을 납득시켰기 때문에 그녀는 애처로운 눈길로 남편을 용서하는 것 같았다.

Vocabulary Study

C

● **cad, cid** 떨어지다(fall)

casual[kǽʒuəl] *a.* 우연한, 비격식의
> cas(=fall) + ual(형용사화접미사)

cascade[kæskéid] *n.* 폭포(=waterfall)

Occident[áksədənt] *n.* 서양
> oc(=on) + cid(=fall) + ent(명사화
접미사) : 태양이 떨어지는 쪽
opp. Orient *n.* 동양

accident[ǽksidənt] *n.* 사고
> ac(=toward) + cid + ent

incident[ínsədənt] *n.* 사건
> in(=in) + cid + ent

occasion[əkéiʒən] *n.* 경우
> oc(=on) + cas(=fall) + ion

coincidence[kouínsədəns] *n.* 우연
> co(=together) + in + cid + ence

decay[dikéi] *vi.* 쇠락하다, 썩다
> de(=down) + cay(=fall)

He suffered from decayed tooth. (그는 썩은 이로 고생했다.)

빅토리아 폭포의 한 지류인 〈악마의 폭포〉

● **camp** 들판(field)

campaign[kæmpéin] *n.* 전쟁, 캠페인, 사회운동 *vi.* 사회운동을 하다.

champion[tʃǽmpiən] *n.* 승자, 전사, 투사 *a.* 승자의

campus[kǽmpəs] *n.* 대학교정, 캠퍼스

encamp[enkǽmp] *vt.* 진을 치다, 야영하다 ▶ en(=in) + camp(=field)

There was a tower on the city walls, which overlooked the plain where Minos and his army were encamped. (그 도시의 성벽에는 탑이 하나 있었는데, 거기에서는 미

노스와 그의 군대가 진을 치고 있는 평야가 내려다보였다.)

> **샹젤리제** 그리스신화에서 낙원은 엘리시움(Elysium)으로 불린다. 착한 일을 많이 한 영혼이 행복하게 사는 공간이다. 개선문을 비롯해 아름다운 건축물과 울창한 가로수로 유명한 프랑스 파리의 샹젤리제 거리는 바로 '행복의 들판(Champs Elysee)'인 것이다.

● **can** 갈대(reed)

cannon[kǽnən] *n.* 대포

canal[kənǽl] *n.* 운하, 수로 the Suez Canal (수에즈 운하)

channel[tʃǽnl] *n.* 채널, 경로, 해협

cane[kein] *n.* 막대기, 지팡이

canon[kǽnən] *n.* ('재는 막대'에서) 교회법규, 기준

canvass[kǽnvəs] *n.* 캔버스(그림판, 권투장) *vt.* 자세히 조사하다(캔버스, 즉 굵은 올로 만든 체로 거르면 원하는 낟알, 알갱이를 골라 낼 수 있다.)

The bride and bridegroom canvassed the ad columns for a house for rent.
(신부와 신랑은 셋집을 얻기 위해 광고란을 샅샅이 뒤졌다.)

● **cand** 태우다(burn)

candle[kǽndl] *n.* 양초

candescent[kændésənt] *a.* 백열의, 눈부시게 빛나는
  ▶ cand(=burn) + escent(되다 = becoming)

candid[kǽndid] *a.* 솔직한, 숨김없는

To be quite candid with you 솔직히 말하면

candidate[kǽndədèit] *n.* (고대로마의 공직후보자들이 하얀 옷을 입었다는 데서) 후보자

incense[ínsens] *vt.* 화나게 하다 ▶ in(=into) + cense(=burn)

Apollon shot his arrows at the Cyclopses, which so incensed Zeus that he condemned him as a punishment to become the servant of a mortal.
(아폴론은 화살을 키클롭스들에게 쏘았는데, 이에 제우스는 몹시 노하여 그 벌로 아폴론을 인간의 하인이 되게 하였다.)

● **cant** 노래하다(sing)

cantata[kəntάːtə] *n.* (이탈리아말) 성악곡

cantabile[kɑːntáːbilèi] *ad.* (이탈리아말) 노래하듯이

chanson[ʃǽnsən] *n.* 샹송, 프랑스 대중가요

chant[tʃænt] *n.* 성가, 노래 *vt.* 성가, 노래를 부르다.

accent[ǽksent] *n.* 악센트, 강세 *vt.* 악센트를 두다, 강조하다 ▶ ac(=to) + cent(=sing)

enchant[entʃǽnt] *vt.* 마술을 걸다, 매혹시키다 ▶ en(=in) + chant(=sing)

He was enchanted with her beauty. (그는 그녀의 미모에 매혹되었다.)

recant[rikǽnt] *vt.* 취소하다, 철회하다

The merchant recanted his advocacy. (그 상인은 그의 주장을 철회했다.)

> **철회와 취소의 법적 차이는?** 우리 민법에 의하면 유언자(遺言者)는 언제든지 생전에 유언의 전부나 일부를 철회(撤回)할 수 있다. 이와 같이 아직 효과가 발생하지 않은 법률행위로부터 효과 발생의 가능성을 없애는 것을 철회라고 한다. 취소(取消)는 일단 효과가 발생한 다음에 소멸시키는 행위다. 예컨대 사기나 강제협박(强制脅迫)에 의해 이루어진 계약은 취소권을 가진 사람(사기나 강제협박을 당한 사람 혹은 대리인)이 취소를 할 경우 그 효력이 소급하여 소멸된다. 주의할 것은 취소권자가 취소권을 포기하거나 일정한 시간경과(우리 민법에 따르면 10년)로 취소권이 소멸되면 최초의 법률 행위는 효력을 잃지 않는다는 점이다. 무효(無效)인 행위는 굳이 취소와 같은 별다른 행위를 하지 않아도 처음부터 효력이 발생하지 않는다. 반(反)사회질서의 행위, 즉 샤일록의 살점떼기 계약, 청부살인 계약 내지는 혼인이나 입양에 있어서 사람이 다른 경우 등이다. 도박 역시 反사회적 행위이므로 도박으로 진 빚은 안 갚아도 된다. 원인무효가 바로 이런 뜻이다.

● cap, cep, cip 잡다(catch)

capture[kǽptʃər] *n.* 포획, 취득 *vt.* 포획하다, 취득하다 ▶ capt(=catch) + ure

accept[æksépt] *vt.* 수용하다, 받아들이다 ▶ ac(=toward) + cept(=catch)

anticipate[æntísəpèit] *vt.* 예상하다, 앞질러 일하다

▶ anti(앞서다 = forward) + cip(=catch) + ate(동사화접미사)

The servant anticipated his master's request. (그 하인은 주인이 말하기 전에 일을 처리했다.)

capacity[kəpǽsəti] *n.* 용량 ▶ cap(=catch) + acity(명사화접미사)

The auditorium was filled to capacity. (공연장은 대만원(大滿員)이었다.)

capable[kéipəbəl] *a.* 역량이 있는 ▶ cap(=catch) + able(형용사화접미사)

She is capable of doing anything. (그녀는 슈퍼우먼이다.)

intercept[ìntərsépt] *vt.* 가로채다 ▶ inter(사이로 = between) + cept(=catch)

perceive[pərsíːv] *vt.* 감지하다, 지각하다 ▶ per(=through) + ceive(=catch)

The banker perceived him to be an defrauder. (은행가는 그를 사기꾼으로 감지했다.)

deceive[disíːv] *vt.* 속이다, 사기 치다 ▶ de(=down) + ceive(=catch)

Herakles was deceived by this stratagem, and would have failed to find his oxen. (헤라클레스는 이 계략에 넘어가 소들을 찾지 못할 뻔했다.)

● cast 던지다(throw)

broadcast [brɔ́ːdkæ̀st] *n.* 방송 *vi.vt.* 방송하다 ▶ broad(넓은) + cast(=throw)

casting vote *n.* 결정투표(決定投票)(=decisive vote)

forecast[fɔ́ːrkæ̀st] *n.* 예언, 예측 *vt.* 예측하다, 예보하다 ▶ fore(=before) + cast(=throw)

It is not easy to forecast the weather. (날씨를 예측하는 것은 쉽지 않다.)

● caust 타다(burn)

caustic[kɔ́ːstik] *a.* 부식하는, 신랄한

The criticism was so caustic that he determined to break off his work. (비난이 너무 격렬해 그는 일을 중단하기로 결정했다.)

holocaust[hɑ́ləkɔ̀ːst] *n.* 번제(燔祭:짐승을 불로 태우며 지내는 제사), 대학살

▶ holo(=total) + caust(=burn)

유태인 대학살   홀로코스트 하면 2차 세계대전 당시 나치스의 유태인 대학살을 떠올리게 된다. 나치즘은 20세기 초 유럽에 만연하던 반(反)유대주의·백색인종지상주의·제국주의 및 반(反)공산주의 사상을 기초로 발생하였다. 즉, 게르만족은 인종 가운데 가장 우수한 종족이기 때문에 다른 민족을 지배할 사명을 가지고 있으며, 이와 반대로 가장 열등한 인종은 유대인으로 그들은 항상 주위환경을 부패시키려고 하기 때문에 그들을 격리시키거나 또는 절멸시켜야만 한다고 주장했다. 히틀러의 NSDAP(국가사회주의독일노동자당)의 지지기반은 경제공황을 배경으로 실업의 위기 속에 몰려있던 일반 대중이었지만, 당 이름과는 반대로 실질적인 중심세력은 대자본가 층을 비롯한 보수파 및 군부였으며 강대한 독일의 건설, 독재정치의 수립, 노동계층을 억누른 경제발전 등의 주장이 득세하였다. 당시 독일은 기독교가 발달한 사회로 나치스의 대부분은 독실한 기독교인이었다. 국내 반(反)나치스파로는 공산당과 사회민주당 등 극소수에 불과하였다.

히틀러의 수상취임을 기념하여 발행된 우편엽서(사진). 힌덴부르크 대통령(右)은 히틀러를 경멸했지만 전권을 물려줘야만 했다.

● **cauti** 경고(warning)

cautious[kɔ́:ʃəs] *a*. 조심성 있는, 신중한

His secretary is cautious not to tell secrets. (그의 비서는 조심성이 있어 비밀을 말할 사람이 아니다.)

caution[kɔ́:ʃən] *n*. 조심, 경고 *vt*. 경고하다, 주의를 주다

The policeman cautioned the wild driver. (경관은 난폭 운전자에게 경고했다.)

precaution[prikɔ́:ʃən] *n*. 예방, 조심 ▶ pre(앞 = before) + caution

Everyone should take precaution to prevent fire in the mountain. (모두가 산불예방에 주의를 기울여야 한다.)

● **cel, ceal** 숨기다(hide)

cell[sel] *n*. 세포, (교도소 따위의) 독방

cellular[séljələr] *a*. 세포의, 셀(cell) 방식의

cellular phone (휴대전화)

color[kʌ́lər] *n*. 색깔(물체를 감싸는 것)

conceal[kənsí:l] *vt*. 숨기다, 감추다 ▶ con(=together) + ceal(=hide)

The priest concealed the fugitive. (신부님은 도망자를 숨겨줬다.)

ceil[si:l] *vt*. 천장을 만들다

ceiling[sí:liŋ] *n*. 천장, 최고한계

The conference of managers determined to set a ceiling on wages. (경영자모임에서는 임금(賃金)의 최고상한을 두기로 결정했다.)

clandestine[klændéstin] *a*. 은밀한, 비밀의

▶ clan(숨기다 = hide) + destine(결정하다 = determine)

Their project was so clandestine that the police could not know the D-day.

(그들의 계획은 매우 은밀했기 때문에 경찰은 거행일자를 알지 못했다.)

● **cede** 나아가다(go)

ancestor[ǽnsestər] *n*. 조상, 선조 ▶ an(앞 = before) + cest(가다 = go) + or(사람)

exceed[iksí:d] *vt*. 초과하다 ▶ ex(밖으로 = out) + ceed(가다 = go)

His homework exceeded his mother's ability. (그의 숙제는 어머니의 능력 밖이었다.)

succeed[səksí:d] *vi*. 계승하다(to), 성공하다(in) ▶ suc(아래로 = sub) + ceed(= go)

He succeeded to his father's job. (그는 아버지의 직업을 계승했다.)

The prince succeeded in solving the enigma. (왕자는 수수께끼를 푸는 데 성공했다.)

concede[kənsíːd] *vi.* 양보하다, 인정하다 ▶ con(함께 = together) + cede(=go)

We must concede that this is true. (우리는 이것이 사실임을 인정해야 한다.)

decease[disíːs] *vi.* 사망하다 *n.* 사망 ▶ de(아래로 = down) + cease(=go)

recede[riːsíːd] *vi.* 물러가다, 후퇴하다, 철회하다 ▶ re(뒤로 = back) + cede(=go)

The CEO receded from the agreement with labor union.

(최고경영자는 노조와의 합의를 철회했다.)

recess[ríːses] *n.* 휴식, 휴게(休憩)

The meeting went into recess. 〔모임은 휴게(休憩)에 들어갔다.〕

precede[priːsíːd] *vt.* 선행(先行)하다, 앞서 일어나다 ▶ pre(앞 = before) + cede(=go)

Lighting precedes thunder. (번개가 친 뒤 천둥이 울린다.)

unprecedented[ʌnprésədèntid] *a.* 전례 없는, 유례 없는

In consternation at the unprecedented affliction, Midas strove to divest himself of his power. (유례 없는 재난에 깜짝 놀란 미다스는 그의 권능을 떼버리려 애썼다.)

● **centi**   100 (hundred)

centimeter[séntəmìːtər] *n.* 센티미터, 1미터를 100으로 나눈 단위

century[séntʃuri] *n.* 1세기, 100년

centipede[séntəpìːd] *n.* 지네 ▶ centi(=100) + pede(발 = foot)

● **christ**   그리스도

chrism[krízəm] *n.* 성유(聖油)

Jesus Christ *n.* ('기름부음을 받은 자, 예수'라는 뜻) 예수 그리스도

christen[krísn] *vt.* 세례하다, 세례명을 주다

He was christened John. (그는 요한으로 세례명을 받았다.)

Christianity[krìstʃiǽnəti] *n.* 기독교

> **이스라엘 사람들의 성씨(姓氏)**   예수 탄생 당시 이스라엘 사람들에겐 성이 없었다. "요셉의 아들 예수", "갈릴리지방의 예수", "기름 부어진 예수"라는 식으로 불리는 것이다. 신약성서 마태복음 제1장은 아브라함에서 이삭, 야곱을 거쳐 예수에 이르는 긴 족보를 일일이 열거하고 있다.

● **chrono** 시간(time)

Cronos[króunəs] *n.* 크로노스, 제우스의 아버지, 로마식 표기로 **Saturnus**, 영어식 표기로는
  Saturn

chronology[krənálədʒi] *n.* 연대기학, 연표 ▶ **chrono**(=time)+**logy**(=speak)

chronic[krənálədʒi] *a.* 때때로 나타나는, 만성적인
  ▶ **chron**(=time)+ **ic**(형용사화접미사)
  Uncle Tom suffers from chronic disease. (톰 아저씨는 만성 질병을 앓고 있다.)

anachronism[ənǽkrənìzəm] *n.* 시대착오
  ▶ **ana**(뒤로=back)+ **chron**(시간=time)+ **ism**(명사화접미사)
  Neo-Nazism is an obvious anachronism. (신나치즘은 명백한 시대착오다.)

chronicle[kránikl] *n.* 연대기

synchronized[síŋkrənàiz] *a.* 시간을 맞춘 ▶ **syn**(함께=together)+ **chronized**
  Synchronized swimming is one of the Olympic games.
  (싱크로나이즈드 수영은 올림픽 종목의 하나이다.)

크로노스와 스키타이족 크로노스의 상징은 거대한 낫 스키
테(Scythe)이다. 크로노스는 이 낫으로 Uranos(하늘)에게 대항했
다. 그리스 북부 땅에서 용감무쌍한 전사들의 문화를 지녔던 스키타
이(Scythia)족의 어원 역시 이 낫(Scythe)과 같다. 스키타이족은 기
원전 8세기경 러시아 흑해 주변의 대 초원지대에서 일어나 유라시아
대륙을 누빈 최초의 〈기마 유목민족〉이다. 동물 문양장신구와 황금
세공품을 즐겨 만들었다. 신라 고분의 사슴뿔 모양 금관이나 고구려
고분의 수렵도는 고대 스키타이족과 우리 민족과의 관계를 연구하게
끔 하는 단초가 되고 있다.

집안(輯安)의 고구려 무용총 수렵도(부분)

● **cide** 자르다(cut), 죽이다(kill)

scissor[sízər] *n.* 자르는 것, 가위 ▶ **sciss**(=cut)+ **or**

decide[disáid] *vt.* 결정하다 ▶ **de**(=off)+ **cide**(=cut)

homicide[háməsàid] *n.* 살인 ▶ **homi**(사람=homo)+ **cide**

suicide[súːəsàid] *n.* 자살 ▶ **sui**(자신=self)+ **cide**

precise[prisáis] *a.* 정확한 ▶ **pre**(앞서=before)+ **cise**

concise[kənsáis] *a.* 간결한 ▶ **con**(=together)+ **cise**

incise[insáiz] *vt.* 째다, 절개하다 ▶ **in** + **cise**

The surgeon incised the patient's abdomen. (외과의사는 환자의 배를 절개했다.)

● **circu** 원(circle)

circus[sə́:rkəs] *n*. (원형무대에서 펼쳐지는) 곡예(曲藝), 서커스

circumspect[sə́:rkəmspèkt] *a*. 신중한, 주도면밀한

▶ circum(주위 = circle) + spect(보다 = see)

circumstances[sə́:rkəmstæns] *n*. 환경

▶ circum(주위 = circle) + stance(서다 = stand) + s

circuit[sə́:rkit] *n*. 순회여행, 회로

▶ circu(주위 = circle) + it(걷다 = walk)

The newly married couple decided to make a circuit of the earth.

(신혼부부는 지구를 한바퀴 돌기로 결심했다.)

● **cit** 부르다(call)

cite[sait] *vt*. 인용하다, 증인으로 부르다

incite[insáit] *vt*. 자극하다 ▶ in(=into) + cite(=call)

My parents always incites me to study hard.

(부모님은 언제나 나를 공부 열심히 하도록 자극하신
다.)

recital[risáitl] *n*. 리사이틀

▶ re(=again) + cit(=call) + al(명사화접미사)

solicit[səlísit] *vt*. 간청하다, 애걸하다

▶ soli(=only) + cit(=call)

The old beggar solicited the prince for money.

(늙은 거지는 왕자에게 간절히 구걸했다.)

excite[iksáit] *vt*. 불러내다, 흥분시키다

▶ ex(=out) + cite(=call)

Callisto was another maiden who excited the
jealousy of Hera, and the goddess changed her
into a bear. (칼리스토는 헤라의 질투를 불러일으킨 또
다른 처녀였기에 여신은 그녀를 곰으로 만들어 버렸다.)

오디세우스가 꾀를 써서 물리친 키클롭스(Cyclops)는 커다란 외
눈을 가진 거인족이었다. 또 인도양의 열대성 저기압이 만들어내
는 거대한 회오리 바람의 이름은 Cyclone(사이클론)이다. 모두
커다란 원형과 관련된 말이다.
르동(Redon, Odilon)이 그린 외눈박이 거인족 〈키클롭스〉. 1914
년 작품. 이 거인은 아름다운 처녀 갈라테이아를 짝사랑한 나머지
연적의 목숨을 빼앗는다.

마그리트의 〈투시. Clairvoyance〉. 그림 속의
남자는 벨기에의 초현실주의파 화가인 마그리트
(Magritte,Rene) 본인. 1936년 작품.

● **clar** 깨끗한(clear)

clarify[klǽrəfâi] *vt.* 맑게 하다. 분명히 하다 ▶ **clar** + **ify**(동사화접미사)

The judge tried to clarify the right and duty of that contract. (심판관은 그 계약의
권리와 의무를 분명히 밝히려 노력했다.)

declare[diklέər] *vt.* 선포하다 ▶ **de**(떼어 = away) + **clare**(=clear)

Hera declared war against Herakles from his birth. (헤라는 헤라클레스가 태어나자
마자 전쟁을 선포했다.)

clairvoyance[klɛərvɔ́iəns] *n.* 투시(透視)

▶ **clair**(=clear) + **voy**(=see) + **ance**(명사화접미사)

● **cli** 기울다(lean)

client[kláiənt] *n.* 의뢰인 ▶ **cli**(기울다 = lean) + **ent**(~하는 사람)

decline[dikláin] *vi.* 아래로 기울다, 쇠퇴하다 *n.* 쇠퇴 ▶ **de**(=down) + **cline**

The British Kingdom fell into a decline with the development of nationalism in
the world. (전 세계 민족주의의 발현으로 대영제국은 쇠퇴했다.)

climax[kláimæks] *n.* 절정 ▶ **cli**(=lean) + **max**(큰 = big)

recline[rikláin] *vi.vt.* 기대게 하다, 눕히다 ▶ **re**(=back) + **cline**(=lean)

The maiden reclined her head on a pillow. (처녀는 머리를 베개에 댔다.)

incline[inkláin] *vi. vt.* 기울이다, 내키게 하다 ▶ **in**(=into) + **cline**(=lean)

Callisto, now a bear, felt inclined to embrace her son.

(지금은 곰이 되어버린 칼리스토는 그녀의 아들을 안으려고 했다.)

● clud 닫다(close)

conclude[kənklúːd] *vi.vt.* 결론짓다, 끝내다 ▶ con(=together) + clude

They concluded not to sell their farm. (그들은 농장을 팔지 않기로 결정했다.)

exclude[iksklúːd] *vt.* 배제하다, 못 들어오게 하다 ▶ ex(=out) + clude(=close)

They excluded foreign ships from a port.

(그들은 외국배가 항구에 못 들어오게 막았다.)

seclude[siklúːd] *vt.* 떼어놓다 ▶ se(=seperate) + clude(=close)

He secluded himself from his companions. (그는 친구들을 멀리했다.)

disclose[disklóuz] *vt.* 밝히다, 폭로하다 ▶ dis(=not) + close

Her words disclosed the whole mystery. (그녀의 말은 수수께끼를 완전히 밝혔다.)

enclose[enklóuz] *vt.* 에워싸다, 둘러싸다 ▶ en(=into) + close

There was a valley thick enclosed with cypresses and pines, sacred to the huntress queen, Artemis. (사이프러스 나무와 소나무로 두텁게 둘러쳐져 사냥의 여신 아르테미스에게 바쳐진 계곡이 있었다.)

● com 함께(together)

company[kʌ́mpəni] *n.* 동료, 회사

   ▶ com(=together) + pan(빵 = bread) + y : 빵을 나눠먹는 사람

우리말 '빵' 은 포르투갈어 '팡' 에서 온 것으로 알려져 있다. 라틴어로 panis.

companion[kəmpǽnjən] *n.* 동료, 친구

accompany[əkʌ́mpəni] *vt.* 동반하다, 수행하다 ▶ ac(향하여 = to) + com + pany

He was always accompanied by his strong friends.

(그는 늘 힘 센 친구들을 동반하고 다녔다.)

communicate[kəmjúːnəkèit] *vt.* 통신하다

   ▶ com(=together) + muni(교환하다 = exchange) + cate(동사화접미사)

communism[kʌ́mjənìzəm] *n.* 공산주의

   ▶ com(=together) + mun(교환하다 = exchange) + ism(명사화접미사)

바벨탑의 몰락은 통신이상이 가져온 재앙이었다. 신의 노여움으로 서로 다른 언어를 쓰게 인류는 뿔뿔이 흩어졌다고 한다. 브루겔 〈Brughel,Pieter the Elder〉의 1563년작 〈바벨탑〉.

19세기 유럽에서 본격적으로 부흥한 사상으로 마르크스-엥겔스의 <공산당선언>(1848)이 유명하다.

● **cord** 심장(heart)

accord[əkɔ́ːrd] *n*. 일치, 조화 *vi*. *vt*. 일치하다, 일치시키다 ▶ a(=toward) + cord(=heart)

　Cut your coat according to your cloth. (분수에 맞는 생활을 해라.－격언)

cordial[kɔ́ːrdʒəl] *a*. 진심의, 중심의 ▶ cord(=heart) + al

discord[dískɔːrd] *n*. 불일치, 불화 ▶ dis(=apart) + cord(=heart)

courage[kə́ːridʒ] *n*. 용기 ▶ cour(=heart) + age(명사화접미사)

core[kɔːr] *n*. 속, 심 *cf*. new core(새로운 중심)

● **corp** 신체(body)

corporal[kɔ́ːrpərəl] *a*. 육체의, 신체의 ▶ corpor(=body) + al(형용사화접미사)

　Modern advertisement techniques stimulate corporal pleasure.

　(현대의 광고 기법은 육체적 쾌락을 자극한다.)

corporate[kɔ́ːrpərit] *a.* 단체의, 법인의, 회사의 ▸ corpor(=body) + ate(형용사화접미사)

This trade mark is corporate property. (이 상표는 회사의 재산이다.)

incorporate[inkɔ́ːrpərèit] *vi.vt.* 합병시키다

▸ in(=into) + corpor(=body) + ate(동사화접미사)

That oil company was incorporated into Major Oil Company.

(그 석유회사는 메이저 석유회사에 합병되었다.)

corpse[kɔːrps] *n.* 송장

● **cosm** 우주, 질서(order)

cosmos[kázməs] *n.* 우주, 질서

cosmic[kázmik] *a.* 우주의, 질서의

cosmetics[kɑzmétik] *n.* (얼굴에 질서를 부여한다는 뜻에서) 화장품

cosmopolis[kɑzmápəlis] *n.* 국제도시 ▸ cosmo(=universe) + polis(=city)

cosmopolitan[kɑ̀zməpálətən] *a.* 전 세계적인, 세계주의의 *n.* 세계주의자

cosmopolitanism *n.* 세계주의, 사해동포주의

microcosm[máikroukàzəm] *n.* 소우주 ▸ micro(작은 = small) + cosm

A cell has its own microcosm. (하나의 세포는 자신의 소우주를 갖는다.)

macrocosm[mǽkroukàzəm] *n.* 대우주 ▸ macro(큰 = big) + cosm

The solar system is a mere part of the macrocosm.

(태양계는 대우주의 한 부분일 따름이다.)

> ※ cosmos와 반대의 의미로 쓰이는 chaos(혼돈, 혼란)은 그리스말로 '커다란 구멍' 이란 뜻도 가지고 있으며 오늘 날 chasm에 그 흔적이 남아 있다.

● **cr** 비틀다(twist)

craft[kræft] *n.* 기술, 기교

crank[kræŋk] *n.* 크랭크 : 뒤틀린 형태의 기계장치로서 특히 자동차 등에서 피스톤의 왕복운동을 회전운동 에너지로 변환시키는 작용을 한다.

cramp[kræmp] *n.* 꺾쇠

creek[kriːk] *n.* 작은 시내, 지류

creep[kriːp] *vi.* 기다, 포복하다

The ivy vines are apt to creep up the wall.

(담쟁이덩굴은 벽을 타고 기어올라가는 습성이 있다.)

curl[kə:rl] *vt.* 곱슬거리게 하다

curls[kə:rl] *n.* 곱슬머리

crook[kruk] *n.* 갈고리 *vt.* 구부리다

Her hands grew rounded, became armed with crooked claws, and served for feet. (그녀의 손은 둥그래지고, 굽은 발톱이 달려 발이 되었다.)

cradle[kréidl] *n.* (비틀거나 돌리기 쉬운) 요람(搖籃)

> **From the Cradle To the Grave(요람에서 무덤까지)**   제2차 세계대전 후 영국 노동당(勞動黨)이 사회보장 제도의 완벽한 실시를 주장하며 내세운 슬로건. 출생에서 사망에 이르기까지 모든 국민의 최저생활을 국가가 사회 보장제도를 통하여 보장함으로써 국민생활의 불안을 해소하겠다는 뜻이 담겨 있다. 이 슬로건은 한때 세계 선진자 본주의국가들의 목표가 되기도 했지만, 자본주의 체제 안에서 재원의 마련과 경쟁력 저하라는 문제에 고전할 수밖에 없었다.

● **cra** 꽥꽥거리다(cry) : 의성어의 일종

crack[kræk] *n.* 갈라진 틈, 깨지는 소리

The hungry beggar took a meal in a crack. (그 배고픈 거지는 순식간에 밥을 먹었다.)

cracker[krǽkər] *n.* 크래커과자(잘 부서지는 특성이 있다)

crane[krein] *n.* 학(학의 울음소리에서 지어진 이름), 기중기(학의 모습 T에서 왔다)

crow[krou] *n.* 까마귀

scream[skri:m] *n.* 비명 *vi.* 비명 지르다

creak[kri:k] *vi.* 삐걱거리다 *n.* 삐걱거리는 소리

Creaking doors hang the longest. (삐걱거리는 문이 오래 매달린다 : 몸이 약한 사람이 더 오래 사는 법이다.―격언)

crime[kraim] *n.* 범죄(살인, 강도 등 법에 위반하는 행위) : 비명소리에서 온 단어다.

   cf. sin(종교적 죄) vice(악덕, 도덕적 죄)

● **cracy** 지배(rule)

aristocracy[æ̀rəstákrəsi] *n.* 귀족정치 ▶ **aristo**(최고의 = best) + cracy

autocracy[ɔːtákrəsi] *n.* 독재정치 ▶ **auto**(스스로 = self) + cracy

bureaucracy[bjuərákrəsi] *n.* 관료정치 ▶ **bureau**(책상 = table) + cracy theocracy[θiːákrəsi] *n*. 신정(神政)정치 ▶ theo(神 = god) + cracy

plutocracy[pluːtákrəsi] *n*. 금권정치 ▶ pluto(=wealth) +cracy

금권정치　기원전 4세기의 술통 손잡이에 하데스의 얼굴이 새겨져 있다. 지하세계의 왕 하데스의 다른 이름은 부(富)의 신 플루토(Pluto)이다. 지하에 금은보화가 묻혀 있다는 관념이 반영된 것이다. 여기서 나온 말이 plutolatry배금(拜金)주의, plutocracy금권(金權)정치이다. 금권정치는 고금을 막론하고 다양하게 존재해 왔다. 근대에 들어와 독일의 푸거가(家)는 막대한 금력으로 카를 5세를 제위에 오르게 하고, 또 교황 레오 10세를 조종하였다. 19세기 영국의 로스차일드 가문은 나폴레옹 전쟁에 개입하여 거부가 되었고 금융을 통하여 정치적 영향력을 행사하였다. 자본주의시대 역시 여러 나라에서 재벌들이 막대한 정치자금을 동원해 금권정치에 대한 욕망을 현실화하고 있다.

● **cred**　믿다(believe)

credit[krédit] *n*. 신용

creed[kriːd] *n*. 신조

incredulous[inkrédʒələs] *a*. 믿지 않는, 의심 많은 ▶ in(=not) + cred + ulous

credible[krédəbəl] *a*. 믿을 수 있는, 확실한 ▶ cred + ible

incredible[inkrédəbəl] *a*. 믿을 수 없는 ▶ in(=not) + cred + ible

creditor[kréditər] *n*. 채권자, 여신자(與信者: 믿음을 준 사람) ▶ credit + or
　　opp. debtor : 채무자, 수신자(受信者)

credulous[krédʒələs] *a*. 잘 믿는, 속기 쉬운 ▶ credul + ous
　　Love is credulous. (사랑은 속기 쉬운 법)

● **crux**　교차하다(cross)

crucial[krúːʃəl] *a*. 중요한
　　▶ cruci + al : 교차하는 지점은 지리적으로 중요하기에 나온 뜻이다.

crucify[krúːsəfài] *vt*. 십자가에 못박다 ▶ cruci(교차 = cross) + fy(고정하다 = fix)

crux[krʌks] *n*. 요점, 급소, 수수께끼

cruise[kruːz] *vi*. 돌아다니다, 항해하다
　　cruise missile (순항미사일)

crusade[kruːséid] *n*. ('십자가를 단 집단'에서) 십자군

● **cub** 눕다(lie down)

cube[kju:b] *n.* 입방체(立方體), 정육면체

incubate[ínkjəbèit] *n.* 품다, 기르다 ▶ in(=into) + cub(= lie down) + ate

encumber[enkʌ́mbər] *vt.* 방해하다, 부담을 지우다

    ▶ en(=into) + cumb(= lie down) + er

Heavy armor encumbered him in the mountain.

(산 속에서 무거운 장비는 그에게 방해가 되었다.)

succumb[səkʌ́m] *vi.* 쓰러지다, 굴복하다(to) ▶ suc(= under) + cumb(= lie down)

Pandora succumbed to the temptation of curiosity to know what the jar contained. (판도라는 항아리에 들어있는 것을 알고 싶은 유혹에 굴복하고 말았다.)

르동의 〈페가소스〉. 하늘을 나는 페가소스는 영웅 페르세우스가 처치한 메두사의 피가 떨어진 땅에서 나왔다. 아테나 여신이 페가소스를 길들여 벨레로폰에게 선물한다.

● **cult** 밭을 갈다(cultivate)

cultivate[kʌ́ltəvèit] *vt.* 밭을 갈다 ▶ cultiv + ate

culture[kʌ́ltʃər] *n.* 문화 ▶ cult + ure

colony[kάləni] *n.* 식민지, 거류지 ▶ colon(식민지농부) + y

agriculture[ǽgrikʌ̀ltʃər] *n.* 농업 ▶ agri(기르다) + cult + ure

floriculture[flɔ́:rəkʌ̀ltʃər] *n.* 화초원예 ▶ flori(꽃 = flower) + cult + ure

● **cur** 신경쓰다(care)

accurate[ǽkjərit] *a.* 정확한, 용의주도한 ▶ ac(=toward) + cur(=care) + ate

curio[kjúəriòu] *n.* 골동품

curious[kjúəriəs] *n.* 호기심이 강한 ▶ curi + ous

curiosity[kjùəriάsəti] *n.* 호기심

Pandora was seized with an eager curiosity to know what this jar contained.

(판도라는 이 단지 속에 무엇이 들어 있는지 알고 싶은 강렬한 호기심에 사로잡혔다.)

secure[sikjúər] *a.*(걱정을 덜어냈다는 데서) 안전한

▶ se(=away) + cure(=care)

security[sikjúəriti] *n.* 안전, 보안

procure[proukjúər] *vt.* 얻다, 획득하다

▶ pro(앞으로 = forward) + cure(=care)

The soothsayer advised him to procure if possible the horse Pegasus for the conflict. (예언자는 전투를 위해 가능한 한 페가소스라는 말을 얻으라고 그에게 충고했다.)

Chapter 4 대명사 *Pronoun I*

대명사(代名詞)는 명사를 대신해서 쓴다.
명사와 마찬가지로 주어, 목적어, 보어로 쓰인다.

1 대명사 it

1 비인칭(非人稱)의 It (Impersonal It)

날씨, 시간, 거리, 막연한 상태를 나타낸다.

① 날씨

It never rains but **it** pours. 비가 오면 억수로 쏟아진다. (재난은 반드시 한꺼번에 겹친다는 뜻)

Hera one day perceived **it** suddenly grow dark, and immediately suspected that her husband had raised a cloud to hide some of his doings. (어느 날 헤라는 갑자기 날이 어두워지는 것을 느끼고는 남편이 무슨 짓을 감추려 구름을 일켰음을 즉각 의심했다.)

② 시간 : What time is **it** now?

③ 거리 : How far is **it** to the palace of King?

④ 막연한 상태 : You must fight **it** out. (끝까지 싸워야만 한다.)

2 가주어(假主語)

뒤에 오는 명사구 등을 대신해서 주어로 쓰인다.

It is hard **living in this city**.

It was very hard **to solve her riddle**.

3 가목적어(假目的語)

뒤에 오는 명사구 등을 대신해서 목적어로 쓰인다.

He made **it** a rule **to get up early** every morning.

They found **it** impossible **to cross the river** without a boat.

4 It is - that 강조용법

강조하는 말을 It is 다음에 둔다. 강조용법으로 쓰이는 It is - that는 문장에서 빼도 나머지부분이 문장으로 성립한다.

It is you that are wrong = You are wrong

It was in the celestial garden that he picked out the golden apple.

= In the celestial garden, he picked out the golden apple.

2 재귀대명사

1 타동사나 전치사의 목적어로 쓰인다.(재귀적 용법)

He saw himself in the water.

He made the golden maids to wait on himself.

2 강조하기 위해 쓰인다.(강조적 용법)

Zeus, though called the father of gods and men, had **himself** a beginning.

She spoke the truth to the **judge himself**.

> *cf.* 강조용법으로 쓰이는 재귀대명사는 문장에서 빼버려도 나머지 부분이 온전한 문장으로 성립한다.

3 관용적 용법

- for oneself 자기 힘으로: The boy made a new boat for himself.
- by oneself 홀로(=alone): She sat at the bank of river by herself.
- of itself 저절로: The door closed of itself.
- in itself 그 자체로: The march of his troops was a threat in itself to his rivals.
- beside oneself 제 정신이 아닌: He was beside himself with joy.

3 지시대명사

1 this

① 앞 문장 전체를 받는다.

He lost his wedding ring, and **this** made her more angry. (그가 결혼 반지를 잃어버려 이 일이 그녀를 더욱 화나게 했다.)

It remained to lull to sleep the dragon that guarded the fleece, and **this** was done by scattering over him a few drops of a preparation which Medea had supplied. (남은 일은 양가죽을 지키고 있는 용을 재우는 일이었고, 이 일은 메데아가 준 약 방울을 이 용에게 뿌림으로써 이루어졌다.)

② 전화상 보이지 않는 경우 '나, 당신'의 의미

This is Tom(speaking). (나는 탐입니다.)

Is this Tom? (당신은 탐입니까?)

Who is this? (당신은 누구십니까?)

③ 앞 문장에서 언급한 것을 가리킬 때 **this**는 가까운 쪽의 명사를 가리키고 **that**는 먼

쪽의 명사를 가리킨다.

Health is above wealth, for this(=wealth) cannot give us so happiness as that(=health).

2 that

① 반복을 피하기 위해 앞 문장의 단어 대신 쓰인다.

The population of South Korea is much larger than **that** of North Korea. (that = the population) (남한의 인구는 북한의 인구보다 훨씬 크다.)

Then succeeded the Silver Age, inferior to the golden, but better than **that** of brass. (that=the age) (다음에는 은의 시대가 이어졌다. 이 시대는 황금시대만은 못했지만, 청동시대 보다는 나았다.)

② Those who- : ~하는 사람들

Those who like borrowing dislike paying.

The goddesses punished by their secret stings the crimes of those who defied public justice. (여신들은 공공의 정의에 대항하는 사람들의 죄를 은밀한 침으로 벌주었다.)

> *cf.* he who- ~하는 사람
>
> He who gives oracles to all the world was not wise enough to look into his own fortunes. (세상에 신탁을 주는 그도 자기 자신의 운명을 들여다볼 만큼 현명하진 못하였다.)

③ this와 마찬가지로 that 역시 앞 문장 전체를 받는다.

To be or not to be, that's the question. (사느냐, 죽느냐 그것이 문제로다.—햄릿)

> *cf.* and that는 〈게다가, 더구나〉의 뜻이 있다.
>
> She makes mistakes, and that very often. (그녀는 실수를 해도 자주 한다.)

> *cf.* all that- ~하는 모든 것 (단수 취급)
>
> All that glitters is not gold. (반짝이는 것이 모두 금은 아니다.)
> Sovereign lady, all that you see is yours. (여왕님, 당신이 보고 계시는 모든 것은 당신의 것입니다.)

3 such

① 앞에 나온 단어나 문장을 대신한다.

He is a child, and must be treated as such.

She had poor score in that school, but such was not her fault.

② such- as- : ~와 같은

Such poet as Homer is rare.

Poet such as Homer is rare.

③ such + 명사 + that : 매우 …하여

He was such an honest scholar that everyone trusted him.

= He was so honest a scholar that everyone trusted him.

4 the same : 같은 그것 (the가 붙음에 유의)

It's all the same to me. (내겐 모두 마찬가지다.)

> *cf.* 형용사 same 다음에 오는 관계대명사 that와 as를 구별해야 한다.
>
> This is the same ring that I gave her. (그녀에게 준 바로 그 반지)
>
> This is the same ring as I gave her. (그녀에게 준 것과 같은 종류의 반지)

5 대명사 so

Is he a hero? I think so. (so = that he is a hero)

> *cf.* He is clever - So he is. (= Yes, he is clever indeed.)
>
> He is clever - So is she. (= She is clever, too.)

---

4 부정대명사(不定代名詞)

불특정(不特定)한 사람이나 사물을 가리킨다.

1 one

하나, 한 명, 한 개의 의미로 쓰이며 일반인을 지칭하기도 한다.

They treat him as one of their family.

One should keep ons's promise.

> *cf.* 셀 수 있는 명사만을 대신해서 쓸 수 있다.
>
> He like red wine than white.

> *cf.* 고대영어에서는 one은 a, an과 동일한 말이었다. '특정하지 않은 하나'를 의미
> 하기 때문에 기수사 다음에는 one을 쓰지 않는다.
>
> She has three pens and I have two.

2 none

일반적으로 복수취급 되는 점에 주의하자.

None of them know anything about it yet. (그들 중 아무도 아직 그 일을 모른다.)

None are so blind as those who won't see as those. (보려고 하지 않는 사람처럼 눈 먼 사람은 없다.—격언)

3 another

an + other, '다른 것 하나' 의 뜻으로 쓰인다.

I don't like this, show me another.

The three brothers help one another. [(셋 이상이) 서로]

4 other, the other, others, the others

The two sisters help each other. (둘이 서로)

This pen won't write, give me the other. (둘 중 나머지 하나)

You should think of others. (막연한 타인들)

Many were invited, some accepted and the others refused. (나머지 모두)

> *cf.* 관용어구
>
> To know is one thing, and to teach is another.
>
> They keep horses and cattle; the one for ridding, the other for food. (전자, 후자)
>
> One is white, another is pink, and a third is blue. (하나, 둘, 셋 열거)

5 some, any

일반적으로 some은 긍정문에, any는 부정문, 의문문, 조건문에 쓴다.

If you have any money, please lend me some.

I have hardly any time.

그러나 긍정의 답을 예측, 권유하는 의문문에는 some을 쓴다.

Don't you have some pencils? (연필 갖고 있는 거 맞죠?)

Would you lend me some money? (돈을 좀 빌려주시겠습니까?)

> *cf.* 긍정문에서 any+명사는 강조하는 의미로 쓰인다.
>
> Any driver knows about the traffic signals.

6 every, each

단수로 취급하며 소유격은 his(her)를 쓴다.

Each of the students has his(her) own bicycle.

Every citizen should do his (her) duty.

Everything has a beginning. (만사에는 시작이 있다.)

> *cf.* every, both, all 등이 부정어구와 함께 쓰이면 부분부정이 된다.
> Every bird cannot fly. (모든 새가 날 수 있는 것은 아니다.)
> Both of the suspects are not guilty. (두 용의자 모두 유죄는 아니다.)
> All the candidates cannot be elected. (모든 후보자가 선출될 수는 없다.)

> *cf.* 관용어구
> She sent me a mail **every other week**. (한 주 걸러 계속)
> She sent me a mail **every fifth day**. (5일마다=every five days)

7 either, neither

부정문에서는 too 대신 not either 혹은 neither를 쓴다.

If you don't go, I will not go, either.

If you don't go, neither will I go.

> *cf.* not either, neither는 완전부정을 나타낸다.
> I don't know either of them. (하나도 모른다 : 완전부정)
> I don't know both of them. (하나는 안다 : 부분부정)

HERA AND HER RIVALS: IO
헤라와 그녀의 적수들: 이오

Hera one day perceived it suddenly grow dark, and immediately suspected that her husband had raised a cloud to hide some of his doings that would not bear the light. She brushed away the cloud, and saw her husband on the banks of a glassy river, with a beautiful heifer standing near him. Hera suspected the heifer's form concealed some fair nymph of mortal mould – as was, indeed, the case; for it was Io, the daughter of the river god Inachus, whom Zeus had been flirting with, and, when he became aware of the approach of his wife, had changed into that form.

헤라는 어느 날 갑자기 날이 어두워지는 것을 보고, 남편 제우스가 뭔가 밝혀지는 것이 꺼림칙한 짓을 감추려 구름을 일으켰다고 즉각 의심하였다. 헤라가 구름을 헤치고 보니 남편은 거울같이 잔잔한 강가에서 아름다운 암소 한 마리와 함께 서 있었다. 이 암소에는 분명히 인간의 형상을 가진 아름다운 님프가 숨어 있을 것이라고 헤라는 생각하였다. 그것은 사실이었다. 암송아지는 강의 신 이나코스의 딸 이오였다. 제우스는 이오와 시시덕거리다가, 아내 헤라가 가까이 오는 것을 보고 그녀를 암소의 모습으로 변신시킨 것이었다.

loath[louθ] *a.* 싫어하는, 질색하는
mistress[místris] *n.* master의 여성형,
여주인, 정부, 첩

Hera joined her husband, and noticing the heifer praised its beauty, and asked whose it was, and of what herd. Zeus, to stop questions, replied that it was a fresh creation from the earth. Hera asked to have it as a gift. What could Zeus do? He was loath to give his mistress to his wife; yet how refuse so trifling a present as a simple heifer? He could not, without exciting suspicion; so he consented. The goddess was not yet relieved of her suspicions; so she delivered the heifer to Argus, to be strictly watched.

헤라는 남편 곁에 와서 암소를 가리키며 예쁜 소라고 칭찬했다. 그리고 누구의 것이며 무슨 혈통이냐고 물었다. 제우스는 질문을 멈추게 하기 위해 이 암소는 땅에서 솟아난 새로운 종류라고 답변했다. 헤라는 그것을 자기에게 선물로 달라고 부탁했다. 제우스는 어쩔 도리가 없었다. 자기의 애인을 아내에게 주기는 싫었지만 암소 따위의 시시한 선물을 못 준다고 할 수는 없는 것 아닌가? 의심을 받지 않으려면 거절할 수 없었기에 그는 끝내 승낙하고 말았다. 헤라는 의심

구름으로 변신하여 이오와 만나고 있는 제우스. 코레지오의 그림(1532). 빈 미술사박물관 소장. 코레지오(Correggio, 1494~1534)는 이탈리아 르네상스 전성기를 대표하는 화가로서 본명은 안토니오 알레그리(Antonio Allegri)이며 코레지오는 출생지에서 따온 이름이다.

을 풀지 못해 암소를 아르고스에게 주어 엄중히 감시케 했다.

vile[vail] *a.* 나쁜, 형편없는
bellow[bélou] *n.* 소 울음소리 *vi.* 소가
울다

Now Argus had a hundred eyes in his head, and never went to sleep with more than two at a time, so that he kept watch of Io constantly. He allowed her to feed through the day, and at night tied her up with a vile rope round her neck. She would have stretched out her arms to implore freedom of Argus, but she had no arms to stretch out, and her voice was a bellow that frightened even herself. She saw her father and her sisters, went near them, and allowed them to pat her back, and heard them admire her beauty.

〈이오와 제우스를 발견한 헤라〉. 라스트만
(Lastman, Pieter Pietersz)의 1618년 작
품. 런던 국립 미술관 소장.

아르고스는 머리에 백 개의 눈을 가지고 있었고, 잠을 잘 때에도 동시에 두 개 이상 눈을 감지 않았으므로 이오를 항상 감시할 수 있었다. 낮에는 자유롭게 풀을 먹도록 내버려두고 밤이 되면 그녀의 목을 형편없는 끈으로 묶었다. 이오는 팔을 내밀고 아르고스에게 풀어 달라고 애원하려 했으나 내밀 팔이 없었고, 목소리 역시 자기 자신도 놀랄 만큼 소의 울음소리일 뿐이었다. 이오가 아버지와 언니들을 발견하고 그 곁으로 갔지만, 그들은 그저 등을 쓰다듬으며 아름다운 암소라고 칭찬할 뿐이었다.

Her father reached her a tuft of grass, and she licked the outstretched hand. She longed to make herself known to him and would have uttered her wish; but, alas! words were wanting. At length she thought of writing, and inscribed her name – it was a short one – with her hoof on the sand. Inachus recognized it, and discovering that his daughter, whom he had long sought in vain, was hidden under this disguise, mourned over her, and, embracing her white neck, exclaimed, "Alas! my daughter, it would have been a less grief to have lost you altogether!" While he thus lamented, Argus, observing, came and drove her away, and took his seat on a high bank, from where he could see all round in every direction.

tuft[tʌft] *n.* 한 술(털이나 풀 따위)
hoof[huf] *n.* 발굽, 복수형 hooves
altogether[ɔːltəgéðər] *ad.* 전혀, 전적으로

아버지가 한 줌의 풀을 주려 손을 뻗자, 이오는 그 내민 손을 핥았다. 이오는 자기를 아버지에게 알리고 소원을 말하고 싶었다. 그러나 말을 할 수가 없었다. 마침내 이오는 글씨를 쓸 생각을 하고, 자기 이름을—그것은 짧은 이름이었다—발굽으로 모래 위에 썼다. 이나코

스는 그것을 알아챘다. 오랫동안 그 행방을 수색하였으나 찾지 못하던 딸이 이같이 변신하여 있는 것을 발견하자 암소의 하얀 목을 끌어 안으면서 큰 소리로 울부짖었다. "오, 내 딸아, 오히려 너를 잃은 편이 덜 슬플 것 같구나." 이나코스가 이같이 탄식하자 지켜보던 아르고스는 그녀를 몰고 가, 사방을 한눈에 볼 수 있는 높은 강둑 위에 자리 잡고 앉았다.

Zeus was troubled at seeing the sufferings of his mistress and, calling Hermes, told him to go and dispatch Argus. Hermes made haste, put his winged slippers on his feet, and cap on his head, took his sleep-producing wand, and leaped down from the heavenly towers to the earth. There he laid aside his wings, and kept only his wand, with which he presented himself as a shepherd driving his flock. As he strolled on he blew upon his pipes. These were what are called the Syrinx or Pandean pipes. Argus listened with delight, for he had never seen the instrument before. "Young man," said he, "come and take a seat by me on this stone. There is no better place for your flocks to graze in than hereabouts, and here is a pleasant shade such as shepherds love." Hermes sat down, talked, and told stories till it grew late, and played upon his pipes his most soothing strains, hoping to lull the watchful eyes to sleep, but all in vain; for Argus still contrived to keep some of his eyes open though he shut the rest.

제우스는 애인의 이러한 고통을 보고 괴로워하여 헤르메스를 불러 아르고스를 퇴치하도록 명령하였다. 헤르메스는 서둘러 날개 달린 신을 신고, 머리에는 모자를 쓰고, 잠이 오게 하는 지팡이를 쥐고, 천상의 탑으로부터 지상으로 뛰어내렸다. 지상에 내리자, 날개를 접고 지팡이만을 손에 들고 양떼를 모는 목동의 모습으로 변장했다. 그리고 이리저리 양을 몰면서 피리를 불었다. 그것은 시링크스 또는 판의 피리로 불렸다. 아르고스는 이제까지 그와 같은 악기를 본 적이 없었으므로 즐겁게 들었다. 아르고스는 말했다. "젊은이, 이리 와서 내 곁에 있는 이 바위 위에 앉게나. 양들이 풀을 뜯어먹기에는 이 만한 곳이 없다네. 게다가 이곳엔 양치기들이 반기는 좋은 그늘도 있지." 헤르메스가 앉아서 이런 저런 얘기를 하는 동안 날이 어두워졌다. 헤르메스는 피리로 은은한 곡을 불면서 아르고스의 감시하는 눈을 잠들게 하려고 애썼지만 모두 허사였다. 왜냐하면 아르고스가 대부분의 눈을 감아도 몇몇 눈은 여전히 뜨고 있었기 때문이었다.

티에폴로의 그림. 날개가 달린 모자와 신발을 신고 지상과 지하세계를 마음대로 누비는 전령의 신 헤르메스. 그가 갖고 다니는 지팡이 카두케우스에는 뱀이 감겨져 있고 끝에는 독수리가 앉아 있다.

compliment[kámpləmənt] *n.* 칭찬, 찬사

Among other stories, Hermes told him how the instrument on which he played was invented. "There was a certain nymph, whose name was Syrinx, who was much beloved by the Satyrs and spirits of the wood; but she would have none of them, but was a faithful worshipper of Artemis, and followed the chase. One day, as she was returning from the chase, Pan met her. She ran away, without stopping to hear his compliments, and he pursued till she came to the bank of the river, where he overtook her, and she had only time to call for help on her friends the water nymphs. They heard and consented.

　　다른 이야기와 더불어 헤르메스는 자기가 불고 있는 악기가 어떻게 발명되었는지를 아르고스에게 이야기했다. "옛날 시링크스라는 이름의 님프가 있었는데, 사티로스와 숲의 정령들로부터 많은 사랑을 받았습니다. 그러나 시링크스는 누구의 사랑도 받아들이려 하지 않고 아르테미스 여신만을 숭배하면서 사냥만 하고 있었습니다. 어느 날 시링크스가 사냥에서 돌아오다가 판을 만났습니다. 시링크스는 그의 찬사에는 귀도 기울이지 않고 달아났습니다. 판은 강 언덕까지 시링크스의 뒤를 쫓아 그곳에서 그녀를 붙잡았습니다. 시링크스는 다급하여 친구인 물의 님프들에게 구원을 청할 도리밖에 없었습니다. 님프들은 그녀가 외치는 소리를 듣고 응낙했습니다.

Pan threw his arms around what he supposed to be the form of the nymph and found he embraced only a tuft of reeds! As he breathed a sigh, the air sounded through the reeds, and produced a plaintive melody. The god, charmed with the novelty and with the sweetness of the music, said, 'Thus, then, at least, you shall be mine.' And he took some of the reeds, and placing them together of unequal lengths, side by side, made an instrument which he called Syrinx, in honor of the nymph." Before Hermes had finished his story he saw Argus's eyes all asleep. As his head nodded forward

on his breast, Hermes with one stroke cut his neck through, and tumbled his head down the rocks. Hera took them and put them as ornaments on the tail of her peacock, where they remain to this day.

판의 팔이 시링크스의 목을 끌어안자, 놀랍게도 그것은 한 줌의 갈대로 바뀌어 져 있었습니다. 그가 탄식을 하자, 소리가 갈대 속에서 울려 구슬픈 멜로디로 변했습 니다. 판은 그 음악의 신기함과 감미로움에 매혹되어 말했습니다. "그렇다면 이제 적 어도 당신을 나의 것으로 삼겠소" 그리고 판은 몇 개의 갈대를 가지고 길이가 서로 다른 것을 나란히 합쳐 피리를 만들었습니다. 그리고 이 님프의 이름을 기려 시링크 스라고 불렀지요." 헤르메스는 이 이야기를 다 끝마치기도 전에 아르고스의 눈이 전 부 잠든 것을 보았다. 그의 머리가 가슴 위에서 끄덕이고 있을 때, 헤르메스가 단번 에 그의 목을 베자, 머리가 바위 위에 굴러 떨어졌다. 헤라 여신이 이 눈들을 빼어 자 기의 공작새 꼬리에 장식으로 달았으니, 바로 오늘날 공작새의 모습이 된 것이다.

But the vengeance of Hera was not yet satiated. She sent a gadfly to torment Io, who fled over the whole world from its pursuit. She swam through the Ionian sea, which derived its name from her, and arrived at last on the banks of the Nile. At length Zeus interceded for her, and upon his promising not to pay her any more attentions Hera consented to restore her to her form. At first she was afraid to speak, for fear she should low, but gradually she recovered her confidence and was restored to her father and sisters.

그러나 헤라의 복수심이 누그러진 것은 아니었다. 그녀는 이오를 괴롭히기 위하여 등에 한 마리를 보냈다. 등에는 이오를 따라 온 세계를 날아다녔다. 이오가 바다를 건너 헤엄쳐 도망쳤기 때문에 이 바다의 이름은 이오의 이름을 따서 이오니아해가 되었다. 이오는 마침내 나일강 기슭에 다다랐다. 결국 제우스가 개입하여 앞으로 이오에게 한눈을 팔지 않겠노라 약속하자 헤라는 이오의 원상회복에 동의하였다. 이오는 처음에 음매하는 소리가 나지 않을까 하는 걱정으로 말하기를 꺼렸지만, 점차 자신감을 회복하고는, 아버지와 언니들이 있는 곳으로 돌아갔다.

CALLISTO
칼리스토

Callisto was another maiden who excited the jealousy of Hera, and the goddess changed her into a bear. "I will take away," said she, "that beauty with which you have captivated my husband." Down fell Callisto on her hands

horrid[hɔ́:rid] *a.* 무시무시한, 징그러운
=horrible
growl[graul] *n.* 으르렁 *vi.* 으르렁거리다

제우스는 아르테미스로 변신해 칼리스토에게 접근한다. J.S.바르텔레미의 그림.

119

and knees; she tried to stretch out her arms in supplication–
they were already beginning to be covered with black hair.
Her hands grew rounded, became armed with crooked claws,
and served for feet; her mouth, which Zeus used to praise for
its beauty, became a horrid pair of jaws; her voice, which if
unchanged would have moved the heart to pity, became a
growl, more fit to inspire terror.

칼리스토는 헤라의 질투를 일으킨 또 다른 처녀였기에 여신은 그
녀를 곰으로 만들었다. "내 남편을 꾀어낸 그 아름다움을 없애 버리리
라." 칼리스토는 손과 무릎을 꿇고 몸을 낮춰 용서를 구하고자 팔을
뻗으려 했지만 이미 팔은 검은 털로 뒤덮이기 시작했다. 그녀의 손은
둥글게 발로 변해 구부러진 발톱이 달렸고, 제우스가 그토록 찬사를
보낸 그녀의 아름다운 입술은 무서운 야수의 아가리가 되었으며, 동
정심을 자아낼 그녀의 목소리는 오히려 두려움을 느끼게 하는 짐승의
울부짖음으로 변했다.

Yet her former disposition remained, and with continual
groaning, she bemoaned her fate, and stood upright as
well as she could, lifting up her paws to beg for mercy, and
felt that Zeus was unkind, though she could not tell him so.
Often she fled from the wild beasts, forgetting that she was
now a wild beast herself; and, bear as she was, was afraid of
the bears. One day a youth found her as he was hunting. She
saw him and recognized him as her own son, now grown a
young man. She stopped and felt inclined to embrace him.
As she was about to approach, he, alarmed, raised his

hunting spear, and was on the point of transfixing her, when Zeus, watching, arrested the crime, and snatching, away both of them, placed them in the heavens as the Great and Little Bear.

아기를 밴 칼리스토에게 손가락질하며 소리치는 아르테미스. 이탈리아의 거장 티치아노(Vecellio, Tiziano, 1488?~1576)의 그림. 독자적 관능미를 발휘하는 그의 예술은 단정한 고전적 양식에서 탈피하여 격정적인 바로크 양식을 이끌며 17세기의 루벤스, 렘브란트로 이어지는 길을 마련하였다.

하지만 그녀의 옛 심성만은 남아 그녀는 계속 흐느끼며 자신의 운명을 슬퍼하여 가능한 한 꼿꼿이 서서 앞발을 들고 자비를 구했다. 결국 그녀는 비록 말 못하는 신세가 되었지만 제우스의 무정함을 깨달았다. 때때로 그녀는 자신이 야수라는 사실을 잊고 다른 야수로부터 도망을 쳤다. 그녀 자신이 곰이었지만 다른 곰들을 무서워한 것이다. 어느 날 사냥을 하던 한 젊은이가 칼리스토를 발견했다. 그녀는 그 젊은이가 장성한 자기 아들임을 알아보았다. 그녀는 멈춰 서 아들을 안으려 했다. 그녀가 다가가자 청년은 놀라서 사냥용 창을 들고 그녀를 찌르려 했다. 이때 이를 지켜보던 제우스가 죄악을 멈추려 이 둘을 낚아채 큰 곰, 작은 곰 별자리로 하늘에 박았다.

ARTEMIS AND ACTAEON
아르테미스와 아크타이온

stag[stæg] n. 사슴
Phoebus[fi:bəs] n. 태양신 포이보스 (아
폴론의 다른 이름)
parch[pɑ:rtʃ] vt. 태우다, 마르게 하다

It was midday, and the sun stood equally distant from either goal, when young Actaeon, son of King Cadmus, thus addressed the youths who with him were hunting the stag in the mountains:"Friends, our nets and our weapons are wet with the blood of our victims; we have had sport enough for one day, and tomorrow we can renew our labors. Now, while Phoebus parches the earth, let us put by our implements and indulge ourselves with rest."

해가 중천에 뜬 한낮에 카드모스 왕의 아들인 젊은 아크타이온은 산에서 자신과 함께 사슴을 사냥하던 젊은이들에게 말했다. "친구들이여, 우리의 그물과 무기는 사냥감의 피로 물들었네. 오늘은 충분히 즐겼으니 내일 또 수고하세. 태양신이 땅을 마르게 하는 지금 우리의 무기를 제쳐두고 푹 쉬어 보세나."

There was a valley thick enclosed with cypresses and pines, sacred to the huntress queen, Artemis. In the extremity of the valley was a cave, not adorned with art, but nature had counterfeited art in its construction, for she had turned the arch of its roof with stones, as delicately fitted as if by the hand of man. A fountain burst out from one side, whose open basin was bounded by a grassy rim. Here the goddess of the woods used to come when weary with hunting and put her virgin limbs in the sparkling water.

thick[θik] *a.* 두터운 *ad.* 두텁게
basin[béisən] *n.* 대야, 웅덩이
rim[rim] *n.* 언저리, 테두리
sparkling[spáːrkliŋ] *a.* 불꽃튀는, 반짝거리는

사이프러스나무와 소나무로 두텁게 둘러쳐져 사냥의 여신 아르테미스에게 바쳐진 계곡이 있었다. 계곡의 깊은 곳에는 사람의 손길이 닿지 않고 자연이 빚어낸 동굴이 있어, 마치 사람의 손으로 정교하

〈목욕 후 쉬고 있는 아르테미스〉. 루이 15세 왕조풍의 대표적인 화가 프랑소아 부셰(Francois Boucher)의 1742년 작품.

게 만든 것처럼 그 지붕의 둥근 장식이 자연스럽게 돌로 이루어져 있었다. 한켠에 샘이 하나 솟아 있었고, 그 가장자리로는 수풀이 우거져 있었다. 바로 여기로 숲의 요정들이 사냥을 끝낸 뒤 피로를 달래려 오는 것이었다. 처녀들은 반짝거리는 물에 그들의 팔과 다리를 담그곤 했다.

One day, taking a rest in the water with her nymphs, Artemis handed her javelin, her quiver, and her bow to one, her robe to another, while a third unbound the sandals from her feet. While the goddess was thus employed in the labors of the toilet, behold Actaeon, having quitted his companions, and rambling without any especial object, came to the place, led by his destiny.

어느 날 아르테미스는 님프들과 그 샘을 찾아가 한 님프에게는 창과 활통과 활을 맡기고, 다른 님프에게는 옷을 벗어 맡기고, 또 다른 님프에게는 이 여신의 발에서 신을 벗기게 했다. 이와 같이 여신이 몸단장을 하고 있을 때, 친구들과 떨어져 별 목적도 없이 운명에 이끌려 여기에 다다른 아크타이온을 보게 되었다.

As he presented himself at the entrance of the cave, the nymphs, seeing a man, screamed and rushed towards the goddess to hide her with their bodies, but she was taller than the rest and overtopped them all by a head. Such a color as tinges the clouds at sunset or at dawn came over the countenance of Artemis thus taken by surprise. Surrounded as she was by her nymphs, she yet turned half away, and

세자리(Cesari, Giuseppe)의 〈아르테미스와 아크타이온〉. 1606년 작품. 아크타이온에게 물을 끼얹는 용감한 미녀가 중앙에 그려져 있다.

sought with a sudden impulse for her arrows. As they were not at hand, she dashed the water into the face of the intruder, adding these words: "Now go and tell, if you can, that you have seen Artemis unapparelled."

아크타이온이 동굴입구로부터 모습을 보이자 님프들은 이 남자를 보고는 비명을 지르며 몸을 가리려 여신에게로 몰려들었다. 하지만 아르테미스는 이들보다 키가 커 머리가 나왔다. 아르테미스는 깜짝 놀라 안색이 마치 석양 혹은 여명에 구름을 물들이는 색조를 띠게 되었다. 님프들에 둘러 쌓여 그녀는 반쯤 몸을 돌이키고 엉겁결에 활을 찾았다. 활이 손에 안 잡히자 여신은 침입자의 얼굴에 물을 끼얹었으며 말했다. "네가 할 수만 있다면 밖에 나가 아르테미스의 알몸을 보았다고 떠들거라."

Immediately a pair of branching stag's horns grew out of his head, his neck gained in length, his ears grew sharp-pointed, his hands became feet, his arms long legs, his body was covered with a hairy spotted hide. Fear took the place of his former boldness, and the hero fled. He could not but admire his own speed; but when he saw his horns in the water, "Ah, wretched me!" he would have said, but no sound followed the effort. He groaned, and tears flowed down the face which had taken the place of his own. Yet his consciousness remained. What shall he do? – go home to seek the palace, or lie hid in the woods? The latter he was afraid, the former he was ashamed to do. While he hesitated the dogs saw him.

이 말이 끝나자마자 한 쌍의 사슴뿔이 아크타이온의 머리에서 갈라져 나왔고, 목이 길어졌으며, 귀가 뾰족하게 되었고, 손은 발이 되고 팔은 긴 다리가 되었으며, 몸은 반점이 있는 털로 덮이게 되었다. 담대했던 마음도 공포로 가득 차게 되어 남자는 달아났다. 아크타이온은 자기의 걸음이 빠른 것에 경탄치 않을 수 없었다. 그러나 수면에 비친 자기의 뿔을 보았을 때 '아, 내가 이리도 비참할 수가!' 하고 외치려고 했으나, 말이 나오지 않았다. 그는 신음했다. 사슴의 얼굴로 변한 그의 얼굴에는 눈물이 흘러내렸다. 그러나 의식만은 그대로였다. 어떻게 하면 좋을까? 궁전으로 돌아갈까? 아니면 숲에 몸을 숨겨 남을까? 숲 속에 있자니 무섭고, 집으로 돌아가자니 부끄러웠다. 그가 주저하고 있는 동안에 사냥개들이 그를 발견했다.

Over rocks cliffs, through mountain gorges seemed impracticable, he fled and they followed. Where he had often chased the stag and cheered on his pack, his pack now chased him, cheered on by his huntsmen. He longed to cry out, "I am Actaeon; recognize your master!" but the words came not at his will. The air resounded with the bark of the dogs. Presently one fastened on his back, another seized his shoulder.

gorge[ɡɔːrdʒ] *vi.vt.* 게걸스레 목에 넣다
n. 골짜기
impracticable[imprǽktikəbəl] *a.* 실행
이 불가능한, 할 수 없는
pack[pæk] *n.* 꾸러미, 한 떼, 무리
fasten[fǽsn] *vi.vt.* 고정하다

바위와 절벽을 넘고 길 없는 골짜기를 지나 도망치는 그를 개들이 따라왔다. 그가 전에 종종 사슴을 추적하고 그의 개 떼를 독려하던 산 속에서 이번에는 그의 동료 사냥꾼들의 독려를 받으면서 그의 개 떼가 아크타이온을 추적하였다. '나는 아크타이온이다. 너희의 주인이란 말이다!' 하고 외치고 싶었지만 뜻대로 말이 나오지 않았다. 허공은 개 짖는 소리로 요란하였다. 이윽고 한 마리가 그의 등에 달려들었고, 또 한 마리가 그의 어깨를 물었다.

티치아노의 〈아르테미스와 아크타이온〉. 1559년 작품.

While they held their master, the rest of the pack came up and buried their teeth in his flesh. He groaned,– not in a human voice, yet certainly not in a stag's, – and falling on his knees, raised his eyes, and would have raised his arms in supplication, if he had had them. His friends and fellow-huntsmen cheered on the dogs, and looked everywhere for Actaeon calling on him to join the sport. At the sound of his name he turned his head, and heard them regret that he should be away. They were all around him, rending and tearing; and it was not till they had torn his life out that the anger of Artemis was satisfied.

　이리하여 개들이 자기들 주인을 물어뜯는 동안에 다른 개 떼도 달려와 이빨로 그의 살을 물어뜯었다. 그는 신음하였다. 인간의 소리가 아니었으나, 그렇다고 완전히 사슴의 소리도 아니었다. 그는 무릎을 꿇고 눈을 들었다. 만약 그가 팔을 가졌다면 애원의 팔을 들었을 것이다. 그의 친구들과 동료 사냥꾼들은 한편으로 개들을 독려하면서, 다른 한편으로는 이 놀이를 함께 즐기자고 아크타이온을 사방으로 찾았다. 아크타이온은 자신을 부르는 소리를 듣고 머리를 돌렸지만, 그가 없어서 아쉽다는 그들의 말을 들었을 뿐이었다. 개들은 그를 둘러싸고 물고 찢곤 하였다. 그가 갈기갈기 찢겨 목숨이 넘어가서야 비로소 아르테미스의 분노는 풀리게 되었다.

아르테미스의 저주로 사슴이 되어 사냥개들에게 물어 뜯기고 있는 아크타이온. 티치아노의 1562년 작품.

Vocabulary Study

D

● **day** 날, 해(sun)

diary[dáiəri] *n.* 일기

meridian[mərídiən] *n.* 자오선＝경선, 절정 ▶ meri(중간＝middle) + di(＝day) + an

　　A.M. *n.* 오전 ante meridiem(L)

　　P.M. *n.* 오후 post meridiem(L)

> **Friday 금요일**　　로마에서 확립된 요일 이름은 유럽으로 전파될 때 북유럽신화의 영향을 강하게 받았다. 즉 로마사람들은 금요일을 아프로디테의 날(라틴어로 Veneris Dies)라고 불렀지만 게르만사람들은 아프로디테를 Frigg로 대체했다. Frigg는 북유럽신화에 나오는 오딘신의 아내로 사랑과 빛의 신 발드르의 어머니며 풍요와 다산(多産)을 상징한다. Frigg의 어원을 살펴 올라가면 〈좋아하다〉의 뜻이 있다. 즉 Friday의 어근에서 friend. free 등이 나왔다. 오딘(Odin)신으로부터는 Wednesday가 파생되었다. 우리 나라의 요일 개념은 바빌로니아의 점성술에 기초한 요일구분(月火水木金土日)을 받아들인 것이다.

● **de** 신(神) : Day(태양)과 같은 어원을 지녔다.

deify[díəfài] *vt.* 신격화하다, 섬기다 ▶ dei(＝ 행) + fy(동사화접미사)

deity[díːəti] *n.* 신, 신적 존재 ▶ dei + ty(명사화접미사)

　　The angry deity had sent a ravenous fox to annoy the country.

　　(화가 난 신은 그 나라를 괴롭히려고 굶주린 여우를 보냈다.)

divine[diváin] *a.* 신(神)의, 신성한 ▶ dev + ine(형용사화접미사)

　　Demeter assumed her own form, and a divine splendor shone all around.

　　(데메테르가 원래의 모습으로 돌아가자 신성한 광채가 주위를 밝혔다.)

● **deca** 10(ten)

decimal[désəməl] *a.* 십진법의

dime[daim] *n.* 10센트 짜리 동전(달러의 10분의1)

decameron[dikǽmərən] *n.* 데카메론. 1351년 지어진 이탈리아의 보카치오의 단편작품집. '10일간의 이야기' 라는 뜻. 별장에 모여든 숙녀 7명, 신사 3명이 10일간 체류하며 하루에 열 가지의 이야기를 한다.

● **demo** 인민(人民, people)

demagogue[démǝgɔ̀ːg] *n.* 선동(煽動)정치 ▶ dem(=people) + agogue(=move)

demography[dimágrǝfi] *n.* 인구통계학, 인구학 ▶ demo(=people) + graphy(=write)

democracy[dimákrǝsi] *n.* ('민중의 정치'에서)민주주의

　　▶ demo(=people) + cracy(=rule)

> **우리의 민주주의**　　우리는 국민이 직접 대통령을 선출하는 대
> 통령직선제를 갖고 있다. 전 세계에서 직선제로 으뜸정치가를 뽑는
> 나라는 매우 드물다. 자본주의적 민주주의를 뽐내는 미국, 영국, 일
> 본이나, 사회주의 종주국가 러시아나 중국만 해도 국가 최고직의 직
> 선제는 감히 엄두도 못 내고 있다. 우리 나라의 직선제는 1980년 5
> 월 민주화의 성지(聖地) 광주의 피가 그 밑거름이 되었다. 결국
> 1987년 6월 호헌철폐 독재타도를 외치는 시민과 학생들이 대통령직
> 선제를 쟁취하였다.
>
> **윤상원로(尹常源路)**
> 사식집이 즐비한 을지로 3가, 네거리에서
> 나는 사막을 체험한다.
> 여러 갈래 길, 어디로 갈 테냐,
> 을지로를 다 가면
> 어느 날 윤상원로(尹常源路)가 나타나리라.
> 사랑하는 이여,
> 이 길은 대상(隊商)이 가던 비단길이 아니다.
> 살아서, 여럿이, 가자.
>
> 황지우 작, 〈나는 너다〉, 풀빛출판사, 1987

쓰러지는 이한열, 1987년 서울.

● **dexter** 오른쪽(right)

dexter[dékstǝr] *a.* 오른쪽의, 운 좋은

　　cf. sinister *a.* 왼쪽의, 불길한, 사악한

index[índeks] *n.* 목차, 색인 ▶ in(=into) + dex(=right)

ambidexter[æ̀mbidékstǝr] *n.* 양손잡이 ▶ ambi(둘 =both) + dexter(오른손 =right hand)

dexterous[dékstǝrǝs] *a.* 솜씨 좋은, 영리한

　　He is dexterous in building a house. (그는 집 짓는 솜씨가 좋다.)

dexterity[dekstérǝti] *n.* 솜씨 좋음, 재주, 민첩성

　　Hermes presided over commerce, wrestling, and other gymnastic exercises,

　　even over thieving, and everything, in short, which required skill and dexterity.

(헤르메스는 상업과 레슬링 및 그 밖의 체조 운동, 더 나아가 도둑질과 요컨대 기술과 민첩성을 필요로 하는 모든 것을 주재하였다.)

● **dent**   이, 이빨(tooth)

dentist[déntist] *n.* 치과의사 ▶ dent(=tooth) + ist(사람=man)

dental[déntl] *a.* 이의, 치과의

dandelion[dǽndəlàiən] *n.* ('사자의 이빨'이
라는 뜻에서)민들레

trident[tráidənt] *n.* (포세이돈이 사용하는)
삼지창 ▶ tri(=three) + dent(=tooth)

● **der**   주다(give)

render[réndər] *vt.* 만들어 주다, 보답하다
   ▶ ren(=back) + der(=give)
Iole looked on at the sad fate of her
sister, and could render no
assistance. (이올레는 언니의 슬픈 운명
을 바라만 볼 뿐 어찌 도와줄 수가 없었
다.)

surrender[səréndər] *vt.* 넘겨주다 *vi.* 굴복하
다, 항복하다

삼지창을 든 〈포세이돈의 개선〉. 3세기 로마시대의 모자이크. 튀
니지의 수세(Sousse) 박물관 소장.

   ▶ sur(위로=above) + render(=give)
The king surrendered his palace to the enemy. (왕은 적에게 궁전을 넘겨줬다.)

● **dict**   말하다(say)

dictate[díkteit] *vt.* 구술(口述)하다, 명령하다 ▶ dict(=say) + ate

dictation[diktéiʃən] *n.* 구술(口述), 받아쓰기

dictator[díkteitər] *n.* 독재자, 절대권력자 ▶ dict(=say) + ator(=man)

addict[ədíkt] *vt.* 탐닉하다, 몰두하다 ▶ ad(=toward) + dict(=say)

indicate[índikèit] *vt.* 가리키다, 나타내다, 암시하다 ▶ in(=into) + dic(=say) + ate
   Fever indicates illness. (열은 병이 있음을 나타낸다.)

dedicate[dédikèit] *vt.* 바치다, 헌신하다 ▶ de(=down) +dic(=speak) + ate

Abraham dedicated the ram to God instead of his son Isaac.

(아브라함은 자기 아들 이삭 대신에 숫양을 신께 바쳤다.)

abdicate[ǽbdikèit] *vt.vi* (왕위나 권리를)포기하다, 버리다

▶ ab(=away) + dic(=speak) +ate

The Prince abdicated his crown and left his palace.

(왕자는 왕관을 벗어버리고 그의 궁전을 떠났다.)

syndicate[síndikit] *vt.* 연합하다 *n.* 조직폭력단(미국)

▶ syn(함께=together) + dic(=speak) + ate

predict[pridíkt] *vt.* 미리 말하다, 예언하다 ▶ pre(앞서=before) + dict(=speak)

Master Yuk Kwan predicted that Kim Il Sung would die in 1994.

(육관 선생은 김일성이 1994년에 사망하리라 예언했다.)

> **육관 손석우 (1928~1998)** 한국의 풍수사(風水師). 이해하기 힘든 언행으로 세간의 비난과 경외를 동시에 받았다. 전주의 진산(鎭山) 모악산에 자리잡은 김일성의 선조 묘 자리를 보아 그의 사망연대를 밝혔다고 한다. 특유의 '관(觀)하기'로 양택(陽宅=주거지)과 음택(陰宅=묘지)의 터를 잡았으며 한국 고위정치가 그룹, 특히 전두환, 노태우, 김대중씨 가족의 묘 자리를 잡아 이들이 대통령에 오른 후 정계에 화제를 일으킨 기인(奇人)이었다.

● **doc** 가르치다(teach)

doctor[dάktər] *n.* 박사, 의사 ▶ doct(가르치다=teach) + or(사람=man)

doctrine[dάktrin] *n* 원칙, 정책

orthodox[ɔ́:rθədὰks] *a.* 정설의, 정통의 ▶ ortho(=right) + dox(=teach)

dogma[dɔ́(:)gmə] *n.* 교조, 독단

Religionists are apt to addict themselves to dogma. (종교가들은 독단으로 빠지기 쉽다.)

● **dom** 집(house)

dome[doum] *n.* 둥근 지붕

domestic[douméstik] *a.* 가정의, 국내의 ▶ domes(집=house) + tic

domicile[dάməsàil] *n.* 집

domain[douméin] *n.* 영토, 범위, 주소

dominate[dάmənèit] *vi.vt.* 지배하다 ▶ domin(=house) + ate

133

Unhappily, the past dominates the present in our society.

(불행히도 우리 사회에서는 과거가 현재를 지배한다.)

● don 주다(give)

donate[dóuneit] *vt.* 기증하다, 기부하다 ▶ don(=give) + ate(동사화접미사)

The millionaire donated his treasure to the museum.

(백만장자는 그의 보물을 박물관에 기증했다.)

dose[dous] *n.* (약의)복용량, 분량 *vt.* 투약하다, 조제하다

The pharmacist gave him a dose of medicine. (약사는 그에게 약 한 봉을 주었다.)

anecdote[ǽnikdòut] *n.* 일화(逸話), 세상에 알려지지 않은 이야기

▶ an(=not) + ec(=out) + dote(=give)

An amusing anecdote is told of him.

(그에게는 재미있는 일화가 있다.)

endow[endáu] *vt.* 부여하다, 주다

▶ en(=in) + dow(=give)

She was endowed with intelligence and
beauty. (그녀는 지성과 미모를 타고났다.)

pardon[pá:rdn] *vt.* 용서하다

▶ par(모두 =all) + don(=give)

As she is merciful, she will pardon you.

(그녀는 자비롭기 때문에 당신을 용서할 것입니
다.)

● du 둘(two)

dual[djú:əl] *a.* 이중의

▶ du(=two) + al(형용사화접미사)

dual nationality (이중국적)

duet[djuét] *n.* 이중창, 이인조(二人組)

dubious[djú:biəs] *a.* 수상한, 의심스러운

▶ dubi(=two) + ous

All the dubious characters were checked

〈프시케의 납치 The Abduction of Psyche〉. 부게로
(Bouguereau, William. 1833~1898)의 작품.

precisely in international airport. (국제공항에서 의심스러운 모든 인물에 대한 검문이 까다롭게 이뤄졌다.)

● duc 끌어내다(lead)

abduct[æbdʌ́kt] *vt.* 유괴하다, 납치하다 ▶ ab(=away) + duct(=lead)

aqueduct[ǽkwədʌ̀kt] *n.* 수로, 수도관 ▶ aque(물=water) + duct(=lead)

conduct[kándʌkt] *n.* 지휘 *vt.* 지휘하다 ▶ con(함께 =together) + duct(=lead)

General Jeon Bong Joon conducted the peasantry army against Japanese and government forces. (전봉준 장군은 일본과 관군에 맞서 농민군을 지휘했다.)

deduce[didjúːs] *vt.* 추론하다, 연역하다 ▶ de(=down) + duct(=lead)

From this customary law, we could deduce that he had the priority.

(이 관습법으로부터 우리는 그가 우선권을 갖고 있다고 추론할 수 있었다.)

reduce[ridjúːs] *vt.* 줄이다, 약하게 하다 ▶ re(=back) + duce(=lead)

Modern industry society has reduced the family relation into a mere money relation. (근대 공업사회는 가족관계를 단순히 돈의 관계로 타락시켰다.)

seduce[sidjúːs] *vt.* 유혹하다 ▶ se(=away) + duce(=lead)

Delilah seduced Samson and at last found out the origin of his power.

(데릴라는 삼손을 유혹해 마침내 그의 힘의 원천을 알아냈다.)

● dur 계속하다(last)

endure[endjúər] *vi. vt.* 참다, 견디다 ▶ en(=into) + dure(=last)

Men had to endure the extremes of heat and cold, and houses became necessary.

(인간은 지독한 추위와 더위를 견뎌야만 했고 따라서 집이 필요하게 되었다.)

obdurate[ábdjurit] *a.* 고집 센, 단호한 ▶ ob(=against) + dur(=last) + ate

She interpreted his silence as an obdurate refusal.

(그녀는 그의 침묵을 완고한 거절의 뜻으로 이해했다.)

Chapter 5 의문대명사와 관계대명사 *Pronoun II*

1 의문대명사(疑問代名詞)

1 의문대명사에는 who(=어떤 사람), what(=어떤 것)의 2종류가 있다.

Do you know ? + Who is he? = Do you know who he is?

Do you know? + What does he want? = Do you know what he wants?

2 think, suppose, believe, imagine, guess, say 등 yes 혹은 no로 대답할 수 없는 동사가 쓰일 때 의문사는 문장 맨 앞에 위치한다.

What do you think she wants?

How old do you guess he is?

Where do you imagine he arrived?

2 관계대명사(關係代名詞)

의문사와 모양은 같지만 뜻이 전혀 다름에 유의하자.

1 관계대명사의 용법 = 제한적 용법과 계속적 용법

She had three daughter who became teachers.

(제한적 용법: 선생님이 된 딸이 세 명 있다. 또 다른 딸이 있을 수 있다.)

She had three daughters, who became teachers.

(계속적 용법: 딸이 세 명 있는데 선생님이 되었다.)

> *cf.* 계속적 용법에서는 Comma가 쓰인다. 흔히 Comma는 정보를 보태는 역할을 한다.
>
> Demeter had a daughter named Persephone, who became the wife of Hardes.

2 관계대명사의 종류= who, which, that, what

① who

선행사가 사람일 때 쓴다.(의문의 뜻이 없음에 유의하자.)

This is the lady. + The lady gave him a ring.

= This is the lady who gave him a ring. (주격)

This is the lady. + The lady's student is Tom.

= This is the lady whose student is Tom. (소유격)

This is the lady. + Tom loves the lady very much.

= This is the lady whom Tom loves very much. (동사의 목적격)

This is the lady. + Tom was speaking about the lady.

= This is the lady about whom Tom was speaking. (전치사의 목적격)

cf. who가 whoever와 같은 의미로 쓰여 선행사가 생략될 수 있다.

Who is not for us is against us. (우리에게 찬성하지 않는 자는 반대자이다.)

② which

선행사가 동물이나 사물, 특히 앞의 상황일 때 쓴다.

I bought a noble. The noble is interesting.

= I bought a noble which is interesting.

He tried to please her, which turned out useless.

Apollon shot his arrows at the Cyclopses, which so incensed Zeus that he condemned him as a punishment to become the servant of a mortal.

(아폴론은 화살을 키클롭스들에게 쏘았는데 이에 제우스는 몹시 노하여 아폴론으로 하여금 벌로 인간의 하인이 되게 하였다.)

cf. which의 소유격으로 whose, of which 모두 쓰인다. of which의 위치는 명사 앞이나 뒤 모두 가능하다.

I bought a noble. The cover of noble is red.

= I bought a noble whose cover is red.

= I bought a noble the cover of which is red.

= I bought a noble of which the cover is red.

③ that

선행사가 사람, 동물, 사물일 때 두루 쓰인다. 선행사가 의문사 who인 경우에도 that가 쓰인다.

He teaches about the greatest men and their words that he had learned.

Who that has common sense can believe such a thing? (상식이 있는 사람이라면 누가 그런 것을 믿겠는가?)

cf. that는 한정(바로 그것)의 뜻이 강할 때 쓴다. 그래서 한정적 용법만 있고 계속적 용법으로는 쓰지 않는다. 또한 한정의 의미가 강한 the+최상급, the only, the first, the very, all the 등이 붙을 때도 that를 쓴다. 전치사는 that 앞에 못 온다.

She is the most beautiful woman that I have ever seen.

He is the only man that can solve the problem.

Lend me all the money that you have.

The island where Ariadne was left was the favorite island of Dionysos, the same that he wished the mariners to carry him to.

(아리아드네가 버림받은 곳은 디오니소스가 좋아하는 섬으로서 그가 선원들에게 데려다 달라고 부탁했던 바로 그 섬이었다.)

④ what

관계대명사 what은 자신이 선행사를 포함한다.

This is what I want. (이것이 내가 원하는 것이다.)

What glitters is not gold. (what = all that)

cf. what의 관용구

- You should judge a man not by what he has, but by what he is.

  (사람은 소유가 아닌 존재로 판단해야 한다.)

- Leaves are to the plant, what lungs are to the human.

  (잎의 식물에 대한 관계는 폐의 인간에 대한 관계와 같다.)

- what you call = what we call = what they call = 소위

  He is what you call a saint.

- what is better = 금상첨화(錦上添花)로

  She is beautiful, what is better still, she is clever.

- what is worse = 설상가상(雪上加霜)으로

  He is foolish, what is worse, he is arrogant.

3 관계대명사의 생략

① 관계대명사가 목적어나 보어가 될 때 생략할 수 있다.

That is the girl (whom) I saw in the park.

She is not the girl (that) she was. (그녀는 과거의 소녀가 아니다.)

cf. 관계대명사를 생략할 때 전치사는 문장 끝으로 간다.

This is the lady (whom) Tom is fond of.

② There is… It is…(강조)구문에서 주어로 쓰이는 관계대명사가 생략될 수 있다.

There is a gentleman (who) wants to see you.

It is Tom (who) told her the truth.

3 의사관계대명사(疑似關係代名詞)

1 as – 선행사 앞에 such, the same, as가 온다.

Choose such friends as will benefit you. (도움을 줄 수 있는 친구)

This is the same trouble as they had. (그들이 겪었던 것과 같은 종류의 문제)

As many men as came were caught. (온 사람은 모두)

> *cf.* as는 절을 선행사로 가질 수 있다.
>
> He is absent today, as is often the case (as = he is absent)

2 but = that … not

There is no rule but has some exceptions. (예외없는 규칙은 없다.)

There is not a player but wants to win the game.

3 than

The next war will be more cruel than can be imagined.

4 복합관계대명사

관계대명사 + ever로 선행사를 내포한다. 명사절과 부사절을 이끈다.

1 명사절을 이끈다.

Whoever should untie this knot should become lord of all Asia.

Give it to whomever you like.

Choose whichever you like.

Whatever was hidden from view Appolon imagined more beautiful.

2 양보의 부사절을 이끈다. 부사절은 성격상 생략이 가능하다.

Whoever may come, he will be welcome. (누가 오든 환영받을 것이다.)

5 관계형용사

다음의 문장에서는 명사를 수식하는 관계형용사로 쓰이고 있다.

He spoke to me in Japanese, which language I could not understand.

Mother gave him what money she had. (what money = all the money that)

You may take whichever horse you like. (whichever horse = any horse that)

PHAETON
파에톤

Phaeton was the son of Apollon and the nymph Clymene. One day a schoolfellow laughed at the idea of his being the son of the god, and Phaeton went in rage and shame and reported it to his mother. "If," said he, "I am indeed of

루벤스의 〈파에톤의 추락〉.
1605년 작품.

heavenly birth, give me, mother, some proof of it, and establish my claim to the honor." Clymene stretched forth her hands towards the skies, and said, "I call to witness the Sun which looks down upon us, that I have told you the truth. If I speak falsely, let this be the last time I see his light. But it needs not much labor to go and inquire for yourself; the land where the Sun rises lies next to ours. Go and demand of him whether he will own you as a son." Phaeton heard with delight. He travelled to India, which lies directly in the regions of sunrise; and, full of hope and pride, approached the goal where his parent begins his course.

파에톤은 아폴론과 님프 클리메네의 아들이었다. 하루는 어떤 친구로부터 어떻게 네가 신의 아들이냐는 조롱을 받자 파에톤은 화가 나기도 하고 부끄럽기도 해 그의 어머니에게 가서 말했다. "만약에 제가 신의 아들이라면 증거를 보여 남들이 제 말을 참말로 믿게끔 해주세요." 클리메네는 그녀의 손을 하늘로 뻗어 말했다. "우리를 내려다보시는 태양신께 맹세컨대 아들아, 나는 네게 진실을 말한다. 만약 내가 거짓을 말하면 다시는 태양의 빛을 볼 수 없을 것이다. 하지만 너 스스로 가서 묻는 것이 어렵지 않을 게다. 왜냐하면 태양이 뜨는 나라는 우리 나라와 아주 가깝기 때문이다. 태양신께 가서 그분이 너를 아들로 인정하시는지 물어보거라." 파에톤은 이 말을 듣고 너무나 기뻤다. 그는 태양이 뜨는 나라 인도를 향해 여행을 떠났다. 그는 희망과 자부심에 가득 차 그의 부친이 순회를 시작하는 지점에 다다랐다.

The palace of the Sun stood aloft on columns, glittering with gold and precious stones, while polished ivory

column[kάləm] *n.* 둥근 기둥, 신문의 난(欄)
represent[rèprizént] *vt.* 대표하다, 묘사하다, 그리다

rustic[rʌstik] *a.* 시골의, 전원의(=rural)
zodiac[zóudiæk] *n.* 12궁도
  zodi(=animal) + ac(=circle)
signs of zodiac 12궁을 나타내는 별자리

formed the ceilings, and silver the doors. The workmanship surpassed the material; for upon the walls Hephaestos had represented earth, sea, and skies, with their inhabitants. In the sea were the nymphs, some sporting in the waves, some riding on the backs of fishes, while others sat upon the rocks and dried their sea-green hair. Their faces were not all alike, nor yet unlike, – but such as sisters' ought to be. The earth had its towns and forests and rivers and rustic divinities. Over all was carved the likeness of the glorious heaven; and on the silver doors the twelve signs of the zodiac, six on each side.

태양신의 궁전은 황금과 보석으로 번쩍거리며 둥근 기둥 위로 높게 솟아있었다. 잘 닦여진 상아로 천장이 이루어져 있었고 문은 은으로 만들어져 있었다. 재료들보다도 그것들을 가공한 솜씨가 더 훌륭하였다. 왜냐하면 벽에는 헤파이스토스가 대지와 바다, 공중과 그 안에 사는 생명들을 그렸기 때문이다. 바다에는 님프들이 있어, 물결 위로 숨을 내쉬기도 하고, 물고기의 등에 타기도 하고, 혹은 바위 위에 앉아 바닷물과 같은 푸른 머리를 말리고 있었다. 그녀들의 얼굴은 다 같다고도 할 수 없었지만, 또 틀리다고도 할 수 없었다. 즉 자매의 모습이었다. 대지에는 마을과 숲 그리고 강과 전원의 신들이 그려져 있었다. 이 모든 것 위에는 빛나는 하늘 세계의 모습이 새겨져 있었다. 또 은으로 된 문에는 양쪽에 여섯 개씩, 12궁의 별자리가 조각되어 있었다.

ascent[əsént] *n.* 오르막길, 상승
spear[spiər] *n.* 창, 어린 싹, 가지
stiffen[stífən] *vi.vt.* 딱딱해지다, 딱딱하
  게 하다
hoary[hɔ́:ri] *a.* 흰, 백발의

Clymene's son advanced up the steep ascent, and entered the halls of his disputed father. He approached the paternal presence, but stopped at a distance, for the light was more than he could bear. Phoebus, arrayed in a purple vesture, sat on a throne, which glittered as with diamonds. On his right hand and his left stood the Day, the Month, and the Year, and, at regular intervals, the Hours. Spring stood with her head crowned with flowers, and Summer, with garment cast aside, and a garland formed of spears of ripened grain, and Autumn, with his feet stained with grape-juice, and icy Winter, with his hair stiffened with hoary frost.

미켈란젤로의 〈파에톤의 추락〉. 1533년 습작품.

클리메네의 아들은 험한 오르막길을 올라, 논쟁거리가 된 그의 아버지의 궁전으로 들어갔다. 그는 아버지가 있는 곳에 다다랐지만 빛이 참기 힘들만큼 너무 강했기 때문에 가까이 가지 못한 채 발길을 멈추었다. 태양신은 자줏빛 옷을 입고, 다이아몬드로 반짝이는 왕좌에 앉아 있었다. 그리고 그 좌우에는 일(日), 월(月), 연(年)의 신들이 서 있었고, 또 일정한 간격을 두고 시(時)의 신들이 서 있었다. 봄의 여신은 머리에 화관을 쓰고 있었고, 여름의 신은 옷을 벗은 채, 익은 곡식줄기로 짠 관을 쓰고 있었으며, 가을의 신은 발에 포도즙이 묻혀져 있었고, 얼음으로 된 겨울의 신은 흰 서리로 모발이 굳어져 있었다.

Surrounded by these attendants, the Sun, with the eye that sees everything, beheld the youth dazzled with the novelty and splendor of the scene, and inquired the purpose

magistrate[mǽdʒəstrèit] *n.* 관리, 판사
spear[spiər] *n.* 창
plow[plau] *n.* 쟁기 *vt.* 밭을 갈다
perpetual[pərpétʃuəl] *a.* 끊임없는, 영구적인
distill[distíl] *vi.* 스며 나오다 *vt.* 증류시키다

of his errand. The youth replied, "O light of the boundless world, Phoebus, my father, – if you permit me to use that name, – give me some proof, I beseech you, by which I may be known as yours." He ceased; and his father, laying aside the beams that shone all around his head, bade him approach, and embracing him, said, "My son, you deserve not to be disowned, and I confirm what your mother has told you. To put an end to your doubts, ask what you will, the gift shall be yours. I call to witness that dreadful lake, which I never saw, but which we gods swear by in our most solemn engagements." Phaeton immediately asked to be permitted for one day to drive the chariot of the sun.

　　이러한 신하들에게 둘러싸인 태양신은 모든 것을 볼 수 있는 눈을 가지고 있었기 때문에, 바로 이 진기하고 놀라운 광경에 눈이 부신 젊은이의 모습을 발견하고는 무슨 일로 왔느냐고 물었다. 젊은이는 대답했다. "오, 끝없는 세계의 빛이시여. 태양신이시여. 이렇게 불러도 좋겠습니까마는 아버님, 제발 제가 당신의 아들임을 알게 하는 증거를 보여 주십시오." 파에톤이 말을 마치자 그의 부친은 머리에 쓰고 있던 빛나는 왕관을 벗어 옆에 놓고 젊은이에게 좀더 가까이 오라고 명했다. 그리고 그를 끌어안으면서 말했다. "너는 내 아들임에 틀림이 없다. 나는 너의 어머니가 너에게 말한 바를 확인한다. 너의 의심을 풀기 위하여 무엇이든지 소원을 말하면 선물로 주겠다. 아직 내가 본 적은 없다마는 우리 신들이 가장 엄숙한 약속을 할 때 내세우는 저 무서운 호수(스틱스강)에 맹세하마." 아폴론의 말이 끝나자마자 파에톤은 태양의 이륜차를 하루만 몰게 해달라고 하였다.

The father repented of his promise; thrice and four times he shook his radiant head in warning. "I have spoken rashly," said he; "this only request I would like to deny. I beg you to withdraw it. It is not a safe favor, nor one, my Phaeton, suited to your youth and strength, Your lot is mortal, and you ask what is beyond a mortal's power. In your ignorance you aspire to do that which not even the gods themselves may do. None but myself may drive the flaming car of day. Not even Zeus, whose terrible right arm hurls the thunderbolts.

repent of 후회하다
thrice = three times
rashly [rǽʃli] *ad.* 성급히, 경솔히
aspire to 열망하다, 간절히 원하다
hurl [həːrl] *vi.vt.* 세게 던지다

부친은 그의 약속을 후회했다. 몇 번이나 그의 빛나는 머리를 흔들며 경고했다. "내가 경솔한 말을 했구나. 그 청만은 거부하고 싶다. 너도 철회하기를 바란다. 내 아들아 그 청은 너의 나이와 힘에 벅차 결코 네게 안전하지 못한다. 너는 인간의 운명으로서 인간의 힘 이상의 것을 원하고 있다. 너는 무지하기 때문에 신들조차 감히 못하는 일을 열망하는 것뿐이다. 나 외에 저 타오르는 태양의 이륜차를 몰 수 있는 자는 없단다. 괴력의 오른팔로 번개를 내던지시는 제우스신조차 이것만은 불가능하단다.

Beware, my son, lest I be the donor of a fatal gift; recall your request while yet you may. Do you ask me for a proof that you are sprung from my blood? I give you a proof in my fears for you. Look at my face – I would that you could look into my breast, you would there see all a father's anxiety. He ended; but the youth rejected all admonition and held to his demand. So, having resisted as long as he could,

Phoebus at last led the way to where stood the lofty chariot.

아들아, 잘 생각해 보아라. 나로 하여금 네게 죽음을 안겨주는 이가 되지 않게 해다오. 아직 늦지 않았으니 너의 청을 취소하라. 네가 나의 혈육이란 증거를 보여 달라고? 내가 너를 위해 걱정하는 것이 바로 그 증거이다. 나의 얼굴을 보거라. 네가 나의 가슴속을 들여다볼 수 있다면 아비의 걱정을 볼 수 있으련만.〔가정법 참조〕" 아폴론은 말을 맺었다. 그러나 젊은이는 모든 훈계를 저버리고 제 주장을 계속 폈다. 거듭된 만류가 결국 허사로 끝나 태양신은 마침내 신성한 이륜차가 놓여 있는 곳으로 아들을 데리고 갔다.

axle[ǽksəl] *n.* 축, 차 축
pole[poul] *n.* 봉, 채(마차나 가마 따위에 앞뒤로 길게 댄 봉, 좌우에 하나씩 있어 이를 들고 운반할 수 있게끔 고안되어 있다)
spoke[spouk] *n.* 바퀴 살
chrysolite[krísəlàit] *n.* 감람석(보석의 일종)
throw open 열어제치다
strew[stru:] *vt.* 흩뿌리다
marshal[máːrʃəl] *n.* 사령관 *vi.vt.* 정렬시키다, 안내하다
daystar[déistàːr] *n.* 샛별
harness[háːrnis] *n.* 마구(馬具) *vt.* 안장을 지우다
stall[stɔːl] *n.* 마구간, 작은 방
rein[rein] *n.* 고삐

It was of gold, the gift of Hephaestos; the axle was of gold, the pole and wheels of gold, the spokes of silver. Along the seat were rows of chrysolites and diamonds which reflected all around the brightness of the sun. While the daring youth gazed in admiration, the early Dawn threw open the purple doors of the east, and showed the pathway strewn with roses. The stars withdrew, marshalled by the Day-star, which last of all retired also. The father, when he saw the earth beginning to glow, and the Moon preparing to retire, ordered the Hours to harness up the horses. They obeyed, and led forth from the lofty stalls the Steeds full fed with ambrosia, and attached the reins.

그 이륜차는 헤파이스토스가 선물한 것으로서 금으로 만든 것이었다. 차 축도 금으로 만들어져 있었고, 채와 바퀴도 금으로 되어 있었으며, 바퀴 살은 은으로 되어 있었다. 좌석의 측면에는 감람석과 다

이아몬드를 박은 것이 여러 줄 있어서 태양의 광선을 사방으로 반사하였다. 대담한 젊은이가 감탄하면서 들여다보고 있을 때, 새벽의 여신은 동쪽의 자줏빛 문을 열어제치고 장미꽃을 흩뿌린 길을 나타냈다. 별들은 금성의 지휘 아래 물러나고 마침내는 금성도 퇴각하였다. 아버지 아폴론은 지구가 빛나기 시작하고, 달의 여신도

벨라스케스의 작품 〈헤파이스토스의 대장간〉에서 아폴론이 작업을 설명하고 있다. 스페인 세비야 출신의 벨라스케스(Diego Rodrguez de Silva Velzquez, 1599 ~ 1660)는 파체코에게 사사하였으며 훗날 그의 사위가 되었다. 초기의 벨라스케스는 카라바지오의 영향을 받은 명암법으로 경건한 종교적 주제를 그렸으며 펠리페 4세의 궁정화가가 되었다. 그의 기법은 시대를 앞질러 인상파의 출현을 예고하는 것으로 평가되고 있다.

물러나려는 것을 보고, 시간의 신들에게 명령하여 말들에게 마구(馬具)를 지우게 하였다. 그들은 명령에 복종하여 천상의 마구간으로부터 암브로시아로 배가 부른 신마(神馬)들을 끌어내어 고삐를 맸다.

Then the father bathed the face of his son with a powerful unguent, and made him capable of enduring the brightness of the flame. He set the rays on his head, and, with a foreboding sigh, said, "If, my son, you will in this at least take my advice, spare the whip and hold tight the reins. They go fast enough of their own accord; the labor is to hold them in.

아버지는 아들의 얼굴에 강력한 연고를 발라 주어 화염에 견딜

unguent[ʌ́ŋgwənt] *n.* 연고(=ointment)
forebode[fɔːrbóud] *vi.vt.* 예시하다, 예언하다
sigh[sai] *n.* 한숨, 탄식 *vi.vt.* 한숨을 쉬다, 탄식하다
accord[əkɔ́ːrd] *n.* 일치, 조화

수 있도록 하였다. 그는 머리에 빛나는 관을 쓰며 뭔가 예시하는 듯한 한숨을 쉬고는 다음과 같이 말했다. "아들아, 적어도 한 가지만은 명심하여야 한다. 채찍질은 삼가고 고삐를 꽉 쥐어야 한다. 말들은 멋대로 질주하기 때문에 그들을 제어하는 것이 중요하단다."

Y ou are not to take the straight road directly between the five circles, but turn off to the left. Keep within the limit of the middle zone, and avoid the northern and the southern alike. You will see the marks of the wheels, and they will serve to guide you. And, that the skies and the earth may each receive their due share of heat, go not too high, or you will burn the heavenly dwellings, nor too low, or you will set the earth on fire; the middle course is safest and best. And now I leave you to your chance, which I hope will plan better for you than you have done for yourself. Night is passing out of the western gates and we can delay no longer. Take the reins; but if at last your heart fails you, and you will benefit by my advice, stay where you are in safety."

다섯 개의 궤도를 곧장 달리지 말고 왼편으로 비켜가야 한다. 중간지대로만 가고 북쪽지대나 남쪽지대는 피해야 한다. 수레바퀴 자국을 보고 그것들로 길의 방향을 잡아라. 하늘과 땅이 모두 적당한 열을 받게 하기 위해 너무 높이 날아가지 말아라. 그리 하지 않으면 천상의 집들을 태워 버릴 것이다. 또 너무 낮게 날아간다면 대지에 불을 지르게 될 것이다. 중간 진로가 제일 안전하고 좋다. 이제 너를 운명에 맡긴다. 지금까지 네게 주어진 운명보다 더 좋은 운명이기를 바란다. 밤이 서쪽 문으로 나가고 있으니 더 이상 지체할 수 없구나. 고삐를 잡아라. 하지만 마지막으로 네가 망설여진다면, 내 충고를 받아들여 안전하게 이곳에 머무르렴."

The agile youth, sprang into the chariot, stood erect, and grasped the reins with delight pouring out thanks to his reluctant parent. Meanwhile the horses fill the air with their snortings and fiery breath, and stamp the ground impatient. Now the bars are let down, and the boundless plain of the universe lies open before them. They dart forward and cleave the opposing clouds, and outrun the morning breezes which started from the same eastern goal. The steeds soon perceived that the load they drew was lighter than usual; and as a ship without ballast is tossed here and there on the sea, so the chariot, without its accustomed weight, was dashed about as if empty.

reluctant[rilʌ́ktənt] a. 싫어하는, 마지못
해하는
snort[snɔːrt] n. 콧김 vi. 콧김을 내뿜다
stamp[stæmp] vt. 짓밟다, 날인하다
ballast[bǽləst] n. 바닥짐(배의 균형을 위
해 바닥에 놓는 짐)
headlong[hédlɔ̀ːŋ] ad. 거꾸로, 곤두박
질로

〈파에톤의 추락〉. 독일 태생의 네덜란드 화가 요한 리스(Liss, Johann, 1597~1631)의 그림. 요한 리스는 17세기 바로크 미술의 대표적인 화가이다.

　이 민첩한 젊은이는 이륜차에 뛰어올라 곤추 서서 고삐를 잡았다. 기쁨에 넘친 그는 마지못해하는 아버지에게 감사의 말을 되풀이했다. 그 동안에 말들은 콧김을 뿜고 불길 같은 숨을 몰아쉬며 성급하게 발굽을 구르고 있었다. 막대가 치워지자 우주의 무한한 대평원이 그들 앞에 전개되었다. 그들은 돌진하여 앞을 가로막는 구름을 헤치고 나아가, 같은 동쪽 지점에서 출발한 미풍보다도 앞서 갔다. 이내 말들은, 그들이 끄는 짐이 전보다 가벼워진 것을 느꼈다. 바닥 짐을 싣지 않은 배가 바다에서 이리저리 동요하는 것과 같이

이륜차도 전과 같은 무게가 아니었기 때문에 마치 빈 것처럼 덜컹거렸다.

Ursa[ə:rsə] *n.* 곰
torpid[tɔ́:rpid] *a.* 움직이지 않는, 동면하는
encumber[enkʌ́mbər] *vt.* 거추장스럽게 하다
glare[glɛər] *n.* 섬광, 휘황찬란함 *vi.vt.* 노려보다
parentage[pɛ́ərəntidʒ] *n.* 가문, 혈통

They rush headlong and leave the travelled road. He is alarmed, and knows not how to guide them; nor, if he knew, has he the power. Then, for the first time, Ursa Major and Ursa Minor were scorched with heat, and would fain, if it were possible, have plunged into the water; and the Serpent which lies coiled up round the north pole, torpid and harmless, grew warm, and with warmth felt its rage revive. Bootes, they say, fled away, though encumbered with his plough, and all unused to rapid motion. When Phaeton looked down upon the earth, now spreading in vast extent beneath him, he grew pale and his knees shook with terror. In spite of the glare all around him, the sight of his eyes grew dim. He wished he had never touched his father's horses, never learned his parentage, never prevailed in his request.

　　말들은 곤두박질치며 평소의 궤도를 벗어났다. 파에톤은 깜짝 놀라 어떻게 말을 몰아야 할지 몰랐다. 알았다 하더라도 힘이 없었다. 맨 처음에 큰 곰 별자리와 작은 곰 별자리가 불에 그을렸다. 그들은 할 수만 있다면 바다 속으로 들어가고 싶었을 것이다. 그리고 북극에서 똬리를 튼 채 얌전히 잠자고 있던 뱀자리는 온기를 느껴, 다시 그 광포함이 부활하는 것을 느꼈다. 전하는 바에 의하면 목동자리는 거추장스러운 쟁기까지 메고, 익숙하지는 않았지만 재빨리 달아났다는 것이다.

　　파에톤이 그의 발 아래로 끝없이 전개된 땅 위의 상황을 보았을

때, 그의 얼굴빛은 창백해지고 무릎은 공포로 인해 떨렸다. 사방이 불타오르는데도 그의 눈앞은 희미해졌다. 그는 아버지의 말에 손댄 것을 후회했고, 혈통을 알게 된 사실과 고집을 피웠던 사실을 모두 후회했다.

Then Phaeton saw the world on fire, and felt the heat intolerable. The air he breathed was like the air of a furnace and full of burning ashes, and the smoke was of a pitchy darkness. Then, it is believed, the people of Ethiopia became black by the blood being forced so suddenly to the surface, and the Libyan desert was dried up to the condition in which it remains to this day. The Nymphs of the fountains, with dishevelled hair, mourned their waters, nor were the rivers safe beneath their banks. Nile fled away and hid his head in the desert, and there it still remains concealed. Where he used to discharge his waters through seven mouths into the sea, there seven dry channels alone remained.

discharge[distʃáːrdʒ] *vi.vt.* 짐을 내리다, 부리다

하늘에서 떨어지는 파에톤과 태양마차. 18세기 화가 발리아리 작품.

파에톤은 온 세계가 불바다로 된 것을 보았고, 자신도 그 열기에 견딜 수 없었다. 그가 호흡하는 공기는 타는 재들로 가득 찬 용광로의 열기와 같았고, 그 연기는 시커먼 어둠 그 자체였다. 이 때부터 에티오피아 인들은 열 때문에 갑자기 피가 표면에 몰려 검게 되었으며, 리비아 사막 역시 말라붙어 오늘날의 상태가

되었다고 전해진다. 샘의 요정들은 머리를 풀고 물을 그리며 슬퍼하였고, 둑 아래를 흐르는 강 또한 무사하지 않았다. 나일강은 달아나 사막 속에 그 머리를 숨겼기 때문에 지금도 머리가 사막에 가려져 있다. 예전에 나일강이 바다를 향해 물을 뿜어내던 일곱 하구가 지금도 마른 채로 남아 있다.

제우스의 벼락을 맞고 하늘에서 떨어지는 청년 파에톤. 욕심이 사망에 이르는 지름길임을 생생히 보여주고 있다. 골트지우스 (1558~1617)의 그림.

The earth cracked open, and through the chinks light broke into Tartarus, and frightened the king of shadows and his queen. The sea shrank up. Where here before was water, it became a dry plain; and the mountains that lie beneath the waves lifted up their heads and became islands. The fishes sought the lowest depths, and the dolphins no longer ventured as usual to sport on the surface. Even Nereus, and his wife Doris, with the Nereids, their daughters, sought the deepest caves for refuge. Three times Poseidon tried to raise his head above the surface, and three times was driven back by the heat. Earth, surrounded as she was by waters, yet with head and shoulders bare, screening her face with her hand, looked up to heaven, and with a husky voice called on Zeus.

대지는 크게 갈라지고, 그 틈으로 광선이 지하 세계까지 비춰 어둠의 왕과 왕비를 놀라게 했다. 바다는 오그라들었다. 전에 바닷물이 있던 곳은 마른 평원이 되었고, 물결 밑에 묻혔던 산은 머리를 들고 섬이 되었다. 물고기들은 가장 깊은 곳을 찾아갔고, 돌고래는 전과 같이 물 밖에서 감히 놀지 못했다. 바다의 신 네레우스와 그의 아내 도리스까지도 네레이스라고 불리는 딸들을 데리고 몸을 숨기려 제일 깊은 바다 속 동굴을 찾았다. 포세이돈은 세 번씩이나 얼굴을 수면 위로 들려 했으나, 열기(熱氣) 때문에 세 번 모두 다시 물 속으로 들어갔다. 바다로 둘러싸여 있는 대지의 여신은 머리와 어깨가 노출되어 있었기 때문에, 손으로 얼굴을 가린 채 하늘을 향하여 쉰 목소리로 제우스를 불렀다.

"O ruler of the gods, if I have deserved this treatment, and it is your will that I perish with fire, why withhold your thunderbolts? Let me at least fall by your hand. Is this the reward of my fertility, of my obedient service? Is it for this that I have supplied herbage for cattle, and fruits for men, and frankincense for your altars? But if I am unworthy of regard, what has my brother Ocean done to deserve such a fate? If neither of us can excite your pity, think, I pray you, of your own heaven, and see how both the poles are smoking which sustain your palace, which must fall if they be destroyed. Atlas faints, and scarce holds up his burden. If sea, earth, and heaven perish, we fall into ancient Chaos. Save what yet remains to us from

withhold[wiðhóuld] vt. 보류하다, 억제하다
herbage[hə́ːrbidʒ] n. 풀, 목초
frankincense[frǽŋkinsèns] n. 제사용 향료
devour[diváuər] vt. 게걸스레 삼키다
deliver[dilívər] vt. 해방시키다, 배달하다
cf) deliverance n. 구출, 해방
cf) delivery n. 배달, 납품

르동(Redon, Odilon 1840~1916)의 〈파에톤〉.

the devouring flame. O, take thought for our deliverance in this awful moment!"

"오, 신들의 지배자시여, 만일 내가 이러한 대우를 받아 마땅하고, 불에 타 죽는 것이 당신의 뜻이라면, 왜 당신은 번개를 치지 않으십니까? 적어도 직접 당신의 손으로 죽여주십시오. 이것이 나의 다산(多産)과 성실한 봉사에 대한 대가입니까? 가축에게는 풀을 주고 인간에게는 과실을 주었으며 당신의 제단에는 유향을 바쳤는데 이것이 그 대가란 말입니까? 설령 나를 저버린다 하더라도, 내 동생인 바다의 신은 무슨 잘못으로 이런 운명을 겪어야 합니까? 우리 둘 다 당신의 동정을 받을 수 없다면 당신의 하늘을 생각해 보십시오. 당신의 궁전을 받치고 있는 두 기둥이 연기를 뿜고 있는 것을 보십시오. 그것이 무너지면 궁전 역시 허물어질 것입니다. 아틀라스도 아찔해져 그의 짐을 감당 못하게 되었습니다. 바다와 대지와 하늘이 없어진다면 우리는 옛날의 카오스로 떨어질 것입니다. 게걸스럽게 먹어치우는 화염으로부터 아직 우리에게 남아 있는 것들을 구해 주십시오. 이 무서운 순간에 우리의 구제책을 강구해 주십시오."

Thus spoke Earth, and overcome with heat and thirst, could say no more. Then Zeus omnipotent, calling to witness all the gods, including him who had lent the chariot, and showing them that all was lost unless some speedy remedy were applied, mounted the lofty tower from where he diffuses clouds over the earth, and hurls the forked lightnings. But at that time not a cloud was to be found to interpose for a screen to earth, nor was a shower remaining unexhausted. He thundered, and brandishing a lightning bolt in his right hand launched it against the charioteer, and struck him at the same moment from his seat and from existence! Phaeton, with his hair on fire, fell headlong, like a shooting star which marks the heavens with its brightness as it falls, and Eridanus, the great river, received him and cooled his burning frame.

　이와 같이 대지의 여신이 말했지만 열기와 갈증 때문에 더 이상 계속할 수 없었다. 그러자 전능(全能)한 제우스는 전차를 빌려준 아폴론을 포함해 모든 신들을 증

인으로 세우며 이들에게 긴급 방책이 마련되지 않으면 모든 것이 멸망하리라고 설명했다. 제우스는 평소 그가 대지를 향해 구름을 퍼트리고 갈라진 모양의 번개를 던지는 높은 탑으로 올랐다. 하지만 그때는 대지를 가리는 구름이 한 점도 없었고, 쓸 만한 소낙비도 남아 있지 않았다. 제우스는 우레 소리를 내며 빛나는 벼락을 오른손에 쥐고 흔들다가 이륜차 기수(騎手)를 향해 던졌다. 그러자 파에톤은 그 자리에서 벼락에 맞아 죽고 말았다. 머리에 불이 붙은 파에톤은 하늘에 빛나는 표지를 남기는 유성과 같이 거꾸로 떨어졌다. 위대한 강의 신 에리다노스가 그를 품에 안아 불타는 그의 몸을 식혀 주었다.

추락하는 〈파에톤〉. 구스타프 모로의 1879년 작품.

MIDAS
미다스왕

Dionysos, on a certain occasion, found his old schoolmaster and foster-father, Silenus, missing. The old man had been drinking, and in that state wandered away, and was found by some peasants, who carried him to their

푸생(Poussin, Nicolas)의 〈미다스와 디오니소스〉. 디오니소스의 오른편에는 술 취한 스승 실레노스가 졸고 있다.

king, Midas. Midas recognized him, and treated him hospitably, entertaining him for ten days and nights with an unceasing round of jollity. On the eleventh day he brought Silenus back, and restored him in safety to his pupil.

어느 날 디오니소스는 그의 노스승이자 양부인 실레노스가 행방 불명된 것을 발견했다. 술에 취해 헤매고 다니던 노인을 발견한 농부 들은 그를 미다스 왕에게 데리고 갔다. 미다스 왕은 노인이 실레노스 임을 알아차리고는 극진한 주연을 베풀어 열흘 밤낮이나 환대해 주었 다. 열하루째 되는 날 미다스 왕은 실레노스를 그의 제자에게 안전하 게 되돌려보냈다.

So Dionysos offered Midas his choice of a reward, whatever he might wish. He asked that whatever he might touch should be changed into gold. Dionysos consented, though sorry that he had not made a better choice. Midas went his way, rejoicing in his new-acquired power, which he hastened to put to the test. He could scarce believe his eyes when he found a twig of an oak, which he plucked from the branch, become gold in his hand. He took up a stone; it changed to gold. He touched a sod; it did the same. He took up an apple from the tree; you would have thought he had robbed the garden of the Hesperides. His joy knew no bounds, and as soon as he got home, he ordered the servants to set a splendid repast on the table. Then he found to his dismay that whether he touched bread, it hardened in his hand; or put a morsel to his lip, it defied his teeth. He took a

pluck[plʌk] *vi.vt.* 잡아뜯다, 뽑다
sod[sɑd] *n.* 잔디
repast[ripǽst] *n.* 식사(=meal)
dismay[disméi] *n.* 당황, 놀람 *vt.* 당황케 하다

glass of wine, but it flowed down his throat like melted gold.

그러자 디오니소스는 미다스에게 답례로 그가 원하는 것이라면 무엇이든지 선택하라고 말했다. 왕은 그의 손이 닿는 것은 무엇이든지 금으로 변하게 해달라고 청했다. 디오니소스는 그가 더 좋은 선택을 하지 못한 점을 애석히 여기면서도 승낙을 했다. 미다스는 새로 부여받은 권능에 기뻐하며 돌아와 서둘러 시험해 보았다. 참나무 가지에서 꺾은 잔가지가 그의 손 안에서 황금으로 변하는 것을 보고는 미다스는 자기의 눈을 의심할 수밖에 없었다. 그가 돌을 집자 돌은 금으로 변했고, 잔디를 만져도 역시 마찬가지였다. 그가 나무에서 사과를 따는 것은 마치 헤스페리데스의 정원에서 그가 도둑질하는 것처럼 여겨질 법하였다. 그는 한없이 기뻤고 궁전에 돌아오자마자 성대한 만찬을 차리도록 하인에게 명을 내렸다. 그러자 이번에는 놀랍게도 그가 만지는 빵이 그의 손 안에서 딱딱히 굳어지고 말았다. 입술에 가져가는 것도 그의 이빨에 부딪혔다. 그가 포도주 한 잔을 마셨지만, 술은 마치 용해된 금처럼 그의 목을 타고 흘러 내려갔다.

consternation[kànstərnéiʃən] n. 대경
실색
precede[pri:síːd] vi.vt. 앞서다, 먼저 일
어나다 pre(=before) + cede(=go)
afflict[əflíkt] vt. 괴롭히다, 못살게 굴다

In consternation at the unprecedented affliction, he strove to divest himself of his power; he hated the gift he had lately coveted. But all in vain; starvation seemed to await him. He raised his arms, all shining with gold, in prayer to Dionysos, begging to be delivered from his glittering destruction. Dionysos, merciful deity, heard and consented. "Go," said he, "to River Pactolus, trace its fountain-head, there plunge yourself and body in, and wash away your fault and its punishment." He did so, and scarce had he touched the waters before the gold-creating power passed into them,

and the river sands became changed into gold, as they remain to this day.

유례 없는 재난에 깜짝 놀란 미다스는 이러한 권능을 떼버리려고 애썼다. 조금 전까지 탐내던 선물을 증오하는 것이었다. 하지만 모두 소용이 없었고, 굶어죽을 일만 남은 것 같았다. 그는 황금으로 빛나는 그의 팔을 들어 디오니소스에게 빛나는 파멸로부터 자기를 구해달라고 애걸하며 기도를 올렸다. 자비로운 신 디오니소스는 그 소리를 듣고 승낙하며 다음과 같이 말했다. "팍톨로스 강으로 가서 물줄기가 시작되는 곳을 찾아라. 거기에 몸을 담가 너의 죄와 벌을 씻어내도록 하거라." 미다스는 그의 말대로 했다. 미다스가 강물에 손을 대자마자, 황금을 창조하는 힘은 강물에 스며들었다. 그래서 그 강의 모래는 금으로 변했는데 이는 지금까지도 그대로 남아 있다.

wagon[wǽgən] *n.* 짐마차, 4륜마차
fast[fǽst] *a.* 빠른, 견고한
career[kəríər] *n.* 경력, 도중
comply[kəmplái] *vi* (with)에 따르다,
  응하다

Midas was king of Phrygia. He was the son of Gordius, a poor countryman, who was taken by the people and made king, in obedience to the command of the oracle, which had said that their future king should come in a wagon. While the people were deliberating, Gordius with his wife and son came driving his wagon into the public square. Gordius, being made king, dedicated his wagon to the deity of the oracle, and tied it up in its place with a fast knot. This was the celebrated Gordian knot, which, in after times it was said, whoever should untie should become lord of all Asia. Many tried to untie it, but none succeeded, till Alexander the Great, in his career of conquest, came to Phrygia. He tried his skill with as ill success as others, till growing impatient he drew his sword and cut the knot. When he afterwards succeeded in subjecting all Asia to his sway, people began to think that he had complied with the terms of the oracle according to its true meaning.

정복자 알렉산더의 모자이크그림(일부). B.C.2세기말. 나폴리의 국립고고학박물관 소장.

미다스는 프리기아의 왕이었다. 그는 가난한 농부 고르디우스의 아들이었는데, 고르디우스는 신탁의 명령에 따라 사람들이 왕으로 추대한 자였다. 신탁은 미래의 왕이 짐마차를 타고 올 것이라고 말하고 있었다. 사람들이 신탁의 의미를 곰곰이 생각하고 있을 때 고르디우스는 아내와 아들을

마케도니아와 페르시아의 이수스전투(B.C.333)를 그린 모자이크 벽화. B.C. 2세기말 제작. 1831년 폼페이 출토. 알렉산더 대왕은 이 전투에서 페르시아의 다리우스 3세의 대군을 물리쳤다.

데리고 그의 짐마차를 몰며 마을광장으로 들어왔다. 고르디우스는 왕이 되자, 그의 짐마차를 신탁을 내린 신에게 바치고, 견고한 매듭으로 적당한 장소에 매두었다. 이 것이 유명한 「고르디우스의 매듭」이라는 것인데, 후세에 누구든 이 매듭을 푸는 자 는 아시아의 주인이 될 것이라고 전해졌다. 많은 이들이 이 매듭을 풀려고 했지만 아무도 성공하지 못했고, 결국 원정길에 나선 알렉산더 대왕이 프리기아에 다다르 게 되었다. 그 역시 노력해 보았지만 다른 이와 마찬가지로 성공하지 못하였다. 대 왕은 성급해진 마음에 칼을 뽑아들고 매듭을 잘라버렸다. 훗날 아시아를 그의 지배 하에 넣게 되었을 때 사람들은 알렉산더가 신탁의 말을 그대로 따르게 되었다고 생 각하였다.

Vocabulary Study

E

● **electr** 호박(琥珀) (amber)

electric[iléktrik] *a.* 전기의 ▶ electr(=amber) + ic(형용사화접미사)

electricity[ilèktrísəti] *n.* 전기, 전류

electron[iléktrɑn] *n.* 전자

electronic[ilèktránik] *a.* 전자의, 전자공학의

> **호박과 전기**　호박(琥珀)은 오래 전의 나무에서 흘러나온 진액이 땅속에서 굳어버린 광물이다. 그리스사람들은 이 호박을 electron이라고 불렀다. 이 광물은 오래 전부터 장신구 등으로 귀하게 쓰였고, 특히 속에 벌레가 들어 있는 것이 비싸다. 헌데 호박을 문지르게 되면 정전기가 발생한다. 16세기 영국의 과학자 윌리엄 길버트(William Gilbert)는 이러한 정전기현상의 실체를 electricity 이라고 이름지었다.

● **equi** 동등한(equal)

equanimity[ì:kwəníməti] *n.* 침착, 평온

> **equ**(동등한=equal) + **anim**(정신=mind) + **ity**(명사화접미사)

The detective deduced the situation before the outbreak of crime with equanimity. (탐정은 침착하게 범죄 발생 이전의 상황을 추론했다.)

equity[ékwəti] *n.* 공평, 공정

One of the necessary conditions for a judge is to take equity.

(판사로서 필요한 요건 중 하나는 공평을 기하는 것이다.)

equivalent[ikwívələnt] *a.* 같은 가치의, 동등한 ▶ **equi**(=equal) + **val**(=value) + **ent**

Some people say that water will be equivalent to petroleum in this century.

(어떤 이들은 금세기에 물은 석유와 같은 존재가 될 것이라고 말한다.)

equivocal[ikwívəkəl] *a.* 분명치 않은, 애매한 ▶ **equi**(=equal) + **voc**(=voice) + **al**

Due to England's equivocal attitude, the disputation between Arab and Israel occurred in Middle-East Asia. (영국의 애매 모호한 태도 때문에 아랍과 이스라엘간의 분쟁이 중동에서 발생했다.)

안토니 반 딕(Anthony van Dyck)의 〈삼손과 데릴라〉. 팔레스타인 사람들이 미인계를 써서 이스라엘의 장사 삼손을 포박하고 있다.

● ess 존재, 본질(essence)

absent[ǽbsənt] *a.* 부재의, 결석한 ▶ ab(없는=away) + sent(존재=essence)

essence[ésəns] *n.* 본질, 정수

　　Violence is the essence of army. (폭력은 군대의 본질이다.)

interest[íntərist] *a.* 흥미있는, 재미있는 *n.* 이자

　　▶ inter(사이=between) + est(존재=essence)

present[prézənt] (앞 음절에 액센트) *a.* 출석한, 현재의 *n.* 선물 (뒤 음절에 액센트) *vt.* 주다

▶ pre(앞으로=forward) + sent(존재 =essence)

represent[rèprizént] *vt.* 대표하다

▶ re(=again) + pre(=before) + sent(=essence)

The dove represents the beauty of Aphrodite.

(비둘기는 아프로디테의 아름다움을 상징하는 새이다.)

프랑소아 부셰가 그린 〈아프로디테의 화장〉.
여신의 발치에 비둘기가 보인다.
1751년 작품.

● **estim** 평가하다(value)

esteem[istí:m] *vt.* 존중하다, 높이 평가하다 *n.* 존중, 존경

I esteem him for his diligence. (나는 그의 근면을 높이 평가한다.)

estimate[éstəmèit] *vi.vt.* 평가하다, 어림잡다 *n.* 평가, 견적

The merchant estimated her pearl necklace at one thousand dollars.

(상인은 그녀의 진주 목걸이를 천 달러로 어림잡았다.)

● **ex** 밖으로(out)

exclaim[ikskléim] *vi. vt.* 외치다, 소리치다 ▶ ex(=out) + claim(=cry)

Aphrodite exclaimed with indignation, "Am I then to be eclipsed in my honors by a mortal girl?" (아프로디테는 화가 나서 외쳤다. "나의 명예가 한낱 인간 계집에게 가려져야 한단 말인가?")

expose[ikspóuz] *vt.* 드러내다, 폭로하다 ▶ ex(=out) + pose(=put)

After the conquest of the Chimaera, Bellerophon was exposed to further trials and labors by his unfriendly host. (키마이라를 퇴치한 후에도 벨러로폰은 매정한 주인에 의해 여러 시련과 고난을 강요받았다.)

exchange[ikstʃéindʒ] *vi. vt.* 교환하다, 바꾸다 ▶ ex(=out) + change

Hermes gave the lyre to Apollon, and received from him in exchange the caduceus. (헤르메스는 아폴론에게 리라를 주고 그로부터 답례로 카두케우스를 받았다.)

exaggerate[igzǽdʒərèit] *vi. vt.* 부풀리다, 과장하다

▶ ex(=out) + agger(=쌓다) + ate(동사화접미사)

He has a propensity to exaggerate. (그는 과장해서 말하는 버릇이 있다.)

emotion[imóuʃən] *n.* 감정, 감동 ▶ e(=out) + motion(움직임)

He voice was getting thick with emotion. (감정이 격해져 그녀의 목소리가 높아졌다.)

● **extra** 밖으로(=out)

extracurricular[èkstrəkəríkjələr] *a.* 과외의, 비정규의

▶ extra(=out) + curricul(=circle) + ar(형용사화접미사)

She took part in extracurricular activities all the summer vacation.

(그녀는 여름 방학 내내 과외활동에 참여했다.)

extraordinary[ikstrɔ́:rdənèri] *a.* 비정상적인

▶ extra(=out) + ordin(순서=order) + ary(형용사화접미사)

The extraordinary session of the National Assembly opened for a 30-day term.

(30일 회기로 임시국회가 열렸다.)

Chapter 6 형용사 *Adjective*

1 형용사의 용법

한정적 용법과 서술적 용법으로 크게 나눌 수 있다.

- 한정적 용법 – 3형식문장 I found the empty safe. (나는 빈 금고를 발견했다.)
- 서술적 용법 – 5형식문장 I found the safe empty. (나는 금고가 비어 있음을 발견했다.)

1 한정적 용법

① 대부분 명사 앞에 형용사가 위치한다. : diligent farmer, top secret

② 한정적 용법에만 쓰이는 형용사 : only(유일한), very(바로 그-), inner, outer, upper, utter(완전한), utmost(최대의), mere(단순한), sheer(순전한), drunken(술 취한), wooden(나무로 된), former(앞쪽의), latter(뒤쪽의), etc.

He told her that his only son lay very sick, feverish, and sleepless.

We shall obey all your commands with our utmost care and diligence.

I gave her a wooden case.

③ something, anything, everything, nothing, somebody, anybody를 수식할 때 형용사는 뒤로 온다.

something fantastic (환상적인 것)

Epimetheus had been so prodigal of his resources that he had nothing left to bestow upon him.

④ 최상급, all, every가 명사를 한정할 때 형용사는 대개 명사 뒤에 위치한다.

He tried all the means possible to save her life.

⑤ 〈지시＋수량＋大小＋성질＋新舊＋재료〉의 순서로 명사를 수식한다.

Look at these three large old stone buildings!

She could not understand the first two lines of the paragraph.

⑥ 관용구

the sum total(합계)

the authorities concerned(關係當局)

from time immemorial(太古부터)

2 서술적 용법

① 보어역할을 한다.

He was **awake** all the night. (주격보어)

The noise kept him **awake**. (목적격보어)

② 서술적 용법에만 쓰이는 형용사

afraid, alive, alone, asleep, ashamed, awake, aware, content, worth

She is afraid of the snake.

He was content with living in obscurity.

You should be aware of your back.

A bird in the hand is worth two in the bush.

③ 한정적 용법, 서술적 용법에 따라 뜻이 달라지는 형용사

a certain soldier (어떤) *vs* It is quite certain. (확실하다)

the late Mr. Smith (故 스미스씨) *vs* He was late. (늦다)

He is present king. (현재의) *vs* Everyone is present. (참석한)

Ill news runs apace. (나쁜) *vs* She has been ill for three days. (아픈)

3 형용사의 명사적 용법

① the + 형용사 = ~한 사람들

The rich are not always happy. (the rich = rich people)

She is trying to help the unemployed to find work.

Nemesis represents the righteous anger of the gods, particularly towards the proud and insolent. (네메시스는 신들의 정의의 분노, 특히 거만한 자들과 불손한 자들을 향한 분노를 대표한다.)

② 형용사가 the와 함께 쓰여 추상명사로 기능할 때가 있다.

The beautiful does not always go hand in hand with the good.

[미(美)가 항상 선(善)을 동반하는 것은 아니다.]

4 목적어를 취하는 형용사 – like, near, worth

This portrait is very like my uncle.

The white mulberry tree stood near a cool spring.

I should want to see the people whose kindness have made my life worth living. (나는 내 삶을 살 만한 가치가 있게끔 친절함을 베풀어주신 분들을 보고 싶습니다.)

---

2 수량형용사

1 many

수를 나타낸다.

a great number of = a good number of = a large number of = a host of.

A loaf of bread is better than the song of many birds. (빵 한 조각이 새들의 아름다운 노래보다 낫다. – 격언)

• like so many 그처럼 많은 : Thousands of soldiers gathered like so many ants.

• too many 너무 많은 : Too many cooks spoil the broth.

cf. many + a + 단수명사 → 단수로 취급함에 유의
　　Many a child seems stupid because his parents and teachers are too impatient or too busy to care what he is really interested in. (많은 아이들이 바보처럼 보이는데, 이는 부모님들과 선생님들이 너무 조급하거나 너무 바빠 아이가 진정 흥미를 갖고 있는 것을 돌보지 못하기 때문이다. – 헬렌 켈러)

2　much
양을 나타낸다

a large amount of = a large quantity of = a good deal of = a great deal of
The queen's room contained a good deal of furniture. (furniture는 양으로 취급)
• as much ~만큼
　We took twice as much trouble as was necessary. (필요의 두 배 되는 수고)
• as much as to say ~라고 말하는 것처럼
　The birds were singing as much as to say "hello".
• he is not so much a farmer as a teacher. (그는 농부라기보다는 선생이다.)
　　= He is not a farmer so much as a teacher.
　　= He is a teacher rather than a farmer.

cf. 수, 량에 공통적으로 쓰이는 표현
　　• plenty of, a lot of, lots of : 많은
　　　My life has been happy because I have had wonderful friends and plenty of(= a lot of = lots of) interesting work to do.

3　few(수), little(량)
few = 적은(부정) : She has few friends. (그녀는 친구가 거의 없다.)
a few = 꽤(긍정) : He has a few friends. (그는 꽤 친구가 있다.)
not a few = many : Not a few people saw the accident. (목격자들이 많다.)
little = 조금(부정) : Susan has little money. (수잔은 돈이 거의 없다.)
a little = 꽤(긍정) : He has a little money. (그는 꽤 돈을 갖고 있다.)
not a little = much : He has not a little money. (그는 돈이 많다.)

cf. little better than = no better than (다름없다)
　　He is little better than a begger.
　　Books are no better than woods without being opened always.
　　(책은 늘 펴보지 않으면 나무 조각과 다름없다. – 격언)

프라고나르(Fragonard,Jean Honore)의
〈책 읽는 소녀〉. 1776년 작품.

3 기수(基數), 서수(序數), 배수(倍數), 분수(分數)

1 기 수
one, two, three, four, five …
$ 3,412 = three thousand four hundred and twelve dollars ： hundred 다음에는 and를 넣는다.
World War Ⅱ = World War two = the second World War

2 서 수
first, second, third, fourth, fifth, sixth, seventh, eighth, ninth, tenth, eleventh, twelfth …
서수사 앞에는 the를 붙인다. Washington is the first president of the U.S.
George Ⅲ = George the Third

3 배 수
Suwon is twice as large as this city = Suwon is twice the size of this city.(量)
Tom has three times as many books as Betty has. = Tom has three times the number of books that Betty has.(數)

4 분 수
분자는 기수로, 분모는 서수로 읽는다.
1/2 = a half, 1/5 = a fifth, 2/5 = two fifths, 3/4 = three fourths.

PERSEPHONE
페르세포네

* mega(100만)보다 1000배 더 큰 단위는 giga(10억)이며 역시 giant와 어원이 같다.

When Zeus and his brothers had defeated the Titans and banished them to Tartarus, a new enemy rose up against the gods. They were the Giants. Some of them had a hundred arms, others breathed out fire. They were finally subdued and buried alive under Mount Aetna, where they still sometimes struggle to get loose, and shake the whole island with earthquakes. Their breath comes up through the mountain, and is what men call the eruption of the volcano.

제우스와 그의 형제들이 타이탄 족을 격파하여 그들을 타르타로스로 쫓아버리자, 새로운 적이 신들에게 반항하여 일어섰다. 그들은 거인 족이었다. 그들 가운데 어떤 자는 백 개의 팔을 가지고 있었고, 어떤 자는 불을 내뿜었다. 그들은 마침내 정복되어 아이트나 산 밑에 산 채로 매장되었는데, 그들은 아직도 때때로 그곳에서 빠져나오려고 애쓰고 있으며, 섬 전체에 지진을 일으키고 있다. 그들의 숨결은 산을 뚫고 나오며, 이것이 소위 화산의 분출이라고 불리는 것이다.

The fall of these monsters shook the earth, so that Hardes was alarmed, and feared that his kingdom would be laid open to the light of day. Under this apprehension, he mounted his chariot, drawn by black horses, and took a circuit of inspection to satisfy himself of the extent of the damage. While he was thus engaged, Aphrodite, who was sitting on Mount Eryx playing with her boy Eros, found him, and said, "My son, take your darts with which you conquer all, even Zeus himself, and send one into the breast of dark monarch, who rules the realm of Tartarus. Why should he alone escape? Seize the opportunity to extend your empire and mine. Do you not see that even in heaven some despise our power? Athena the wise, and Artemis the huntress, defy us; and there is that daughter of Demeter, who threatens to follow their example. Now do you, if you have any regard for your own interest or mine, join these two in one." The boy unbound his quiver, and selected his sharpest and truest arrow; then straining the bow against his knee, he attached the string, and, having made ready, shot the arrow with its barbed point right into the heart of Hardes.

이 괴물들이 떨어질 때 지구가 흔들려 하데스가 놀랐다. 그는 그의 왕국이 햇빛에 드러나게 되는 것을 걱

threaten[θrétn] vi.vt. 위협하다, 협박하다, 임박하다, 할 듯하다
It threatens to rain 비가 곧 내릴 듯하다
barb[bɑːrb] n. 미늘, 가시 vt. 가시를 달다

베르니니(Bernini,Gian Lorenzo)作 〈하데스와 페르세포네〉. 1622년경 작품.

정했다. 이런 생각에 그는 검은 말들이 끄는 전차를 타고 피해규모를 확인하고자 순회시찰을 나섰다. 그가 이와 같이 지상에 모습을 드러내자, 에릭스 산에서 아들 에로스와 장난치며 앉아있던 아프로디테가 그를 발견하고 말했다. "아들아, 제우스조차 정복할 수 있는 너의 화살을 들어, 어둠의 군주이자 타르타로스의 지배자인 저 어둠의 제왕의 가슴을 향해 쏘아보렴. 왜 그 자 하나만 내버려두었더냐? 너와 나의 왕국을 넓힐 수 있는 기회를 잡아보자꾸나. 천상에서조차 우리의 권위를 깔보는 자를 보지 못했냐? 지혜의 여신 아테나와 사냥의 여신 아르테미스가 우리를 무시하더니 이젠 데메테르의 딸년이 그 여신들을 따를 모양이더구나. 나나 너의 이익을 생각한다면 이들 둘을 하나로 묶어보렴." 에로스는 그의 화살 통을 풀어 가장 날카롭고 곧은 화살을 골랐다. 에로스는 활을 무릎에 대고 잡아당겨 활줄을 끼웠다. 모든 준비가 되자 에로스는 하데스의 심장을 똑바로 향해 미늘이 돋친 화살을 쏘았다.

embower[imbáuər] vt. 가리다, 숨기다
fervid[fɔ́:rvid] a. 타오르는 듯한, 열정적인
ravish[rǽviʃ] vt. 황홀하게 하다, 강탈하다

In the valley of Enna there is a lake embowered in woods, which screen it from the fervid rays of the sun, while the moist ground is covered with flowers, and Spring reigns perpetual. Here Persephone was playing with her companions, gathering lilies and violets, and filling her basket and her apron with them, when Hardes saw her, loved her, and carried her off. She screamed for help to her mother and companions; and when in her fright she dropped the corners of her apron and let the flowers fall, childlike she felt the loss of them as an addition to her grief. The ravisher urged on his steeds, calling them each by name, and throwing loose over their heads and necks his iron-colored reins. When he reached the River Styx, and it opposed his passage, he struck the river-bank with his trident, and the earth opened and gave him a passage to Tartarus.

엔나의 골짜기에는 숲으로 가려진 호수가 있었다. 숲은 태양의 강렬한 광선으로부터 호수를 가리웠고, 촉촉한 땅에는 꽃들이 만발해 언제나 봄이 지배하는 곳이었다. 여기서 페르세포네가 백합과 제비꽃들을 바구니랑 앞치마에 담으며 친구들과 놀고 있었는데 하데스가 그녀를 본 것이다. 사랑에 빠진 하데스는 그녀를 납치해 버렸다. 페르세포네는 어머니와 친구들을 부르며 도와달라고 외쳤다. 그녀는 놀란 나머지 앞치마 자락을 놓쳐 꽃들을 떨어뜨렸다. 어린 마음에 그녀는 잃어버린 꽃들을 아쉬워하며 더욱 슬퍼했다. 약탈자는 말들의 이름을 하나하나 부르며 머리와 목에 쇠로 빛나는 고삐를 풀며 재촉했다. 마침내 스틱스 강에 이르러 강물이 그를 가로막게 되자, 그는 삼지창을 들어 강둑을 쳤다. 그러자 땅이 갈라지며 타르타로스로 가는 길이 열렸다.

페르세포네는 하데스가 건네 준 석류를 먹음으로써 완전히 구출될 수 없었다. 단테 가브리엘 로세티(Rossetti, Dante Gabriel 1828~1882)의 〈페르세포네〉. 런던 테이트 갤러리 소장.

Demeter sought her daughter all the world over. Bright-haired Eos, when she came forth in the morning, and Helios when he led out the stars in the evening, found her still busy in the search. But it was all unavailing. At length, weary and sad, she sat down upon a stone, and continued sitting nine days and nights, in the open air, under the

acorn [éikɔːrn] n. 도토리
blackberry [blǽkbèri] n. 검은 딸기

〈페르세포네의 납치〉. 이탈리아의 화가 니콜로 델라바테(Nicolo dell Abate 1509 ~1557)의 작품. 파리 루브르 박물관 소장. 그림 하단의 물항아리를 안고 있는 님프는 훗날 데메테르에게 자기가 목격한 사실을 들려준다.

sunlight and moonlight and falling showers. It was where now stands the city of Eleusis, then the home of an old man named Celeus. He was out on the field, gathering acorns and blackberries, and sticks for his fire.

데메테르는 딸을 찾아 온 세상을 헤매고 다녔다. 금발의 여신 에

오스(새벽의 여신)가 모습을 드러내는 아침에도, 태양신이 별들을 끌어내는 저녁에도, 그녀는 딸을 찾아 헤매고 있었다. 하지만 아무런 소용이 없었다. 마침내 슬픔에 지친 그녀는 아흐레 밤낮으로 노천(露天)에서 그저 태양 아래, 달빛 아래 비를 맞아가며 바위 위에 꼼짝 않고 앉아있었다. 그곳은 지금 엘레우시스라는 도시가 들어선 곳인데 그때는 켈레오스라는 노인의 집이 있던 곳이었다. 노인은 들에 나가 도토리와 검은 딸기, 그리고 땔감을 모으느라 집에 없었다.

His little girl was driving home their two goats, and as she passed the goddess, who appeared in the guise of an old woman, she said to her, "Mother,"- and the name was sweet to the ears of Demeter,—"why do you sit here alone upon the rocks?" The old man also stopped, though his load was heavy, and begged her to come into his cottage, such as it was. She declined, and he urged her. "Go in peace," she replied, "and be happy in your daughter; I have lost mine." As she spoke, tears—or something like tears, for the gods never weep- fell down her cheeks upon her bosom. The compassionate old man and his child wept with her. Then said he, "Come with us, and despise not our humble roof; so may your daughter be restored to you in safety." "Lead on," said she, "I cannot resist that appeal!" So she rose from the stone and went with them.

cottage[kátidʒ] n. 작은 집, 오두막
compassionate[kəmpǽʃənit] a. 인정 많은, 동정심 깊은

그의 어린 딸이 두 마리의 염소를 몰며 집으로 오고 있을 때 늙은 여인으로 변신해있던 여신을 지나치게 되었다. 소녀는 "엄마"하고 말했는데 이 말이 데메테르의 귀에 다정하게 들리는 것이었다. "왜 여기

바위 위에 외롭게 앉아 계시나요?" 노인도 짐이 무거웠지만 발길을 멈추고는 그녀더러 오두막이나마 들어오라고 청했다. 그녀는 머리를 가로 저었지만 노인은 계속해서 재촉했다. 그녀는 대답했다. "그냥 가세요. 딸이 있어 행복하겠군요. 나는 딸을 잃어버렸답니다" 그녀가 말할 때 눈물 혹은 눈물 비슷한 무엇인가가―신들은 결코 우는 법이 없기 때문에―뺨을 타고 흘러내려 가슴에 떨어졌다. 동정심 많은 노인과 딸아이는 함께 울었다. 이윽고 노인이 말했다. "누추한 집이지만 탓하지 마시고 같이 가십시다. 따님은 무사히 당신에게 돌아올 겁니다". 마침내 그녀가 대답했다. "안내하시지요. 청을 거스를 수 없군요." 그녀는 바위에서 일어나 그들을 따라 갔다.

As they walked he told her that his only son, a little boy, lay very sick, feverish, and sleepless. She stooped and gathered some poppies. As they entered the cottage, they found all in great distress, for the boy seemed past hope of recovery. Metanira, his mother, received her kindly, and the goddess stooped and kissed the lips of the sick child. Instantly the paleness left his face, and healthy vigor returned to his body. The whole family were delighted―that is, the father, mother, and little girl, for they were all; they had no servants. They spread the table, and put upon it curds and cream, apples, and honey in the comb. While they ate, Demeter mingled poppy juice in the milk of the boy.

걸어가면서 노인은 자기의 어린 외아들이 중병에 걸려 열이 심해 잠을 제대로 못 이루고 있다고 말했다. 여신은 허리를 구부리고 양귀비를 땄다. 일행이 오두막집에 들어가 보니, 아이가 회복할 가망조차 없는 듯해 온 집안이 근심에 잠기게 되었다. 아이의 어머니 메타니라는 노파로 변신한 여신을 따뜻이 맞았다. 여신은 허리를 구부리고, 앓는 아이에게 입맞춤을 했다. 그러자 즉시 창백함이 가시고, 원기가 아이에게 되돌아왔다. 아버지와 어머니, 그리고 어린 딸이 전부였지만 온 가족이 기뻐했다. 이 집안에는 하인이 한 사람도 없었기 때문이었다. 그들은 식탁을 차리고 요 구르트와 크림과 사과와 벌집에 든 꿀을 놓았 다. 사람들이 밥을 먹을 때 데메테르는 소년 의 우유에다 양귀비의 즙을 섞었다.

When night came and all was still, she arose, and taking the sleeping boy, moulded his limbs with her hands, and uttered over him three times a solemn charm, then went and laid him in the ashes. His mother, who had been watching what her guest was doing, sprang forward with a cry and snatched the child from the fire. Then Demeter assumed her own form, and a divine splendor shone all around. While they were overcome with astonishment, she said, "Mother, you have been cruel in your fondness to your son. I would have made him immortal, but

〈크니도스의 데메테르〉. B.C.340년경 대리석 제작. 높이 147cm. 런던 대영박물관 소장.

you have frustrated my attempt. Nevertheless, he shall be great and useful. He shall teach men the use of the plough, and the rewards which labor can win from the cultivated soil." So saying, she wrapped a cloud about her, and mounting her chariot rode away.

밤이 되어 온 집안 사람들이 잠들었을 때, 여신은 일어나서 잠자는 소년을 안고 손으로 소년의 사지를 주물렀다. 그리고 소년에게 세 번 엄숙히 주문을 외고는, 화로에 다가가 그를 재 속에 뉘었다. 이제까지 손님이 하는 짓을 보고 있던 어머니는 소리를 지르며 뛰어나와 소년을 불 속에서 끄집어냈다. 그러자 데메테르는 원래의 모습으로 돌아가 신성한 광채로 주위를 밝혔다. 그들이 놀라 어찌할 바를 모를 때 여신이 말했다. "아들에 대한 어머니로서의 그대의 애정이 지나쳤구나. 나는 그대의 아들을 불사의 몸으로 만들려고 했는데 그대는 모든 일을 망쳐 버렸다. 허나 그는 훌륭하고 쓰임새 많은 인물이 될 것이야. 그는 사람들에게 쟁기를 사용하는 법과, 경작지에서 노동이 얻게 되는 보답을 가르쳐 줄 것이다." 이렇게 말하면서 여신은 구름에 몸을 감싼 채 이륜차에 올라 그곳을 떠나 버렸다.

Demeter continued her search for her daughter, passing from land to land, and across seas and rivers, till at length she returned to Sicily, where she at first set out, and stood by the banks of the River Styx, where Hardes made himself a passage with his prize to his own dominions. The river nymph would have told the goddess all she had witnessed, but dared not, for fear of Hardes; so she only ventured to take up the girdle which Persephone had dropped in her flight, and waft it to the feet of the mother. Demeter, seeing this, was no longer in doubt of her loss, but she did not yet know the cause, and laid the blame on the innocent land. "Ungrateful soil," said she, "which I have endowed with fertility and clothed with herbage and nourishing grain, no more shall you enjoy my favors." Then the cattle died, the plough broke in the furrow, the seed failed to come up; there was too much sun, there was too much rain; the birds stole the seeds- thistles and brambles were the only growth. Seeing this, the fountain Arethusa interceded for the land.

레이턴경(Leighton, Lord Frederic)의 〈페르세포네의 귀환, Return of Persephone〉. 1891년 작품.

데메테르는 딸을 찾아 하염없이 이 땅에서 저 땅으로, 바다와 강을 건너 헤매다가, 마침내 그녀가 출발한 시실리 섬으로 돌아왔다. 그녀는 스틱스 강둑에 서 있었다. 이곳은 하데스가 노획물을 갖고 자기의 영토로 달아나는 길을 연 곳이었다. 강의 님프는 여신에게 자기가 목격한 사실을 들려 줄 뻔했지만, 하데스를 두려워한 나머지 감히 어쩌지는 못하고 단지 페르세포네가 도망칠 때 떨어뜨린 허리띠를 들어 바람에 나부끼게 하여 어머니의 발 밑으로 가게 했다. 그것을 본 데메테르는 이제는 틀림없이 딸이 죽었다고 확신하고, 아직 그 이유를 몰랐기 때문에 죄도 없는 대지(大地)에게 분노를 돌렸다. 그녀는 말했다. "배은망덕한 흙이여, 나는 너를 비옥하게 하고 풀과 풍성한 곡식으로 덮어 주었다. 하지만 이제는 나의 호의를 얻지 못하리라." 그러자 가축은 죽어버렸고, 쟁기는 밭고랑에서 부러지고, 종자는 싹트지 못했다. 심한 가뭄이 들고, 엄청난 장마가 졌다. 새는 종자를 훔쳐먹었고, 오직 엉겅퀴와 가시덤불만이 자라났다. 이 광경을 본 샘의 님프 아레투사가 대지를 위해 중재에 나섰다.

stupefy[stjú:pəfài] vt. 마비시키다, 멍하게 하다
bereave[birí:v] vt. 빼앗아가다, 잃게 하다
restitute[réstətjù:t] vi.vt. 반환하다, 회복하다
wily[wáili] a. 꾀 많은, 교활한
pomegranate[páməgrænit] n. 석류열매

"Goddess," said she, "blame not the land; it opened unwillingly to yield a passage to your daughter. I saw your Persephone. She was sad, but no longer showing alarm in her countenance. Her look was such as became a queen—the queen of Erebus; the powerful bride of the monarch of the realms of the dead." When Demeter heard this, she stood for a while like one stupefied; then turned her chariot towards heaven, and hastened to present herself before the throne of Zeus. She told the story of her bereavement, and implored Zeus to interfere to procure the restitution of her daughter. Zeus consented on one condition, namely, that Persephone should not during her stay in the lower world have taken any food; otherwise, the Fates forbade her release. Accordingly, Hermes was sent, accompanied by Spring, to demand Persephone of Hardes. The wily monarch consented; but, alas! the maiden had taken a pomegranate which Hardes offered her, and had sucked the sweet pulp from a few of the seeds. This was enough to prevent her complete release; but a compromise was made, by which she was to pass half the time with her mother, and the rest with her husband Hardes.

대지와 곡물의 여신 데메테르와 페르세포네 사이에 서 있는 트립톨레모스(Triptolemus '세 번 밭을 가는 자'란 뜻). 페이디아스의 B.C.5세기 작품. 엘레우시스 출토. 아테네 국립 고대박물관 소장.

　"여신이여, 대지를 탓하지 마십시오. 대지는 마지 못해 따님에게 통로를 열어 주었을 뿐입니다. 나는 따 님 페르세포네를 보았습니다. 따님은 슬퍼했지만 놀란 모습은 보이지 않았습니다. 따님은 마치 에레보스의 여왕, 즉 죽은 자들의 나라를 지배하는 왕의 신부처럼 보였습니다." 데메테르는 이 말을 듣고 한동안 얼빠진 사람처럼 멍하니 서 있었으나 곧 이륜차를 하늘로 돌 려 제우스의 옥좌 앞으로 달려 나아갔다. 데메테르는 딸을 빼앗긴 사연을 말하고, 제우스신이 나서 딸을 되 찾게 해 달라고 애원하였다. 제우스는 조건을 달아 승 낙했다. 즉 페르세포네가 지하세계에 머무는 동안에 아무 것도 먹지 말아야 한다는 것이었다. 그렇지 않으면 운명의 여신이 그녀의 구원 을 가로막을 것이기 때문이었다. 이에 따라 헤르메스가 봄의 여신을 대동하고 파견되어 하데스에게 페르세포네의 반환을 요구하였다. 교 활한 군주는 승낙하였다. 그러나 애석하게도 처녀는 이미 하데스가 준 석류열매를 받아 그 씨에 붙은 맛있는 과일 살을 먹은 것이었다. 이로써 그녀는 완전히 구출될 수 없었다. 그 대신 타협이 이루어져 일 년 가운데 반은 어머니와 지내고, 나머지 반은 남편 하데스와 지내게 되었다.

Demeter allowed herself to be pacified with this arrangement, and restored the earth to her favor. Now she remembered Celeus and his family, and her promise to his infant son Triptolemus. When the boy grew up, she taught him the use of the plough, and how to sow the seed. She took him in her chariot, drawn by winged dragons, through all the countries of the earth, imparting to mankind valuable grains, and the knowledge of agriculture. After his return, Triptolemus built a magnificent temple to Demeter in Eleusis, and established the worship of the goddess, under the name of the Eleusinian mysteries, which, in the splendour and solemnity of their observance, surpassed all other religious celebrations among the Greeks.

데메테르는 이 같은 조정에 스스로를 달래고 대지에게 이전과 같은 은총을 베풀었다. 이때 데메테르는 켈레오스와 그 가족을 기억하고, 그의 어린 아들 트립톨레모스에게 한 약속을 떠올렸다. 데메테르는 소년이 성장하였을 때 쟁기의 사용법과 씨뿌리는 법을 가르쳐 주었다. 그녀는 날개 달린 용이 끄는 자신의 이륜차에 그를 태워 지상의 모든 나라를 돌아다니며, 인류에게 유용한 곡식과 농업의 지식을 전수해 주었다. 여행에서 돌아온 후 트립톨레모스는 엘레우시스 땅에 데메테르를 위하여 큰 신전을 세우고 엘레우시스의 비밀이라는 이름으로 데메테르 여신을 숭배하기 시작했다. 그것은 예배의 장려함과 숙연함에 있어 그리스인들 가운데 다른 모든 종교 의식을 능가했다.

PYGMALION
피그말리온

P ygmalion saw so much to blame in women that he came
at last to abhor the sex, and resolved to live unmarried.
He was a sculptor, and had made with wonderful skill a

19세기 영국화가 번 존스의 4부작 〈피그말
리온과 길라테이아〉 중 첫 번째 작품 〔마음
이 원하다〕와 두 번째 작품 〔손을 거두다〕.
버밍엄 미술관 소장.

statue of ivory, so beautiful that no living woman came anywhere near it. It was indeed the perfect semblance of a maiden that seemed to be alive, and only prevented from moving by modesty. His art was so perfect that it concealed itself and its product looked like the workmanship of nature. Pygmalion admired his own work, and at last fell in love with the counterfeit creation.

피그말리온은 여자에게서 결점을 너무도 많이 보았기 때문에 마침내 성(性)을 혐오하게 되어 평생 독신으로 지내기로 결심하였다. 그는 조각가였기 때문에 훌륭한 솜씨를 발휘해 상아로 만든 상을 조각하였는데 그 아름다움은 살아있는 여자보다 더 한 것이었다. 완벽한 겉모양은 살아 있는 처녀의 모습 그 자체였으며, 단지 수줍음 때문에 움직이지 않고 있는 것처럼 보일 따름이었다. 그의 기술이 워낙 완벽했기 때문에 그 작품은 마치 인공물이 아니라 자연이 만든 것처럼 보였다. 피그말리온은 자기의 작품에 감탄한 나머지, 마침내 그의 손으로 만든 여인상과 사랑에 빠지게 되었다.

caress[kərés] *n.* 애무 *vt.* 애무하다, 쓰다듬다
attire[ətáiər] *vt.* 차려 입히다, 성장(盛裝)시키다

Oftentimes he laid his hand upon it as if to assure himself whether it were living or not, and could not even then believe that it was only ivory. He caressed it, and gave it presents such as young girls love,—bright shells and polished stones, little birds and flowers of various hues, beads and amber. He put clothes on its limbs, and jewels on its fingers, and a necklace about its neck. To the ears he hung earrings, and strings of pearls upon the breast. Her dress became her, and she looked not less charming than when unattired. He laid her on a couch spread with cloths of Tyrian dye, and called her his wife, and put her head upon a pillow of the softest feathers, as if she could enjoy their softness.

종종 그는 작품이 살아 있는 것은 아닌가 확인하려는 듯, 손을 조각 위에 대보았다. 단순한 상아에 불과한 것이라고는 믿어지지 않았다. 그는 그것을 쓰다듬으며 어린 소녀가 좋아할 만한 것들, 즉 반짝이는 조개껍데기, 빛나는 돌멩이, 조그만 새, 형형색색의 꽃들, 구슬과 호박 등을 선물로 주었다. 그는 조각상에 옷을 입히고, 손가락엔 보석을 끼우고, 목에는 목걸이를 걸어 주었다. 귀에는 귀걸이를 달아 주고, 가슴에는 진주를 달아 주었다. 옷은 잘 어울렸으며, 옷을 입은 맵시는 입지 않았을 때에 못지 않게 매력이 있었다. 그는 그녀를 티로스 지방의 염료로 물들인 천이 깔린 안락의자 위에 뉘이고는 아내라

4부작〈피그말리온과 갈라테이아〉중 세 번째 작품〈신이 빛을 비추다〉와 네 번째 작품〈영혼을 얻다〉. 에드워드 콜리 번 존스(Edward Coley Burne Jones 1833 ~ 1898)는 영국 버밍엄에서 출생하였다. 1856년 로세티(Rossetti)를 만난 뒤 런던에 정착하여 그림을 그렸다. 옥스퍼드 대학 시절의 친구인 윌리엄 모리스가 경영하는 상점에서 스테인드글라스와 모자이크 등을 디자인하며 중세미술을 부활시키려 했으며 또한 모리스의 출판사에서 일러스트 작업도 하였다.

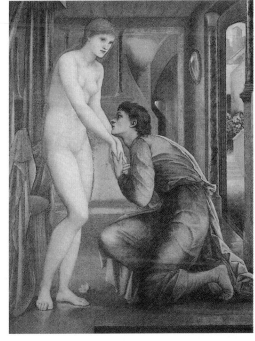

고 불렀다. 그리고는 마치 그녀가 보드라움을 즐길 수 있다는 듯, 그녀의 머리를 가장 보드라운 깃털로 만든 베개 위에 뉘었다.

The festival of Aphrodite was at hand—a festival celebrated with great pomp at Cyprus. Victims were offered, the altars smoked, and the odor of incense filled the air. When Pygmalion had performed his part in the solemnities, he stood before the altar and timidly said, "You gods, who can do all things, give me, I pray you, for my wife"—he dared not say "my ivory virgin," but said instead—"one like my ivory virgin." Aphrodite, who was present at

프랑소아 부셰(Francois Boucher)의 〈피그말리온과 갈라테이아〉. 미의 여신 아프로디테가 피그말리온의 소원을 들어주고 있다. 1767년 작품.

the festival, heard him and knew the thought he would have uttered; and as an omen of her favor, caused the flame on the altar to shoot up three times in a fiery point into the air. When he returned home, he went to see his statue, and leaning over the couch, gave a kiss to the mouth. It seemed to be warm.

아프로디테의 제전이 가까워졌다. 이 제전은 키프로스 섬에서 화려하게 열렸다. 제물이 바쳐지고 제단에 연기가 올라 향내는 공중에 그득했다. 피그말리온은 제전에서 자기의 임무를 마치고 난 뒤에 제단 앞에 서서 머뭇거리며 말했다. "전능하신 신들이여, 원컨대 나에게 아내를 주시옵소서." 그는 "나의 상아 처녀"라는 말은 감히 하지 못하고 "나의 상아처녀와 같은" 이란 말로 대신하였다. 제전에 나와 있던 아프로디테는 그의 말을 듣고 그가 말하려는 뜻을 알았다. 그리고 은총의 전조(前兆)로 제단에서 타오르고 있는 불꽃을 세 번 공중에 솟구쳐 오르게 했다. 그는 집으로 돌아와 조각상을 보러 갔다. 그는 소파에 기대어 조각에 입을 맞추었다. 마치 온기가 도는 듯했다.

He pressed its lips again, he laid his hand upon the limbs; the ivory felt soft to his touch and yielded to his fingers like the wax of Hymettus. While he stands astonished and glad, though doubting, and fears he may be mistaken, again and again with a lover's ardor he touches the object of his hopes. It was indeed alive! The veins when pressed yielded to the finger and again resumed their roundness. Then at last the votary of Aphrodite found words to thank the goddess, and pressed his lips upon lips as real as his own. The virgin felt the kisses and blushed, and opening her timid eyes to the light, fixed them at the same moment on her lover. Aphrodite blessed the weddings she had formed, and from this union Paphos was born, from whom the city, sacred to

Aphrodite, received its name.

그는 다시 조각의 입술에 입을 맞추고 그 팔다리에 손을 대었다. 그 상아는 그의 손에 부드럽게 느껴졌다. 그가 손가락으로 눌러 보니 히메토스 지역에서 나는 밀랍처럼 푹 들어갔다. 피그말리온은 놀랍기도 하고 기쁘기도 했다. 혹시 착각하는 것은 아닐까 하는 근심과 의심이 들어 열정적으로 몇 번이나 그가 갈망하던 대상을 만져봤다. 그것은 정말 살아 있었다! 혈관은 손가락으로 누르면 들어갔다가 손을 떼면 다시 원상태로 돌아왔다. 이제야 비로소 아프로디테의 숭배자는 여신에게 감사의 말을 올리고, 자기의 입술처럼 진짜 사람인 처녀의 입술에 입을 맞췄다. 처녀는 키스를 느끼자 얼굴을 붉히고 수줍은 듯이 눈을 떠 애인을 응시했다. 아프로디테는 자기가 맺어준 결혼을 축복했다. 그리고 이 결합으로부터 파포스가 태어났는데, 그의 이름을 따서 파포스라는 도시가 아프로디테에게 바쳐졌다.

DRYOPE
드리오페

garland[gáːrlənd] n. 화환, 꽃고리
stem[stem] n. 줄기, 대

Dryope and Iole were sisters. The former was the wife of Andraemon, beloved by her husband, and happy in the birth of her first child. One day the sisters strolled to the bank of a stream that sloped gradually down to the water's edge, while the upland was overgrown with myrtles. They were intending to gather flowers for forming garlands for the altars of the nymphs, and Dryope carried her child at her bosom, precious burden, and nursed him as she walked. Near the water grew a lotus plant, full of purple flowers. Dryope gathered some and offered them to the baby, and Iole was about to do the same, when she perceived blood dropping from the places where her sister had broken them off the stem. The plant was no other than the nymph Lotis, who, running from a pursuer, had been changed into this form. This they learned from the country people when it was too late.

드리오페와 이올레는 자매였다. 드리오페는 안드라이몬의 아내였다. 그녀는 남편에게 사랑을 받고 지냈으며, 첫 아이를 낳아 행복하게 살고 있었다. 어느 날 자매는 강둑을 거닐고 있었다. 강둑은 물가에 이르기까지 완만한 경사를 이루고 있었고 그 위에는 은매화가 우거져 있었다. 그들은 님프의 제단에 올릴 화환을 만들기 위해 꽃들을 따 모으려 했다. 드리오페는 그녀의 아이를 귀한 짐인 마냥 가슴에 안고 젖을 먹이며 걸어갔다. 물가에는 자줏빛 연꽃들이 활짝 피어 있었다. 드리오페는 꽃을 몇 송이 따서 아기에게 주었고, 이올레도 그렇게 하려고 하였다. 그때 언니가 줄기를 꺾은 자리에서 피가 뚝뚝 떨어지는 것을 발견했다. 이 식물은 다름이 아니라 추적자를 피해 달아나다가 변신한 님프 로티스였다. 그들이 이 사실을 마을 사람들로부터 들었을 때는 이미 늦었다.

Dryope, horror-struck when she perceived what she had done, would gladly have hastened from the spot, but found her feet rooted to the ground. She tried to pull them away, but moved nothing but her upper limbs. The woodiness crept upward and by degrees invested her body. In anguish she attempted to tear her hair, but found her hands filled with leaves. The infant felt his mother's bosom begin to harden, and the milk cease to flow. Iole looked on at the sad fate of her sister, and could render no assistance. She embraced the growing trunk, as if she would hold back the advancing wood, and would gladly have been enveloped in the same bark. At this moment Andraemon, the husband of Dryope, with her father, approached; and when they asked for Dryope, Iole pointed them to the new-formed lotus. They embraced the trunk of the yet warm tree, and showered their kisses on its leaves.

드리오페는 자기가 무슨 짓을 했는지를 깨닫자 공포를 느끼고 그 장소에서 빨리 달아나려 했지만 발이 땅에 뿌리박힌 것을 깨달았다. 그녀는 발을 당겨 빼려 했

〈아폴론과 다프네〉. 폴라이올로(Pollaiolo,Antonio del)의 작품. 고대 그리스인들은 나무나 꽃 역시 인간과 마찬가지의 생명과 기원을 지니고 있다고 믿었다. 아폴론을 피해 다프네가 변신한 것이 월계수였고, 아도니스는 아네모네로, 나르키소스는 수선화로 각각 변신하였다.

지만 상체만 허우적거릴 따름이었다. 아래로부터 점차 그녀의 몸은 나무로 변해갔다. 절망에 빠진 그녀는 머리카락을 쥐어뜯으려 했지만 손에는 나뭇잎만 가득했다. 아기는 엄마의 가슴이 딱딱해지고 젖이 나오지 않는 것을 알아챘다. 이올레는 언니의 슬픈 운명을 바라만 볼 뿐 어떻게 도와줄 수가 없었다. 그녀는 나무의 성장을 억제하려는 듯이, 또한 차라리 같은 나무껍질로 함께 뒤덮이기를 바래는 듯이, 계속 자라나는 나무의 둥치를 껴안았다. 이때 드리오페의 남편인 안드라이몬이 장인과 함께 달려왔다. 그들이 드리오페는 어디 갔느냐고 묻자, 이올레는 새로 생긴 연꽃을 가리켰다. 그들은 아직 온기가 남아 있는 나무 둥치를 포옹하며 그 잎에 수없이 입을 맞추었다.

Now there was nothing left of Dryope but her face. Her tears still flowed and fell on her leaves, and while she could she spoke. "I am not guilty. I deserve not this fate. I have injured no one. If I speak falsely, may my foliage perish with drought and my trunk be cut down and burned. Take this infant and give it to a nurse. Let it often be brought and nursed under my branches, and play in my shade; and when he is old enough to talk, let him be taught to call me mother, and to say with sadness, 'My mother lies hid under this bark.' But bid him be careful of river banks, and beware that he picks flowers, remembering that every bush he sees may be a goddess in disguise. Farewell, dear husband, and sister, and father. If you retain any love for me, let not the axe wound me, nor the flocks bite and tear my branches. Since I cannot stoop to you, climb up here and kiss me; and while my lips continue to feel, lift up my child that I may kiss him. I can speak no more, for already the bark advances up my neck, and will soon shoot over me. You need not close my eyes, the bark will close them without your aid." Then the lips ceased to move, and life was extinct: but the branches retained for some time longer the vital heat.

이윽고 드리오페의 몸은 완전히 변해버려 얼굴만이 남았다. 눈물이 흘러 잎새 위에 떨어졌다. 아직 그녀가 말할 수 있을 때 다음과 같은 말을 남겼다. "저는 죄가 없습니다. 이런 운명은 제게 너무나 가혹합니다. 나는 누구에게도 해를 끼친 일이 없습니다. 제 말이 거짓이라면 제 잎이 가뭄에 말라 버리고, 둥치가 잘려서 불 속에 들어가도 좋습니다. 이 아기를 데리고 가서 유모에게 맡기세요. 아기를 종종 이곳으로 데리고 와서 제 가지 밑에서 젖을 먹이고, 제 그늘 속에서 놀게 해 주세요. 그리고 아기가 자라서 말을 할 수 있게 되거든, 저를 어머니라고 부르도록 가르쳐 주세요. 그리고 "나의 어머니는 이 나무 껍질 속에 숨겨져 있다"라고 슬피 말하게 해 주세요. 강둑 길을 주의하고, 모든 덤불을 볼 때 여신이 변신한 것일지 모른다는 것을 기억해, 꽃을 꺾지 않도록 조심시켜 주세요. 나의 사랑하는 남편 안드라이몬, 동생 이올레, 그리고 아버지, 안녕히 계세요. 아직도 저를 사랑하여 주신다면, 도끼가 제 몸을 다치게 하거나 짐승이나 새떼들이 제 가지를 물고 뜯고 하는 일이 없도록 해 주세요. 저는 이제 몸을 구부릴 수가 없으니, 여러분들이 여기 올라와서 제게 키스 해 주세요. 그리고 제 입술에 아직 느낌이 남아 있으니 키스를 하게끔 아기를 들어 올려 주세요. 이제는 더 말할 수 없군요. 이미 나무껍질이 목까지 올라왔으니 곧 온 몸을 덮게 될 겁니다. 저의 눈을 감겨 주실 필요도 없겠군요. 나무껍질로 눈이 감겨 질 테니까." 이윽고 그녀의 입술이 움직임을 멈추었고, 생명은 꺼지고 말았다. 그러나 가지에는 얼마 동안 체온이 남아 있었다.

APHRODITE AND ADONIS
아프로디테와 아도니스

Aphrodite, playing one day with her boy Eros, wounded her bosom with one of his arrows. She pushed him away, but the wound was deeper than she thought. Before it healed she saw Adonis, and was captivated with him. She absented herself even from heaven, for Adonis was dearer to her than heaven. Him she followed and bore him company.

어느 날 아프로디테는 아들 에로스와 놀다가 아들의 화살에 가슴이 찔렸다. 그녀는 아들을 밀쳐냈지만, 상처는 생각보다 깊었다. 상처가 채 낫기 전에 그녀는 아도니스를 보고 사랑에 빠져버렸다. 그녀는 천상에 올라가지도 않았다. 왜냐하면 천상보다도 아도니스가 그녀에게 더 소중했기 때문이었다. 그녀는 아도니스를 따라다니기도 했고 아도니스를 데리고 다니기도 했다.

She who used to love to recline in the shade, with no care but to cultivate her charms, now rambles through the woods and over the hills, dressed like the huntress Artemis; and calls her dogs, and chases hares and stags, or other game that it is safe to hunt, but keeps clear of the wolves and bears, reeking with the slaughter of the hunter. She charged Adonis, too, to beware of such dangerous animals.

〈우르비노의 비너스〉. 젊고 아름다운 아프로디테가 누워 있는 모습을 그린 이 작품은 1538년 우르비노(Urbino)공이 티치아노 (Tiziano, Vecellio)에게 주문하여 그려낸 걸작품이다.

자신의 미모를 가꾸는 데만 관심을 가지고 그늘 속에서 기대는 것을 좋아하던 아프로디테는 이제 수렵의 여신 아르테미스와 같은 옷차림으로 숲과 언덕으로 이리 저리 돌아다녔다. 그리고 자기의 개를 불러 토끼나 사슴같이 사냥하기에 안전한 사 냥감을 쫓았다. 그러나 사냥꾼을 해칠 수 있는 늑대나 곰은 멀리했다. 그녀는 아도 니스에게도 그런 위험한 동물들은 경계하도록 당부했다.

"Be brave towards the timid," said she; "courage against the courageous is not safe. Beware that you expose yourself to danger and put my happiness to risk. Attack not the beasts that Nature has armed with weapons. I do not value your glory so high as to consent to purchase it by such exposure. Your youth, and the beauty that charms

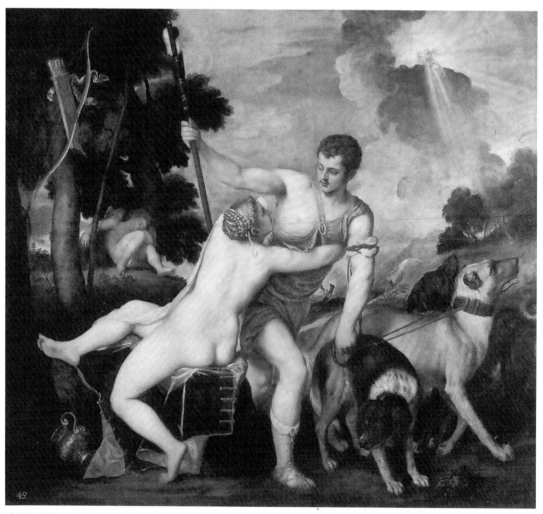

티치아노의 〈아프로디테와 아도니스〉. 1554년 작품. 떠나가는 연인을 만류하는 여신의 간절한 심경을 잘 표현하고 있다.

Aphrodite, will not touch the hearts of lions and bristly boars. Think of their terrible claws and prodigious strength! I hate the whole race of them. Do you ask me why?" Then she told him the story of Atalanta and Hippomenes, who were changed into lions for their ingratitude to her.

"조그만 동물들만 잡아야 해요. 사나운 것들에 욕심을 내면 위험하니까요. 위험에 노출되지 않도록, 나의 행복이 위험에 빠지지 않도록 조심해요. 자연이 무장시킨 야수는 공격해선 안돼요. 그처럼 노출되어 맹수들을 쫓는 것을 당신의 공훈으로 여기지 않는답니다. 나 아프로디테를 매혹시킨 당신의 젊음과 아름다움은 사자나 억센 멧돼지의 심장을 해칠 수 없어요. 놈들의 잔인한 발톱과 무지막지한 힘을 생각하세요. 나는 맹수라는 것들 모두를 끔찍이 여긴답니다. 이유를 말해 줄까요?" 아프로디테는 아탈란테와 히포메네스의 이야기를 들려줬다. 그들은 아프로디테에게 배은망덕하게 대한 벌로 사자가 되었다.

Having given him this warning, she mounted her chariot drawn by swans, and drove away through the air. But Adonis was too noble to heed such counsels. The dogs had roused a wild boar from his lair, and the youth threw his spear and wounded the animal with sidelong stroke. The beast drew out the weapon with his jaws, and rushed after Adonis, who turned and ran; but the boar overtook him, and buried his tusks in his side, and stretched him dying upon the plain. Aphrodite, in her swan-drawn chariot, had not yet reached Cyprus, when she heard coming up through mid-air the groans of her beloved, and turned her white-winged coursers back to earth.

아도니스에게 이러한 경고를 하고, 아프로디테는 백조가 끄는 이륜차를 타고 하늘로 날아갔다. 하지만 아도니스는 이와 같은 충고를 지키기에는 너무도 당당했다. 개들이 산돼지를 굴에서 몰아내자 젊은이는 창을 던져 맹수의 옆구리를 찔렀다. 놈은 아가리로 창을 빼내고 아도니스에게 돌진해왔다. 그는 뒤돌아서 달렸다. 하지만 멧돼지는 그를 덮쳐 어금니로 옆구리를 찔러 들판에 팽개쳤다. 백조가 끄는 이륜차를 타고 있던 아프로디테는 아직 키프러스 섬에 닿지 않은 상태였다. 그때 사랑하는 사람의 신음 소리가 공기를 타고 들려왔다. 그녀는 다시 백조를 지상으로 향하게 했다.

As she drew near and saw from on high his lifeless body bathed in blood, she alighted and, bending over it, beat her breast and tore her hair. Reproaching the Fates, she said, "Yet theirs shall be but a partial triumph; memorials of my grief shall endure, and the spectacle of your death, my Adonis, and of my lamentation shall be annually renewed. Your blood shall be changed into a flower; that consolation none can envy me." Thus speaking, she sprinkled nectar on the blood; and as they mingled, bubbles rose as in a pool on which raindrops fall, and in an hour's time there sprang up a flower of bloody hue like that of the pomegranate. But it is short-lived. It is said the wind blows the blossoms open, and afterwards blows the petals away; so it is called Anemone, or Wind Flower, from the cause which assists equally in its production and its decay.

가까이 다가와 피투성이가 된 아도니스의 시체를 보자 그녀는 급히 지상으로 내려 시체 위에 엎드려 가슴을 치며 머리를 뜯었다. 운명의 여신들을 원망하며 그녀는 말했다. "하지만 운명이

〈아프로디테와 헤어지는 아도니스〉. 사냥개와 장난하는 에로스의 모습이 귀엽다. 하인츠(Heintz, Joseph)의 그림.

모든 것에 승리할 수는 없을 것이다. 내 슬픔의 기억은 오래도록 남을 것이다. 그리고 내 사랑 아도니스의 운명하는 광경과 나의 비탄은 해마다 새로워지리라. 당신이 흘린 피는 꽃으로 변하여 아무도 그 위로되는 바를 질시하지 못하리라." 이렇게 말하면서 그녀는 그 피 위에 넥타를 뿌렸다. 피와 넥타가 섞이자 마치 못 위에 빗물이 떨어졌을 때와 같은 거품이 일었고, 한 시간쯤 지나자, 석류꽃 같은 핏빛 꽃이 피어났다. 그러나 그것은 오래 살지 못하는 것이었다. 전하는 바에 의하면 바람이 불어서 꽃을 피게 하고, 다시 바람이 불어서 꽃잎을 날리게 한다는 것이다. 따라서 그것은 아네모네, 즉 〈바람꽃〉이라 불리는데, 그것은 그 꽃이 피고 지는 것이 다 같은 이유에서 비롯하기 때문이다.

카라치(Carracci, Annibale)의 〈아프로디테, 아도니스와 에로스〉. 1590년 작품.

Vocabulary Study

F

● **fa** 말하다(speak)

fable[féibəl] *n*. 우화(寓話) Aesop's fable (이솝우화)

fate[feit] *n*. 운명(運命), 숙명(宿命)

infant[ínfənt] *n*. 유아 ▶ in(=not) + fant(말하다 = speak)

preface[préfis] *n*. 서문 ▶ pre(앞에 = before) + face(말하다 = speak)

prophecy[práfəsi] *n*. 예언 ▶ pro(=before) + phec(=speak) + y

Atlas remembered that an ancient prophecy had warned him that a son of Zeus should one day rob him of his golden apples. (아틀라스는 제우스의 아들이 어느 날 자기의 황금 사과를 빼앗아 갈 것이라고 한 옛날의 어떤 예언을 기억했다.)

prophet[práfit] *n*. 예언자

profess[prəfés] *vt*. 공언하다, 공포하다 ▶ pro(=forward) + fess(=speak)

The king professed that he had no desire to conquer the neighbor country.
(왕은 이웃나라를 정복할 마음이 없다고 공언했다.)

confess[kənfés] *vi.vt*. 고백하다, 자백하다 ▶ con(=together) + fess(=speak) + ion

The sisters soon made her confess that she had never seen him.
(언니들은 그녀가 그를 본 적이 없다고 이내 자백하게 했다.)

● **fac** 만들다(make)

factor[fǽktər] *n*. 요소, 요인 ▶ fact(만들다 = make) + or

factory[fǽktəri] *n*. 공장 ▶ fact(만들다 = make) + ory(장소 = place)

manufacture[mæ̀njəfǽktʃər] *vt*. 제조하다 *n*. 수공업, 제조, 생산
▶ manu(=hand) + fact(=make)

The place of manufacture was taken by the giant, MODERN INDUSTRY.
(현대 공업이라는 거물에 의해 수공업의 자리가 대체되었다.)

affect[əfékt] *vt*. 영향을 끼치다 ▶ af(앞으로 = forward) + fect(만들다 = make)

Care affects the health. (근심은 건강에 해롭다.─격언)

effect[ifékt] *n*. 효과, 결과 *vt*. 변화시키다 ▶ e(밖으로=out) + ffect(만들다=make)

special visual effect (특수시각효과)

proficient[prəfíʃənt] *a.* 숙달된, 능숙한 ▶ **pro**(앞으로 = forward) + **fici**(=make) + **ent**

The pickpocket is a proficient thief. (소매치기는 숙달된 도둑이다.)

sufficient[səfíʃənt] *a.* 충분한, 충족한

This will be a sufficient evidence that he is innocent.

(이것은 그의 결백을 입증하는 충분한 증거가 될 것이다.)

counterfeit[káuntərfit] *vt.* 위조하다, 모조(模造)하다

▶ **counter**(대응하다 = against) + **feit**(만들다 = make)

The swindler had counterfeited the document and at last went to jail.

(그 사기꾼은 문서를 위조해 오다 결국 감옥행이 되었다.)

화폐 위조범　역사적으로 왕은 모조화폐 내지는 수준미달의 화폐를 만들어 유통시키는 중대한 범죄자가 되기 일쑤였다. 조선 말기 흥선대원군과 고종은 조정의 재원을 마련하기 위해 당백전을 발행해 엄청난 인플레이션을 초래했다. 당백전은 모양과 중량에서 상평통보의 5배에 해당했지만 명목가치상 20배로 부풀려 매겨져 억지로 유통되었다.

알렉산더의 모습을 담은 드라크마 은화. 프톨레마이오스 1세 때 주조(B.C.318년). 대영박물관 소장.

고대 시라쿠사의 왕 디오니시오스 1세(재위 B.C. 405~B.C. 367)는 많은 빚을 지고 고민 끝에 묘안을 냈다. 나라 안에 있는 모든 주화를 자기에게 가져 오라, 이를 어기면 사형에 처하겠노라고 명을 내린다. 그는 주화의 겉을 다시 찍어냈다. 1드라크마를 2드라크마로 고쳐 시민들에게 나눠줘 나머지를 고스란히 차지한 것이다. (디오니시오스 1세에게 사형을 선고받은 핀티아스(Phintias)가 신변 정리를 위해 일시적인 말미를 요구하자 친구 다몬(Damon)이 대신 갇히겠노라 나섰다. 핀티아스가 약속대로 돌아오자 디오니시오스 1세는 그들 두 사람의 우정을 치하해 모두 석방하였다.)

로마의 황제들은 더욱 교묘해져 액면가치는 그대로 두고 주화의 크기와, 금이나 은의 함유량을 조금씩 줄여 나갔다. 서기 260년 갈리에누스 황제는 은화에 함유된 은의 양을 4%로 줄이는 데 성공한 인물이다. 은화라고 부르기 민망하게도 말이다. '악화가 양화를 구축한다'의 전형이다.

● **fals**　잘못된(=wrong)

false[fɔːls] *a.* 잘못된, 틀린

I will soon make him confess his false claim of heavenly parentage and renounce his counterfeit worship. (나는 그가 신의 아들이라는 거짓주장을 자백케 하고, 그가 허위 신앙을 버리도록 하겠다.)

fault[fɔːlt] *n.* 흠, 결점, 잘못

By other's faults, wise men correct their own. (현명한 사람은 남의 결점을 보고 자기

의 결점을 고친다.—격언)

● fam 굶주리다(hunger)

famine[fǽmin] *n.* 기근, 굶주림 ▶ fam(=hunger) + ine(명사화접미사)

The war and famine is still the major subject of human beings in this century.

(전쟁과 기근은 금세기 인류에게 여전히 주요한 과제이다.)

famish[fǽmiʃ] *vt.* 굶주리게 하다 ▶ fam(=hunger) + ish(동사화접미사)

Many people in Asia and Africa are famished by war.

(아시아 아프리카지역의 많은 사람들이 전쟁으로 굶주리고 있다.)

fatigue[fətíːg] *n.* 피로 *vt.* 피곤하게 하다, 지치게 하다

Here came one day the youth, fatigued with hunting, heated and thirsty.

(어느 날, 사냥으로 지치고 더위에 갈증이 난 청년이 이곳을 찾아왔다.)

● fan 신전(temple)

fanatic[fənǽtik] *n.* 열광자, 광신자, 팬 ▶ fan(신전 = temple) + atic(성질 = nature)

fan[fæn] *n.* (fanatic의 준말)팬, 부채, 선풍기 *vt.* 부채질하다, 선동하다

profane[prəféin] *a.* 불경스러운, 상스러운 *vt.* 신성을 모독하다

　▶ pro(=before) + fane(=temple)

Near by there stood an ancient grove which had never been profaned by the axe. (그 근처에는 오래된 숲이 있었는데, 그 숲은 도끼에 의하여 신성이 더럽혀진 적이 없었다.)

feast[fiːst] *n.* 축제, 향연

Dionysos hold a feast in celebration of his wedding.

(디오니소스는 자신의 결혼을 자축하기 위해 축제를 열었다.)

> **디오니소스의 축제**　그리스에서 주신(酒神) 디오니소스의 축제는 광란적이면서도 성대하게 이루어졌던 것으로 보인다. 희극(喜劇)과 비극(悲劇) 역시 디오니소스 축제의 일환으로 상연되기 시작했다고 보는 시각이 지배적이다. 술과 풍요의 신 디오니소스를 찬미하며 올리던 극이 본격적인 예술의 성격을 갖추기 시작한 것이다. 디오니소스 축제의 전통은 오늘날에도 이어져 그리스의 아티카에서는 해마다 12월에 성대한 포도주축제가 열린다. 유럽, 특히 프랑스의 유명 포도산지에서도 포도주축제는 전통적으로 풍성하게 열리고 있다.

● far 가다(go)

fare[fɛər] *n.* 운임, 요금

〈디오니소스와 아리아드네의 개선행진(부분)〉. 카라치(Carracci, Annibale 1560～1609)의 그림. 테세우스 왕 자에게서 버림받은 아리아드네 공주는 디오니소스의 아내가 된다. 디오니소스의 상징인 호랑이가 이들을 태우 고 다닌다.

a railway(taxi) fare〔철도(택시)요금〕

farewell[fɛ̀ərwél] *n.* (「Fare well : 잘 가라」에서) 작별인사, 작별 ▶ **fare**(=go) + **well**

welfare[wélfɛ̀ər] *n.* 복지, 행복 ▶ **wel** + **fare**(=go)

For thirty years, she had devoted herself tirelessly to children's welfare.

(30년 동안이나 그녀는 어린이의 복지를 위해 쉬지 않고 헌신해 왔다.)

> **Good-bye란?** 원래 God be with ye(=you). 즉, "신이 당신과 함께 하시길"의 준말이다. Hi의 경우는 원래 "How are you"였던 것이 huia로 줄었다가 결국 Hi로 굳어진 말이다.

● **fend** 치다(strike)

defend[difénd] *vt.* 방어하다 ▶ **de**(=away) + **fend**(=strike)

defense[diféns] *n.* 방어

offend[əfénd] *vt.* 감정을 해치다, 성나게 하다 ▶ **of**(=against) + **fend**(=strike)

203

The mayor was offended by his political rival's speech.

(시장은 그의 정치적 라이벌의 연설로 기분이 상했다.)

offense[əféns] *n.* 위반, 공격

manifest[mǽnəfèst] *a.* 명백한, 분명한 ▶ mani(=hand) + fest(=strike)

The rival's speech was a manifest challenge to the mayor.

(라이벌의 연설은 시장에 대한 명백한 도전이었다.)

● **fer** 운반하다(=carry)

refer[rifə́:r] *vt.* ~에게 돌리다, 언급하다, 참조하다 ▶ re(=again) + fer(=carry)

Do not refer his victory to the fortune. (그의 승리를 운으로 돌리지 말라.)

transfer[trænsfə́:r] *vt.* 옮기다, 양도하다

▶ trans(가로질러 = across) + fer(옮기다 = carry)

The mayor transferred the blame from his shoulders to his rival's.

(시장은 자신으로부터 적수에게로 비난을 떠넘겼다.)

fortune[fɔ́:rtʃən] *n.* 부, 재산, 운수

He is a man of fortune. (그는 재산가이다.)

fertilizer[fə́:rtəlàizər] *n.* 비료

fertile[fə́:rtl] *a.* 기름진, 소출이 많은

The slime with which the earth was covered by the waters of the flood produced an excessive fertility, which called forth every variety of production.

(홍수로 지구를 덮은 진흙은 매우 비옥한 땅을 만들어내 모든 종류의 산물을 불러냈다.)

● **fid** 믿음(trust)

fidelity[fidéləti] *n.* 충성, 충실 ▶ fidel(=trust) + ity

Hi-Fi(=high fidelity) Audio 고성능(원음충실)오디오

confide[kənfáid] *vi.vt.* 믿다, 믿고 맡기다 ▶ con(=total) + fide(=trust)

confidence[kánfidəns] *n.* 믿음, 확신

His confidence in the final triumph of 'being' over 'having' sprang from the study of history. (결국 존재가 소유에 승리하리라는 그의 확신은 역사의 연구에서 나왔다.)

● **fin** 끝(end)

infinity[infínəti] *n.* 무한대

▷ in(=not) + fin(=end) + ity

fine[fain] *n.* 벌금 *vt.* 벌금형에 처하다.

confine[kənfáin] *vt.* 한정하다, 감금하다

▷ con(=together) + fine(=end)

He did not confine himself to teaching the blind but translate numerous books for them. (그는 맹인 교육에 한정하지 않고 그들을 위해 많은 책들을 번역했다.)

define[difáin] *vt.* 정의하다, 한정하다

▷ de(=down) + fine(=end)

finance[finǽns] *n.* 융자, 재정 *vt.* 자금을 대다 ▷ fin(=end) + ance

Rothchild's families financed the newly established jewish country. (로스차일드 가문은 신생 유대국가에 자금을 댔다.)

● **flam** 불타다(burn)

flame[fleim] *n.* 불꽃, 정열 *vi.* 불타다

The Queen's anger burst into flames. (왕비의 분노는 불길처럼 일어났다.)

flaming[fléimiŋ] *a.* 불타는, 강렬한

His eyes were so flaming that I could not resist his will. (그의 눈빛이 너무나 강렬해 그의 뜻을 거스를 수 없었다.)

flamingo[fləmíŋgou] *n.* 플라밍고, 홍학(紅鶴)

conflagrate[kὰnfləgréit] *vt.vi.* 불타다, 태

우에무라 쇼엥(上村松園)의 염도(焰圖). 1918년 작품. 동경국립박물관 소장. 源氏物語(원씨이야기)에 나오는 인물을 형상화했다. 불타는 질투에 끝내 미쳐버린 비(妃)의 처참함이 배어 있다.

우다

▶ con(=together) + flagr(=burn) + ate(동사화접미사)

The Conflagration of DaeYunKak broke out in 1971.

(대연각 참사는 1971년에 발생했다.)

flagrant[fléigrənt] *a.* 악명 높은, 극악한 (=notorious)

▶ flagr(=burn) + ant(형용사화접미사)

Japanese Pirates were flagrant since Shilla Dynasty.

(왜구(倭寇)는 신라 시대부터 악명이 높았다.)

● **flex**   구부리다(bend)

flexible[fléksəbəl] *a.* 구부릴 수 있는, 휘기 쉬운 ▶ flex + ible(형용사화접미사)

inflexible[infléksəbəl] *a.* 구부릴 수 없는 ▶ in(=not) + flex + ible

reflect[riflékt] *vt.vi.* 반사하다, 반영하다 ▶ re(다시 = again) + flect

Their flagrant piracy reflected their rack of sources.

(그들의 악명 높은 해적질은 자원이 부족함에서 비롯되었다.)

● **flower**   꽃

florida[fló(:)ridə] *n.* 미국 남동부 끝에 있는 주. 스페인어 "꽃의(축제)" 에서 왔다.

flour[flauər] *n.* 밀가루, 고운 가루 *vi.vt.* 가루가 되다, 가루로 빻다

flourish[flə́:riʃ] *vi.* ("꽃이 피다"에서) 번창하다, 융성하다

The Amazons were a nation of women. They were very warlike and held several flourishing cities. (아마존은 여자들의 종족이었다. 그들은 매우 호전적이었고 몇몇 번창한 도시를 아우르고 있었다.)

꽃의 여신 플로라. 티치아노의 그림(1515년).

● **flu**   흐르다(flow)

influenza[ìnfluénzə] *n.* 유행성감기

influence[ínfluəns] *vt.* 영향을 주다 *n.* 영향

▶ in(=into) + flu(흐르다 = flow) + ence

Many countries had to face the revolutionary situations under the influence of

Russin Revolution in 1917. (많은 나라들이 1917년 러시아혁명의 영향으로 혁명적인 상황에 직면해야 했다.)

fluctuate[flʌ́ktʃuèit] *vi.* 파동치다, 동요하다 ▶ fluctu(=flow) + ate(동사화접미사)

His heart began to fluctuate to meet the poet.

(그의 심장은 시인을 만나면서 파동 치기 시작했다.)

fluent[flúːənt] *a.* 말 잘하는, 유창한 ▶ flu(=flow) + ent(형용사화접미사)

Confucius warned of a fluent person.

〔공자(孔子)는 말 잘하는 이를 경계했다.(巧言令色)〕

affluent[ǽflu(ː)ənt] *a.* 부유한, 풍부한 ▶ a(=toward) + flu(=flow) + ent

Arabia is affluent in petroleum. (아라비아는 석유가 풍부하다.)

● **fort** 힘(force)

effort[éfərt] *n.* 노력 ▶ e(=out) + fort(=force)

fortify[fɔ́ːrtəfài] *vt.* 강화하다 ▶ fort(=force) + ify(동사화접미사)

enforce[enfɔ́ːrs] *vt.* 강요하다, 실시하다 ▶ en(=into) + force

The dictator enforced his insists on people by the troops.

(독재자는 그의 주장을 군대를 동원해 국민에게 강요했다.)

comfort[kʌ́mfərt] *n.* 위로 *vt.* 위로하다 ▶ com(=together) + fort(=force)

I will not hesitate to relate my defeats, comforting myself with the thought of the greatness of my conqueror, for it was Hercules. (나는 나를 이긴 자가 위대하다고 자위하면서 나의 패배를 말하기를 주저하지 않겠습니다. 왜냐하면 그는 헤라클레스였으니까요.)

● **form** 형체

formal[fɔ́ːrməl] *a.* 공식적인 ▶ form + al(형용사화접미사)

informal[infɔ́ːrməl] *a.* 비공식적인 ▶ in(=not) + formal

inform[infɔ́ːrm] *vt.* 알리다, 가르치다 ▶ in(=into) + form

They prayed the goddess to inform them how they might retrieve their miserable affairs. (그들은 여신에게 어떻게 하면 그들의 불행한 사태를 회복시킬 수 있는지 가르쳐 달라고 기도를 드렸다.)

reform[riːfɔ́ːrm] *vt.* 개혁하다 ▶ re(=again) + form

transform [trænsfɔ́ːrm] *vt.* 변형하다, 변화시키다 ▶ trans(=across) + form

I want to see the intimate trifles that transform a house into a home.

(나는 집을 가정으로 변화시키는 작고 사소한 것들을 보고 싶습니다.)

deform [difɔ́ːrm] *vt.* 변형시키다, 추하게 하다 ▶ de(=down) + form

The husband and wife entered the temple deformed with slime.

(그 부부는 진흙으로 흉하게 된 신전으로 들어갔다.)

● **found** 기초(bottom)

found [faund] *vt.* 기초를 세우다, 설립하다

fund [fʌnd] *n.* 자금

They expressed anxiety that fund (should) be sent at once.

〔그들은 자금을 즉시 보내달라는 열망을 표현했다.(구어체에서는 흔히 should를 생략함)〕

fundamental [fʌ̀ndəméntl] *a.* 기초적인, 기본적인

What do you think is the fundamental human rights?

(인간의 기본적인 권리가 무엇이라고 생각하십니까?)

profound [prəfáund] *a.* 깊은

The government took a profound interest in wireless communication system.

(정부는 무선통신시스템에 깊은 관심을 취했다.)

● **frag** 조각 내다(to break into pieces)

fragile [frǽdʒəl] *a.* 부서지기 쉬운, 약한 ▶ frag(=break) + ile(형용사화접미사)

His idealism was based on the fragile optimism.

(그의 이상론은 깨지기 쉬운 낙관주의에 기반을 두었다.)

fragment [frǽgmənt] *n.* 파편, 부수어진 조각

The citizens of Athens wrote the name of ambitious politician on the ostrakon, the fragment of pottery. (아테네의 시민들은 오스트라콘, 즉 도자기의 파편에 야심 있는 정치가의 이름을 적었다.)

도편추방제 기원전 5세기 들어 소위 참주정치(일인독재정치)를 끝내기로 한 아네네 시민들은 새로운 참주의 등장을 사전에 막기 위해 특이한 사회적 장치를 마련한다. 즉, 야심이 있다고 판단되는 정치가의 이름을 도자기의 파편(오스트라콘)에 적어 가장 지목을 많이 받은 자를 자동적으로 도시에서 추방시키기로 했다. 이른바 도편 추방제(오스트라키스모스 ostrakismos. 영어로는 오스트라시즘 ostracism)이다.

● **fu** 연기(smoke)

fume[fju:m] *n.* 연기 *vi.* 연기가 나다, 화를 내다(at, about)

The princess occasionally fumed at her maid.

(공주는 때때로 그녀의 시녀에게 화를 냈다.)

fury[fjúəri] *n.* 격노, 불길 같은 화

They crushed the government office in a fury. (그들은 격노하여 관청을 부쉈다.)

furious[fjúəriəs] *a.* 격노한, 맹렬한

A police car chased after the suspect at a furious pace.

(경찰차가 맹렬한 속도로 용의자를 추적했다.)

● **fus** 붓다(pour)

fusion[fjú:ʒən] *n.* 융합, 결합, 결합문화(재즈와 록의 결합 등)

Fusion is one of subculture in our times. (퓨전은 우리 시대 하나의 문화현상이다.)

confuse[kənfjú:z] *vt.* 혼동시키다, 당황시키다 ▶ con(=together) + fuse(붓다 = pour)

The student confused his teacher with a complicated question.

(그 학생은 까다로운 질문으로 선생님을 당황시켰다.)

futile[fjú:tl] *a.* 하찮은, 소용없는 ▶ fut(=pour) + ile(형용사화 접미사)

"That's a futile question". The teacher simply replied.

(선생님은 그것이 하찮은 질문이라고 간단히 답했다.)

profuse[prəfjú:s] *a.* 풍부한, 아낌없는 ▶ pro(=forward) + fuse(붓다 = pour)

The winner of Olympic Game got a profuse hospitality in his homeland.

(올림픽경기의 승자는 고국에서 아낌없는 환대를 받았다.)

F ℱ

Chapter 7 비교 *Comparison*

1 비교급의 종류

1 규칙 변화

① 한 음절의 단어와 두 음절의 단어 중 일부는 각각 -er, -est를 붙여 비교급, 최상급을 만든다. 단어 끝이 -y로 끝나면 -ier, -iest를 붙인다.

tall – taller – the tallest
hot – hotter – the hottest
clever – cleverer– the cleverest
easy – easier – the easiest

② 대부분의 두 음절 이상의 단어는 각각 more, the most를 붙여 비교급, 최상급을 만든다.

obscure – more obscure – the most obscure
interesting – more interesting – the most interesting

cf. 동일주체에 대한 비교를 할 경우에는 more를 쓴다.
He is more tall than heavy. (그는 뚱뚱하다기보다 큰 편이다.)
cf. I like you better than he (does). (그이보다 내가 더 너를 좋아한다.)
I like you better than him. (나는 그이보다 너를 더 좋아한다.)

2 불규칙변화

good – better – the best
bad – worse – the worst
many – more – the most
much – more – the most
ate – later – the latest(시간)
late – latter – the last(순서)
little – less – the least

3 라틴어의 비교급

superior(우등의), inferior(열등한), senior(손위의), junior(손아래의), prior(우선하는) 등 라틴어에서 온 형용사는 than이 아니라 to를 쓴다.

His troops were superior to mine.
Paul's essay is inferior to hers.
Jane is two years junior to me.

2 비교의 형식

1 원급비교
Tom is as tall as his father.
Busan is as interesting a city as Seoul.

2 비교급비교
Betty makes fewer mistakes than I.
He is three times heavier than she.

3 최상급비교
This is the most interesting story that I have ever heard.

3 비교급의 특별용법

① 형식은 비교급으로서 내용은 최상급인 경우
Nothing is more precious than time.
This novel is more interesting than any other books that I have read.

② 비교급 + 비교급 = 점점 더
The weather is getting hotter and hotter.

③ 최상급이 양보(=even)의 의미를 내포할 수 있다.
The bravest man would have been shocked.
(아무리 용감한 자라고 해도 놀랐을 것이다.)

④ 최상급 the last가 부정의 의미를 가질 수 있다.
He was the last person that she had expected to meet in the church.
(그를 교회에서 만나리라고 그녀는 꿈도 못 꿨다.)

⑤ 최상급 내용을 나타내는 형식
No (other) poet in the world is so great as Homer.
No (other) poet is greater than Homer.
Homer is greater than any other poet in the world.
Homer is the greatest of all poets in the world.

⑥ 자체비교 - (the 생략)
정관사 the는 다른 것과 구별하는 '그'의 의미가 있기 때문에 자체적으로 비교할 경우에는 생략한다.
This lake is deepest at this point. (이 호수는 이 지점이 가장 깊다.)

cf. This lake is the deepest in Korea. (이 호수는 한국에서 제일 깊다.)

4 비교급을 수식하는 부사—much, far, even, still

John is much more brave than Tom.
Tom is far more bigger than John.
Betty is even more clever than Tom.

cf. much more. much less = 더욱, 하물며
   The professor knows Greek, much more English.
   (교수님은 그리스어를 안다. 하물며 영어는 더 잘 안다.)
   The student does not know English, much less Greek.
   (그 학생은 영어를 모른다. 하물며 그리스어는 더욱 모른다.)

5 최상급을 수식하는 부사—very, much

She is the very best dancer in our village.
It was the very last thing that he expected.
(그것은 그가 전혀 예측하지 못한 일이었다.)
Susan is much the best singer in her class.
This is much the best. (이것이 훨씬 낫다.)

6 비교의 관용적 표현

• all the more ~ for … : ~이므로 더욱 …하다.
  She felt all the more tired for a large crowd of suitors.
  (그녀는 청혼자가 많아 더욱 피곤했다.)

• not ~ the less for … : ~불구하고 역시 …하다.
  Tom do not love her the less for her indifference.
  (그녀의 냉담에도 불구하고 탐은 그녀를 사랑한다.)

• no more than = only : 겨우
  Tom has no more than two dollars in his pocket.

• no less than = as many as 혹은 as much as : 만큼이나
  She has no less than two hundred dollars in her purse.

- not more than = at most : 기껏해야
  The knight had not more than twelve soldiers.

- not less than = at least : 적어도
  The king had not less than three thousand soldiers.

- A is no more B than C is. (A가 B일 수 없는 것은 C와 마찬가지다.)
  A dolphin is no more a fish than a dog is.
  (돌고래가 물고기가 아닌 것은 개가 물고기가 아닌 것과 같다.)
  I am no more mad than you (are).
  (당신과 마찬가지로 난 미치지 않았다.)

- no less ~ than ⋯ : ~못지 않게 ⋯하다
  The child is no less charming than her sister.
  (그 아이는 언니 못지 않게 예쁘다.)

- the + 비교급 -, the + 비교급 - : ~하면 할수록 ⋯더하다
  The more you get, the more you want.
  The higher a mountain is, the more we wish to conquer it.

- the + 서수 + 최상급 : ~번째로 ⋯한
  Busan is the second largest city in Korea.

- no better than = as good as : 다름없는
  He is no better than a thief.

- know better than to : ~할 만큼 어리석지 않다.
  He knew better than to trust the thief.

- get the better of ~ : ~를 이기다.
  He will get the better of his competitor.

- He is as much a comedian as a politician.
  (정치가이면서도 코미디언이랄 수 있다.)

- He is not so much a politician as a comedian.
  (정치가라기보다는 코미디언이다.)

- He is not a politician but a comedian.
  (정치가가 아니라 코미디언이다.)

EROS AND PSYCHE
에로스와 프시케

A certain king and queen had three daughters. The charms of the two elder were more than common, but the beauty of the youngest was so wonderful that the poverty of language is unable to express its due praise. The fame of her beauty was so great that strangers from neighboring countries came in crowds to enjoy the sight, and looked on her with amazement, paying her that homage which is due only to Aphrodite herself. In fact Aphrodite found her altars deserted, while men turned their devotion to this young virgin. As she passed along, the people sang her praises, and strewed her way with chaplets and flowers. This perversion of homage due only to the immortal powers to the exaltation of a mortal gave great offence to the real Aphrodite. Shaking her ambrosial locks with indignation, she exclaimed, "Am I then to be eclipsed in my honors by a mortal girl? She shall not so quietly usurp my honors. I will give her cause to repent of so unlawful a beauty."

어떤 나라의 임금과 왕비에게 세 명의 딸이 있었다. 손위 두 공주도 보통 사람보다는 뛰어났지만 막내의 아름다움은 이루 말로 표현할 수 없을 정도였다. 그 명성이 하도 자자해 이웃나라 사람들이 그녀의 아름다움을 구경하기 위해 구름같이 몰

스페인 17세기 화단의 거장 벨라스케스의
〈아프로디테의 화장〉.

려들었고, 그들은 아프로디테에게나 어울리는 칭찬을 하며 그녀를 경
이롭게 바라보았다. 결국 아프로디테는 사람들이 여신의 제단을 버리
고 이 젊은 처녀에게 관심을 돌린 사실을 알아차리게 되었다. 처녀가
곁을 지나칠 때면, 사람들은 그녀의 아름다움을 노래불렀고, 길 위에
화관이나 꽃을 뿌려댔다. 이와 같이 신들에게만 바쳐야 하는 찬사가
인간을 찬양하는 데 마구 쓰여지는 것을 보고 아프로디테는 몹시 화
가 났다. 여신은 화가 난 나머지 향기로운 머리채를 흔들면서 외쳤다.
"나의 명예가 한낱 인간의 딸에게 가려져야 한단 말인가. 그러나 그녀
가 내 명예를 그렇게 쉽게 더럽히지는 못하리라. 그 계집이 부당한 아
름다움을 후회하도록 만들겠노라."

☆ Venus와 venerate
Aphrodite의 로마식 이름은 Venus이다.
고대 로마인들은 Venus를 사랑하고 경외
하였기 때문에 여기서 나온 말이 venerate
(경외하다, 존경하다), venerable (존경할
만한) 등이다.

Therefore she calls her winged son Eros, mischievous enough in his own nature, and rouses and provokes him yet more by her complaints. She points out Psyche to him and says, "My dear son, punish that contumacious beauty; give your mother a revenge as sweet as her injuries are great; infuse into the bosom of that haughty girl a passion for some low, mean, unworthy being, so that she may reap a mortification as great as her present exultation and triumph." Eros prepared to obey the commands of his mother. There are two fountains in Aphrodite's garden, one of sweet waters, the other of bitter. Eros filled two amber vases, one from each fountain, and suspending them from the top of his quiver, hastened to the chamber of Psyche, whom he found asleep. He shed a few drops from the bitter fountain over her lips, though the sight of her almost moved him to pity; then touched her side with the point of his arrow. At the touch she awoke, and opened eyes upon Eros (himself invisible), which so startled him that in his confusion he wounded himself with his own arrow.

이리하여 그녀는 날개 달린 아들 에로스를 불렀다. 에로스는 천성적으로 심한 장난꾸러기였지만 어머니의 불평을 듣고는 더욱 화가 치밀었다. 그녀는 아들에게 프시케를 가리키며 말했다. "사랑하는 아들아, 나를 거스르는 저 미녀를 벌주거라. 그녀가 받는 벌이 심하면 심할수록 나에게는 시원한 복수가 된단다. 저 교만한 계집의 가슴속에 어떤 미천하고 보잘 것 없는 놈에 대한 사랑을 불어넣어, 그녀로

하여금 현재의 환희와 승리만큼 굴욕 또한 크게 거두게 하여라." 에로스는 어머니의 명령을 따르기 위해 준비를 했다. 아프로디테의 정원에는 샘이 두 개 있는데, 하나는 물맛이 달고 하나는 썼다. 에로스는 두 개의 호박(琥珀) 병에다 샘물을 각각 담아 화살 통 위에 매달고는, 잠자고 있는 프시케의 방으로 서둘러 날아갔다. 에로스는 그녀의 모습을 보고 불쌍한 생각도 들었지만, 쓴 샘물 몇 방울을 그녀의 입술에 떨어뜨렸다. 그리고 나서는 그녀의 몸 옆으로 화살 끝을 댔다. 그 감촉으로 프시케는 잠에서 깨어나 에로스를 향해 눈을 떴다.(물론 에로스는 보이지 않았다) 에로스는 놀란 나머지 당황하여 자신의 화살로 스스로에게 상처를 내었다.

From then on Psyche, frowned upon by Aphrodite, derived no benefit from all her charms. True, all eyes were cast eagerly upon her, and every mouth spoke her praises; but neither king, royal youth, nor plebeian presented himself to demand her in marriage. Her two elder sisters of moderate charms had now long been married to two royal princes; but Psyche, in her lonely apartment, deplored her solitude, sick of that beauty which, while it procured abundance of flattery, had failed to awaken love. Her parents, afraid that they had unwittingly incurred the anger of the gods, consulted the oracle of Apollon, and

〈프시케의 목욕〉. 19세기 영국의 화가 프레데릭 레이턴 경의 그림. 런던 테이트 갤러리 소장.

received this answer: "The virgin is destined for the bride of no mortal lover. Her future husband awaits her on the top of the mountain. He is a monster whom neither gods nor men can resist."

　그 후로 프시케는 아프로디테의 미움을 샀기 때문에 그녀의 아름다움으로부터 아무런 소득을 얻을 수 없었다. 사실 모든 눈이 그녀에게 모아지고, 모든 입이 그녀를 칭찬하였지만, 왕도, 귀족 청년도, 평민조차도 그녀에게 청혼하려 드는 자가 없었다. 보통의 아름다움을 지니고 있었던 그녀의 두 언니들은 이미 오래 전에 왕자들과 결혼했다. 그러나 프시케는 그녀의 고독한 방안에서 홀로된 신세를 한탄하며, 사랑을 불러일으키지 못하는 자기의 아름다움에 넌더리를 냈다. 그녀의 부모는 자기들도 모르는 사이에 신들의 노여움을 일으킨 것은 아닌가 두려워하여 아폴론의 신탁을 들어보았다. 다음과 같은 답변이 나왔다. "그 처녀는 인간에게 시집갈 운명이 아니다. 그녀의 미래의 남편은 산꼭대기에서 그녀를 기다리고 있다. 그 신랑은 인간은 물론 신조차 대항할 수 없는 괴물이다."

This dreadful decree of the oracle filled all the people with dismay, and her parents abandoned themselves to grief. But Psyche said, "Why, my dear parents, do you now lament me? You should rather have grieved when the people showered upon me undeserved honors, and with one voice called me a Aphrodite. I now perceive that I am a victim to that name. I submit. Lead me to that rock to which my unhappy fate has destined me." Accordingly, all things being prepared, the royal maid took her place in the procession, which more resembled a funeral than a nuptial pomp, and with her parents, amid the lamentations of the people, ascended the mountain, on the summit of which they left her alone, and with sorrowful hearts returned home.

이와 같은 무서운 신탁에 모두들 당황했고, 그녀의 부모는 슬픔에 잠기게 되었다. 하지만 프시케는 말했다. "부모님은 왜 이제야 저를 불쌍히 여기시나요? 사람들이 제게 어울리지 않는 영예를 씌워줄 때, 한 목소리로 저를 아프로디테와 같은 미녀로 부를 때 슬퍼하셨어야 했답니다. 그런 이름을 들은 죄로 제가 희생양이 되었음을 이제 깨달았습니다. 저는 복종하렵니다. 저의 불행한 운명이 정한 바위로 저를 데려다 주세요." 이에 따라 모든 준비가 끝나자, 공주는 혼례라기보다는 장례에 가까운 행사를 치렀다. 프시케는 사람들이 슬퍼하는 가운데 부모와 함께 산으로 올랐다. 산 정상에 이르자, 그들은 그녀를 홀로 남겨 놓고 슬픈 마음으로 집으로 돌아갔다.

While Psyche stood on the ridge of the mountain, panting with fear and with eyes full of tears, the gentle Zephyr raised her from the earth and bore her with an easy motion into a flowery dale. By degrees her mind became composed, and she laid herself down on the grassy bank to sleep. When she awoke refreshed with sleep, she looked round and saw a grove of tall and stately trees. She entered it, and in the midst discovered a fountain, sending forth clear and crystal waters. By that fountain, she saw fountain a magnificent palace whose august front impressed the spectator that it was not the work of mortal hands, but the happy retreat of some god. Drawn by admiration and wonder, she approached the building and ventured to enter. Every object she met filled her with pleasure and amazement. Golden pillars supported the vaulted roof, and the walls were enriched with carvings and paintings representing beasts of the chase and rural scenes. Proceeding onward, she perceived that besides the apartments of state there were others filled with all manner of treasures, and beautiful and precious productions of

〈에로스의 정원으로 들어가는 프시케〉. 워
터하우스(Waterhouse, John William)
의 작품(1904년).

nature and art.

　프시케가 산등성이에 서서 공포로 떨
며 눈물을 흘리고 있자, 친절한 제피로스
가 그녀를 땅에서 들어 꽃이 흐드러진 골
짜기로 살짝 실어다 주었다. 점점 그녀는
마음의 평안을 되찾아 풀이 무성한 강둑
에 누워 잠을 잤다. 이윽고 잠에서 깨어나
활력을 되찾은 그녀가 주위를 둘러보니
키가 크고 위풍당당한 나무들로 이루어진
숲이 눈에 들어왔다. 그녀는 그 속으로 들
어가 숲 한가운데서 수정같이 맑은 물이
솟고 있는 샘을 발견했다. 샘 바로 곁에는
매우 큰 궁전이 있었는데, 그 장엄한 모습
은 보는 이로 하여금 그 궁전이 사람의 손
에 의하여 이루어진 것이 아니라 어떤 신
의 행복한 은신처라는 느낌을 갖게 하였
다. 찬미와 놀라움에 이끌려 그 건물에 다
가간 그녀는 용기를 내어 안으로 들어갔
다. 보이는 물건은 모두 그녀에게 기쁨과
놀라움을 안겨 주었다. 황금 기둥이 둥근 지붕을 받치고 있었고 벽은
사냥으로 쫓기는 짐승이나 시골 풍경을 그린 조각과 그림으로 가득 차
있었다. 계속 들어가 보니 화려한 방들과 함께, 온갖 보물과, 자연과
예술이 빚은 아름답고 귀한 물건들로 가득한 방들이 보였다.

Ｗhile her eyes were thus occupied, a voice addressed
　her, though she saw no one, uttering these words:

"Sovereign lady, all that you see is yours. We whose voices you hear are your servants and shall obey all your commands with our utmost care and diligence." Psyche gave ear to the admonitions of her vocal attendants, and after repose and the refreshment of the bath, seated herself in the alcove, where a table immediately presented itself, without any visible aid from waiters or servants, and covered with the greatest delicacies of food and the most nectareous wines. Her ears too were feasted with music from invisible performers.

그녀의 눈이 이러한 것에 팔려 있을 때, 사람은 하나도 보이지 않았지만, 어떤 목소리가 다음과 같이 말했다. "여왕님. 당신이 보시는 것은 모두 당신의 것입니다. 당신이 듣고 계신 이 목소리는 당신의 종들의 목소리입니다. 우리들은 당신의 모든 분부에 충심으로 복종하겠습니다." 프시케는 소리만 나는 그 시종의 말을 듣고 잠시 휴식을 취하고는 목욕을 해 기분이 상쾌해 진 후 정자에 들어가 앉았다. 그곳에는 시중드는 사람이나 하인들이 보이지 않았지만, 식탁이 방금 마련되어 있었고, 그 위에는 맛있는 음식과 신들의 음료인 넥타와 같은 포도주가 그득했다. 보이지 않는 연주자의 음악 또한 그녀의 귀를 즐겁게 해주었다.

She had not yet seen her destined husband. He came only in the hours of darkness and fled before the dawn of morning, but his accents were full of love, and inspired a like passion in her. She often begged him to stay and let her see him, but he would not consent. On the contrary he charged her to make no attempt to see him, for it was his pleasure, for the best of reasons, to keep concealed. "Why should you wish to see me?" he said; "have you any doubt of my love? have you any wish ungratified? If you saw me, perhaps you would fear me, perhaps

〈에로스와 프시케〉. 19세기 프랑스 화가 피코의 그림.
먼동이 터 오자, 잠든 프시케를 남기고 에로스가 침실에서
빠져나오고 있다. 파리 루브르 박물관 소장.

adore me, but all I ask of you is to love me. I would rather you would love me as an equal than adore me as a god."

프시케는 아직 남편으로 운명지어진 자를 보지 못했다. 그는 어두운 밤 시간에만 찾아왔고, 날이 밝기 전에 집을 나갔다. 하지만 그의 목소리는 사랑으로 충만하였고, 그녀의 마음에도 같은 사랑을 불러일으켰다. 그녀는 그에게 머물러 얼굴을 보여 달라고 종종 간청하였지만, 그는 듣지 않았다. 도리어 그는 자신을 볼 생각은 아예 말라고 당

부하였다. 무엇보다도 신분을 감추는 것이 그의 기쁨이기 때문이었다. "왜 나를 보고 싶어하는가? 내 사랑에 대해 어떤 의심이라도 가지고 있소? 무슨 불만이라도 있소? 그대가 나를 본다면 두려워할지도 모르고 숭배할지도 모르지만 내가 당신에게 부탁하는 것은 나를 사랑하는 것뿐이라오. 나는 그대가 나를 신으로 숭배하는 것보다 같은 인간으로 사랑하기를 바라오."

This reasoning somewhat quieted Psyche for a time, and while the novelty lasted she felt quite happy. But at length the thought of her parents and her sisters preyed on her mind and made her begin to feel her palace as but a splendid prison, When her husband came one night, she told him her distress, and at last drew from him an unwilling consent that her sisters should be brought to see her. So, calling Zephyr, she acquainted him with her husband's commands, and he, promptly obedient, soon brought them across the mountain down to their sister's valley. They embraced her and she returned their caresses. "Come," said Psyche, "enter with me my house and refresh yourselves with whatever your sister has to offer." Then taking their hands she led them into her golden palace, and committed them to the care of her numerous train of attendant voices, to refresh them in her baths and at her table, and to show them all her treasures. The view of these celestial delights caused envy to enter their bosoms, at seeing their young sister possessed of such state and splendor so much exceeding their own.

이러한 설명에 프시케는 잠시 마음이 안정되었고, 신기함이 지속되는 가운데 행복을 느꼈다. 그러나 결국 부모님 생각, 언니들 생각이 프시케의 마음을 온통 사로잡아, 궁전은 오직 황홀한 감옥에 불과한 것으로 느끼게 되었다. 어느 날 밤 남편이 돌아왔을 때, 그녀는 고민을 털어놓았고, 마침내 언니들을 데려와 만나 보아도

〈언니들에게 선물을 내보이는 프시케〉. 프랑스 화가 프라고나르(Fragonard, Jean Honore. 1732~1806)의 그림.

좋다는 남편의 마지못한 승낙을 얻어내고야 말았다. 그래서 그녀는 제피로스를 불러 남편의 명령을 전했다. 제피로스는 즉시 명령에 따라 언니들을 데리고 산을 넘어 프시케가 있는 골짜기로 왔다. 언니들은 프시케를 얼싸안았고 프시케도 언니들을 껴안았다. 프시케가 이렇게 말했다. "이리 와 저의 집으로 들어가요. 제가 드려야 할 것이라면 무엇이든지 드리겠어요." 프시케는 언니들의 손을 잡고 그녀의 황금 궁전으로 안내해, 목소리만 들리는 수많은 하인들로 하여금 언니들의 시중을 들게 하여 목욕과 음식을 대접했으며, 여러 가지 그녀의 보물도 내보였다. 동생이 자기들보다 으리으리하게 생활하고 있는 것을 보자, 이러한 천상의 기쁨을 엿본 언니들의 가슴에는 질투심이 일어났다.

They asked her numberless questions, among others what sort of a person her husband was. Psyche replied that he was a beautiful youth, who generally spent the daytime in hunting upon the mountains. The sisters, not satisfied with this reply, soon made her confess that she had never seen him. Then they proceeded to fill her bosom with dark suspicions. "Call to mind," they said, "the Pythian oracle that declared you destined to marry a dreadful and tremendous monster. The inhabitants of this valley say that your husband is a terrible and monstrous serpent, who nourishes you for a while with dainties that he may by and by devour you. Take our advice. Provide yourself with a lamp and a sharp knife; put them in concealment that your husband may not discover them, and when he is sound asleep, slip out of bed, bring forth your lamp, and see for yourself whether what they say is true or not. If it is, hesitate not to cut off the monster's head, and thereby recover your liberty."

dainty *a.* 맛좋은, 풍미있는
n. 맛있는 것, 진미(珍味)

언니들은 프시케에게 많은 질문을 던졌는데, 그 가운데에는 그녀의 남편이 어떤 사람이냐는 말도 포함되어 있었다. 프시케는 그가 아름다운 청년이고 낮에는 보통 산에서 사냥을 하며 지낸다고 대답했다. 이 대답에 만족하지 않은 언니들은 프시케가 아직 한번도 남편을 본 일이 없다고 이내 고백하게끔 하였다. 그리고 그녀들은 프시케의 가슴에 어두운 의심이 차도록 만들었다. "네가 무시무시한 괴물과 결혼할 운명이라고 한 피티아의 신탁을 잊지 말아라. 이 골짜기에 사는 사람들의 말에 따르면, 너의 남편은 무섭고 괴상한 뱀이며, 한동안 네게 맛있는 음식을 먹여 기른 뒤에 너를 삼켜버릴 것이라고 한다. 우리 충고를 따르거라. 등잔과 날카로운 칼을 준비하여라. 남편에게 들키지 않도록 그것을 숨겨 놓고, 그가 깊이 잠들거든 침대에서 빠져나와 등잔불을 내밀어 사람들이 말하는 것이 사실인가 아닌가 네 눈으로 직접 보아라. 만약 사실이라면 주저하지 말고 괴물의 머리를 베어 너의 자유를 되찾거라."

Psyche resisted these persuasions as well as she could, but they did not fail to have their effect on her mind, and when her sisters were gone, their words and her own curiosity were too strong for her to resist. So she prepared her lamp and a sharp knife, and hid them out of sight of her husband. When he had fallen into his first sleep, she silently rose and uncovering her lamp behold not a hideous monster, but the most beautiful and charming of the gods. As she leaned the lamp over to have a nearer view of his face a drop of burning oil fell on the shoulder of the god, startled with which he opened his eyes and fixed them full upon her; then, without saying one word, he spread his white wings and flew out of the window. Psyche, in vain endeavoring to follow him, fell from the window to the ground. Eros, beholding her as she lay in the dust, stopped his flight for an instant and said, "O foolish Psyche, is it thus you repay my love? After having disobeyed my mother's commands and made you my wife, will you think me a monster and cut off my head? But go;

return to your sisters, whose advice you seem to think preferable to mine. I inflict no other punishment on you than to leave you for ever. Love cannot dwell with suspicion." So saying, he fled away, leaving poor Psyche prostrate on the ground, filling the place with mournful lamentations.

〈승리의 에로스〉, 카라바지오(Caravaggio)의 작품. 승리감에 기뻐하는 소년의 모습으로 그려져 있다.

프시케는 이런 이야기들을 될 수 있는 한 듣지 않으려 했지만 그녀의 마음에 앙금으로 남아, 언니들이 떠난 뒤에, 그녀들의 말과 자신의 호기심에 프시케는 더 이상 참을 수가 없었다. 그래서 프시케는 등불과 날카로운 칼을 준비하여 남편이 보지 못하도록 감춰 두었다. 그가 먼저 잠이 들었을 때 프시케가 조용히 일어나서 등잔불의 덮개를 벗기고 보니 무서운 괴물은커녕 신들 가운데서도 가장 아름답고 매력 있는 신이 보이는 것이었다. 그의 얼굴을 더 가까이 보기 위해서 등잔불을 기울이자 불붙은 기름 한 방울이 신의 어깨 위에 떨어졌다. 그는 깜짝 놀라 눈을 뜨고 프시케를 뚫어져라 쳐다보았다. 그리고 나서는 말 한 마디 없이 하얀 날개를 펴고 창 밖으로 날아갔다. 프시케는 그를 따라 가려고 했지만 결국 창문에서 땅으로 떨어지고 말았다. 에로스는 프시케가 먼지바닥에 누워 있는 것을 보고 잠깐 멈추고 말했다. "오, 어리석은 프시케여, 이것이 나의 사랑에 대한 보답이란 말이냐? 어머니의 명령에도 복종하지 않고 너를 아내로 맞았는데, 너는 나를 괴물로 생각하고 나의 머리를 베려고 했느냐? 가거라. 나의 충고보다 더 따르고자 했던 조언을 건네준 언니들에게로 가거라. 오직 너와 영원히 이별함으로써 너를 벌주련다. 사랑은 의심과 함께 존재할 수 없는 법이다." 에로스는 이렇게 말하며, 땅에 엎드려 한탄의 눈물로 주위를 적시는 가여운 프시케를 버리고 어디론가 사라졌다.

When she had recovered some degree of composure she looked around her, but the palace and gardens had vanished, and she found herself in the open field not far from the city where her sisters dwelt. She went there and told them the whole story of her misfortunes, at which, pretending to grieve, those spiteful creatures inwardly rejoiced. "For now," said they, "he will perhaps choose one of us." With this idea, without saying a word of her intentions, each of them rose early the next morning and ascended the mountain, and having reached the top, called upon Zephyr to receive her and bear her to his lord; then leaping up, and not being sustained by Zephyr, fell down the precipice and was dashed to pieces. Psyche meanwhile wandered day and night, without food or repose, in search of her husband. Casting her eyes on a lofty mountain having on its brow a magnificent temple, she sighed and said to herself, "Perhaps my love, my lord, inhabits there," and directed her steps there.

그녀는 어느 정도 마음의 안정을 되찾자 주위를 둘러보았다. 하지만 궁전과 정원은 사라져 버렸고, 언니들이 살고 있는 도시로부터 얼마 떨어지지 않는 넓은 벌판에 그녀 자신이 있는 것을 깨달았다. 프시케는 그 곳으로 가서 언니들에게 자기가 당한 불행을 모두 이야기했다. 맘씨 나쁜 언니들은 슬퍼하는 척하면서도 속으로는 기뻐했다. "이제는 그가 우리 가운데 하나를 고르겠지" 하고는 언니들은 자신의 속내를 감춘 채 다음날 일찍 일어나 산으로 올라갔다. 산 정상에서 제피로스를 불러

자신들의 몸을 받아 그의 주인에게 데려가 달라고 말했다. 그리고 그녀들은 뛰어내렸지만 제피로스가 받치지 않았기 때문에 절벽으로 추락해 결국 산산조각이 나고야 말았다. 그 동안 프시케는 남편을 찾아 먹지도 자지도 않으면서 밤낮으로 방황하였다. 높은 산꼭대기에 훌륭한 신전이 있는 것을 보고, 그녀는 한숨을 쉬며 혼자 중얼거렸다. "아마도 나의 사랑, 나의 주인은 저곳에 살고 있을 거야." 그녀는 그 곳으로 발걸음을 옮겼다.

〈미의 세 여신〉. 아르테미스(좌)와 곡식이삭 줄기로 만든 관을 쓰고 있는 데메테르, 그리고 질투의 여신 헤라. 라파엘로의 그림. 로마사람들은 데메테르를 케레스라고 불렀다. 오늘날 간식으로 서구 어린이들이 즐겨먹는 부스러기 곡물 시리얼(cereal)이 여신의 이름에서 왔다.

She had no sooner entered than she saw heaps of corn, some in loose ears and some in sheaves, with mingled ears of barley. Scattered about, lay sickles and rakes, and all the instruments of harvest, without order, as if thrown carelessly out of the weary reapers' hands in the sultry hours of the day. This unseemly confusion the pious Psyche put an end to, by separating and sorting everything to its proper place and kind, believing that she ought to neglect none of the gods, but endeavor by her piety to engage them all in her behalf. The holy Demeter, whose temple it was, finding her so religiously employed, thus spoke to her: "O Psyche, truly worthy of our pity, though I cannot shield you from the frowns of Aphrodite, yet I can teach you how best to allay her displeasure. Go, then, and voluntarily surrender yourself to your lady and sovereign, and try by modesty and submission to win her forgiveness, and perhaps her favor will restore you the husband you have lost."

그녀는 그곳에 들어서자마자 밀 낟가리를 보았는데, 어떤 것은 묶여 있었고 또 어떤 것은 묶이지 않은 채로 있었으며, 간혹 보리 이삭이 섞여 있기도 했다. 낫과 갈퀴나 추수할 때 쓰는 여러 도구가 엉망으로, 마치 무더위에 지친 농부가 함부로 던진 것처럼, 여기저기 흩어져 있었다. 신앙심 깊은 프시케는 이 엉망인 곳을 치워냈다. 적당한 장소에 종류별로 갈라서 모든 것들을 정돈해 놓았다. 그것은 그녀가 어떤 신이라도 소홀히 대해서는 안 되고 모든 신을 경건한 마음으로 대하여 신으로부터 가호를 받아야한다고 생각했기 때문이었다. 그곳은 데메테르 여신의 신전이었는데, 여신은 프시케가 신실하게 일하는 것을 보고 다음과 같이 말했다. "오, 불쌍한 프시케, 비록 내가 너를 아프로디테의 미움으로부터 수호할 수는 없지만, 그녀의 기분을 누그러뜨릴 수 있는 최선의 방법을 가르쳐 주마. 너의 주인 아프로디테에게 가서 네 몸을 맡기고 겸손과 순종으로 용서를 빌어라. 그러면 아마 네게 은총을 베풀어, 잃어버린 남편을 도로 찾도록 해줄 것이다."

Psyche obeyed the commands of Demeter and took her way to the temple of Aphrodite, endeavoring to fortify her mind and ruminating on what she should say and how best propitiate the angry goddess, feeling that the issue was doubtful and perhaps fatal. Aphrodite received her with angry countenance. "Most undutiful and faithless of servants," said she, "do you at last remember that you really have a mistress? Or have you rather come to see your sick husband, yet laid up of the wound given him by his loving wife? You are so ill-favoured and disagreeable that the only way you can merit your lover must be by dint of industry and diligence. I will make trial of your housewifery." Then she ordered Psyche to be led to the storehouse of her temple, where was laid up a great quantity of wheat, barley, millet, vetches, beans, and lentils prepared for food for her pigeons, and said, "Take and separate all these grains, putting all of the same kind in a parcel by themselves, and see that you get it done before evening." Then Aphrodite departed and left her to her task.

프시케는 데메테르의 말을 따라 마음을 단단히 먹으며 아프로디테의 신전으로 갔다. 무슨 말을 해야 노한 여신의 마음을 풀 수 있을까 곰곰이 생각했지만, 아무래도 결과는 좋지 않으리라는 느낌이 들었고, 어쩌면 죽을지도 모를 것 같았다. 아프로디테는 프시케를 노기 띤 얼굴로 대했다. "하인들 가운데서도 가장 불성실한 이것아, 네가 주인을 섬기는 몸이라는 것을 이제야 깨달았느냐? 아니면 사랑하는 아내에게서 받은 상처 때문에 아직도 괴로워하고 있는 남편을 보기 위해 왔느냐? 너는 밉살스럽고 믿음직스럽지 못하기 때문에 네가 연인을 얻을 수 있는 유일한 길은 부지런히 일하는 것밖에 없다. 내가 너의 가정부로서의 솜씨를 시험해 보련다." 이렇게 말하고 나서 아프로디테는 프시케에게 자신의 신전의 창고로 따라오라고 명령했다. 그곳에는 비둘기의 모이로 많은 밀, 보리, 수수, 완두, 콩 따위가 쌓여 있었다. "이 곡식들을 모두 같은 종류별로 가려 놓도록 하여라. 저녁이 되기 전까지 끝마쳐야 할 것이니라." 이렇게 프시케에게 일을 맡기고 아프로디테는 떠났다.

But Psyche, in a perfect consternation at the enormous work, sat stupid and silent, without moving a finger to the inextricable heap. While she sat despairing, Eros stirred up the little ant, a native of the fields, to take compassion on her. The leader of the ant-hill, followed by whole hosts of his six-legged subjects, approached the heap, and with the utmost diligence taking grain by grain, they separated the pile, sorting each kind to its parcel; and when it was all done, they vanished out of sight in a moment. Aphrodite at the approach of twilight returned from the banquet of the gods. breathing odors and crowned with roses. Seeing the task done, she exclaimed, "This is no work of yours, wicked one, but his, whom to your own and his misfortune you have enticed." So saying, she threw her a piece of black bread for her supper and went away.

〈에로스와 프시케〉. 다비드(David, Jacques Louis, 1748~1825)의 작품. 클리블랜드 미술관 소장. 다비드는 19세기 초 프랑스 고전주의 미술의 대표자이다. 프랑스 혁명 당시 자코뱅 당원으로서 혁신파에 가담하기도 하였으며 후일 나폴레옹에게 중용되어 미술계의 실력자가 되어 앵그르, 제라르를 비롯한 고전파 화가들에게 많은 영향을 끼쳤다. 나폴레옹 실각 후 추방되어 1816년 브뤼셀로 망명한 후 조국으로 돌아오지 못하였다.

하지만 프시케는 일거리가 엄청난 데 놀라 멍하니 앉아, 그 무지막지한 곡식더미에 손끝 하나 대지 못했다. 그녀가 실망에 빠져 앉아 있을 때, 에로스는 들판의 주인인 조그만 개미의 마음을 움직여 프시케에게 동정심을 느끼도록 하였다. 개미 언덕의 우두머리는 여섯 개의 다리가 달린 그의 백성을 거느리고 곡식더미에 다가가 온 힘을 다 해 부지런히 곡식을 한 알 한 알 날라 종류별로 구분해 놓았다. 일이 끝나자 개미들은 순식간에 사라져 버렸다. 아프로디테는 황혼이 져서야 향기로운 냄새를 풍기며 장미 화관을 쓴 채로 신들의 향연에서 돌아왔다. 명령한 일이 다 마쳐진 것을 보고 외쳤다. "이것은 네가 한 것이 아니다. 이 못

된 계집아. 네가 꾀어낸 남편이 한 것이 아니더냐." 이렇게 말하며 프시케에게 저녁 거리로 검은 빵 한 조각을 던져 주고는 가버렸다.

Next morning Aphrodite ordered Psyche to be called and said to her, "See over there that grove which stretches along the margin of the water. There you will find sheep feeding without a shepherd, with golden-shining fleeces on their backs. Go, fetch me a sample of that precious wool gathered from every one of their fleeces." Psyche obediently went to the riverside, prepared to do her best to execute the command. But the river god inspired the reeds with harmonious murmurs, which seemed to say, "O maiden, severely tried, tempt not the dangerous flood, nor venture among the formidable rams on the other side, for as long as they are under the influence of the rising sun, they burn with a cruel rage to destroy mortals with their sharp horns or rude teeth. But when the noontide sun has driven the cattle to the shade, and the serene spirit of the flood has lulled them to rest, you may then cross in safety, and you will find the woolly gold sticking to the bushes and the trunks of the trees."

다음날 아침, 아프로디테는 프시케를 불러오게 하여 이렇게 말했다. "물가를 따라 늘어서 있는 저기 저 숲을 보거라. 양치기 없이 풀을 뜯어먹으며 황금 털을 걸친 양들을 볼 수 있을 게다. 가서 저 양털들 하나 하나로부터 값진 털실을 모아 내게 견본으로 가지고 오너라." 프시케는 이 명령을 최선을 다해 받들고자 마음먹고 강가로 갔다. 하지만 강의 신은 갈대로 하여금 노래부르듯 속삭이게 하였다. "가혹한 시련을 받고 있는 처녀야, 위험한 강물을 건너려 하지도 말고 건너편의 무서운 양들 속으로 들어가려 하지도 말거라. 왜냐하면 해가 떠오를 동안에는 그 영향으로 양들이 날카로운 뿔과 사나운 이빨로 사람을 죽이려는 잔인한 분노에 불타기 때문이다.

그러나 해가 중천에 떠 양떼들이 그늘을 찾아가고, 강물의 고요한 정기가 그들을 달래서 쉬게 할 때, 강을 안전하게 건널 수 있고, 덤불이나 나무줄기에 붙어 있는 황금의 양털 부스러기를 찾아낼 수 있단다."

Thus the compassionate river god gave Psyche instructions how to accomplish her task, and by observing his directions she soon returned to Aphrodite with her arms full of the golden fleece; but she received not the approbation of her implacable mistress, who said, "I know very well it is by none of your own doings that you have succeeded in this task, and I am not satisfied yet that you have any capacity to make yourself useful. But I have another task for you. Here, take this box and go your way to the infernal shades, and give this box to Persephone and say, 'My mistress Aphrodite desires you to send her a little of your beauty, for in tending her sick son she has lost some of her own.' Be not too long on your errand, for I must paint myself with it to appear at the circle of the gods and goddesses this

19세기 말 영국의 화가 스펜서 스탠호프의 그림. 저승의 강을 지키는 뱃사공 카론에게 프시케가 동전을 내밀자 카론은 프시케의 입에 무언가를 넣어주고 있다.

evening."

　자상한 강의 신은 이렇게 프시케에게 임무를 수행하는 방법을 가르쳐 주었다. 그가 일러준 대로하여 프시케는 얼마 안 있어 황금 양털을 한아름 안고 아프로디테에게 돌아왔다. 그러나 프시케는 까다로운 여주인의 만족을 얻지 못했고 다음과 같은 말을 들었을 따름이다. "나는 네가 이 일을 마친 것이 네 자신의 힘이 아니라는 것을 잘 알고 있다. 나는 네가 쓸모 있다는 것을 믿지 못하겠다. 다른 일을 시키겠노라. 여기, 이 상자를 가지고 지하세계로 가서 페르세포네에게 전달하며 다음과 같이 말하거라. '나의 주인 아프로디테께서 당신의 아름다움을 조금 나누어 받기를 원하십니다. 아픈 아들을 간호하느라 자신의 아름다움을 약간 잃었기 때문입니다.' 라고 말이다. 심부름 다녀오는 데 너무 지체해서는 안 된다. 얻어온 아름다움을 몸에 바르고 저녁 때 신들의 연회에 나가려 하느니라."

Psyche was now satisfied that her destruction was at hand, being obliged to go with her own feet directly down to Erebus. To make no delay of what was not to be avoided, she goes to the top of a high tower to precipitate herself headlong, thus to descend the shortest way to the shades below. But a voice from the tower said to her, "Why, poor unlucky girl, do you design to put an end to your days in so dreadful a manner?" Then the voice told her how by a certain cave she might reach the realms of Hardes, and how to avoid all the dangers of the road, to pass by Cerberus, the three-headed dog, and prevail on Charon, the ferryman, to take her across the black river and bring her back again. But the voice added, "When Persephone has given you the box filled with her beauty, of all things this is chiefly to be observed by you, that you never once open or look into the box nor allow your curiosity to pry into the treasure of the beauty of the goddesses."

프시케는 이제 죽음이 가까이 왔음을 느꼈다. 제 발로 직접 에레보스(지하세계)에 내려가지 않으면 안 되었기 때문이었다. 어차피 피할 수 없는 일이라면 지체 없이 하려고 프시케는 높은 탑 꼭대기로 올라갔다. 저승으로 가는 가장 빠른 길로 몸을 날리려 한 것이었다. 그때 탑 속에서 어떤 목소리가 들려왔다. "가엾고 불쌍한 소녀여, 왜 그렇게 무서운 방법으로 목숨을 끊으려고 하느냐?" 그리고 나서 그 목소리는, 어떻게 하면 어떤 동굴을 지나 하데스의 나라에 도착할 수 있는지, 어떻게 하면 도중의 위험, 특히 머리가 셋 달린 개 케르베로스의 곁을 무사히 지날 수 있는지, 또 어떻게 하면 검은 강을 건너가고 돌아오게 하는 뱃사공 카론의 마음을 움직일 수 있는지를 가르쳐 주었다. 그리고 다음과 같이 덧붙였다. "페르세포네가 그녀의 아름다움으로 가득 찬 상자를 주거든, 가장 조심해야 할 일은, 그것을 한 번이라도 열거나 들여다보지 말아야 하는 것이며, 또 호기심으로 여신들의 아름다움의 보물을 엿보려 하면 안 된다는 것이니라."

Psyche, encouraged by this advice, obeyed it in all things, and taking heed to her ways travelled safely to the kingdom of Hardes. She was admitted to the palace of Persephone, and without accepting the delicate seat or delicious banquet that was offered her, but contented with coarse bread for her food, she delivered her message from Aphrodite. Presently the box was returned to her, shut and filled with the precious commodity. Then she returned the way she came, and glad was she to come out once more into the light of day. But having got so far successfully through her dangerous task a longing desire seized her to examine the contents of the box, "What," said she, "shall I, the carrier of this divine beauty, not take the least bit to put on my cheeks to appear to more advantage in the eyes of my beloved husband!" So she carefully opened the box, but found nothing there of any beauty at all, but an infernal and truly Stygian sleep, which being thus set free from its prison, took possession of her, and she fell down in the midst of the road, a sleepy corpse without sense or motion.

이 충고에 힘을 얻은 프시케는 모든 것을 일러 주는 대로 조심하면서 무사히 저승에 도착했다. 프시케는 페르세포네의 궁전에 들어가는 것이 허락되었다. 고급 의자와 맛있는 음식이 제공되었으나 프시케는 모두 사양하고 거친 빵으로 식사를 한 뒤 아프로디테의 말을 전달했다. 이윽고 귀한 것으로 가득 차고 뚜껑이 닫힌 상자가 프시케에게 들려졌다. 프시케는 온 길을 되돌아갔으며, 다시 햇빛 비치는 세상으로 나오게 된 것을 너무나 기뻐하였다. 그러나 위험한 임무를 이와 같이 무사히 달성하자 상자 안에 무엇이 들었는지 보고 싶은 강렬한 마음이 일어났다. "신의 아름다움을 나르는 나인데, 이것을 아주 조금만 얼굴에 발라서 사랑하는 남편의 눈에 예쁘게 보이면 안될까!" 그래서 그녀는 조심스럽게 상자를 열어 보았다.

〈황금상자를 열어보는 프시케〉. 존 워터하우스의 그림(1903년).
황금상자에 들어있는 페르세포네의 아름다움의 실체는 다름 아닌 잠이었다. 아프로디테가 탐내는 화장품 역시 잠이었다. 미인은 잠꾸러기라는 말이 신화로 뒷받침되고 있다.

그러나 그 속에는 아름다움이라고는 하나도 없었고, 지옥의 스틱스 강에서 가져온 지독한 잠이 들어 있었다. 잠은 상자에 갇혀 있다가 풀리게 되어 프시케를 덮쳤고, 그녀는 길 한가운데 쓰러져 꼼짝하지 않고 잠자는 시체가 되었다.

But Eros, being now recovered from his wound, and not able longer to bear the absence of his beloved Psyche, slipping through the smallest crack of the window of his chamber which happened to be left open, flew to the spot where Psyche lay, and gathering up the sleep from her body closed it again in the box, and waked Psyche with a light touch of one of his arrows. "Again," said he, "You have almost perished by the same curiosity. But now perform exactly the task imposed on you by my mother, and I will take care of the rest. Then Eros, as swift as lightning penetrating the heights of heaven, presented himself before Zeus with his supplication. Zeus lent a favoring ear, and pleaded the cause of the lovers so earnestly with Aphrodite that he won her consent. On this he sent Hermes to bring Psyche up to the heavenly assembly, and when she arrived, handing her a cup of ambrosia, he said, "Drink this, Psyche, and be immortal; nor shall Eros ever break away from the knot in which he is tied, but these nuptials shall be perpetual." Thus Psyche became at last united to Eros, and in due time they had a daughter born to them whose name was Pleasure.

한편 상처에서 회복한 에로스는 사랑하는 프시케를 간절히 보고파 방의 살짝 열린 창문 틈으로 빠져나와 프시케가 누워 있는 곳으로 날아갔다. 그녀의 몸에서 잠을 끌어 모아 다시 상자 안에 가두고 화살로 가볍게 그녀를 찔러 깨웠다. "또 전과 같은 호기심 때문에 그대가 죽을 뻔했소. 하지만 이제 어머니가 분부하신 임무를 완수하시오. 나머지는 내가 맡겠소." 에로스는 높은 하늘을 꿰뚫는 번개처럼 빠르게 제우스 앞에 나아가 탄원을 올렸다. 제우스는 이 탄원에 귀를 기울이고는 두 연인을 위해서 아프로디테를 열심히 설득시켜 마침내 여신의 승낙을 얻어냈다. 그리고 제우스는 헤르메스를 보내 프시케를 하늘 나라 회의에 참석케 했다. 그녀가 도착하자 제우스는 암브로시아를 건네어 주면서 이렇게 말했다. "프시케야, 이 걸 마시고 불사의 신이 되어라. 에로스는 너와 맺어진 인연을 끊지 못할 것이며 이 결혼은 영원할 것이다." 이리하여 프시케는 마침내 에로스와 결합했다. 둘 사이에는 딸이 하나 탄생했는데, 그 아이의 이름은 〈즐거움〉이었다.

〈프시케와 에로스〉. 프랑스화가 제라르(Gerard, Francois, 1770~1837)의 그림. 프시케의 머리 위로 나비가 날고 있다. psyche에는 '나비'의 뜻과 함께 '정신'이라는 뜻이 있다. psychology(심리학). psychotherapy(정신요법) 등의 단어가 파생했다.

ECHO AND NARCISSUS
에코와 나르키소스

Echo was a beautiful nymph, fond of the woods and hills, where she devoted herself to woodland sports. She was a favorite of Artemis, and attended her in the chase. But Echo had one failing; she was fond of talking, and whether in chat or argument, would have the last word. One day Hera was seeking her husband, who, she had reason to fear, was amusing himself among the nymphs. Echo by her talk contrived to detain the goddess till the nymphs made their escape. When Hera discovered it, she passed sentence upon Echo in these words: "You shall forfeit the use of that tongue with which you have cheated me, except for that one purpose you are so fond of—reply. You shall still have the last word, but no power to speak first."

에코는 아름다운 님프였다. 숲과 언덕을 좋아했고 숲에서 노는 데 빠져 있었다. 그녀는 아르테미스의 귀여움을 받고 사냥하는 데 따라다녔다. 그러나 이 에코에게 는 하나의 결점이 있었는데 그것은 말하기를 좋아하여 수다를 떨거나 말씨름을 할 때 끝까지 말을 잇는 것이었다. 하루는 헤라가 남편을 찾고 있었는데 남편은 의심한 대로 님프들 속에서 즐거움을 만끽하고 있었다. 에코는 님프들이 달아나기까지 여 신을 붙들어 놓으려고 계속 지껄였다. 이 사실을 알아차린 헤라는 다음과 같은 말을 에코에게 했다. "나를 속인 그 혀를 못쓰게 만들어 주겠다. 네가 좋아하는 말대꾸만은 허락하마. 남이 말한 뒤에 말할 수는 있지만 남보다 먼저 말할 수는 없을 게다."

This nymph saw Narcissus, a beautiful youth, as he pursued the chase upon the mountains. She loved him and followed his footsteps. O how she longed to address him in the softest accents, and win him to converse! but it was not in her power. She waited with impatience for him to speak first, and had her answer ready. One day the youth, being separated from his companions, shouted aloud, "Who's here?"

이러한 벌을 받은 에코는 어느 날 산으로 사냥을 나온 나르키소스라는 아름다운 청년을 보았다. 에코는 그를 사랑하게 되어 그의 뒤를 따라갔다. 얼마나 그녀는 부드러운 소리로 말을 걸어 그와 이야기하고 싶었을까! 하지만 그럴 수가 없었다. 그녀는 그가 먼저 말을 걸어주기를 초조한 마음으로 기다렸고 대답도 준비해 두었다. 하루는 청년이 사냥하던 친구들과 떨어져 외쳤다. "여기 누구 없소?"

Echo replied, "Here." Narcissus looked around, but seeing no one, called out, "Come." Echo answered, "Come." As no one came, Narcissus called again, "Why do you shun me?" Echo asked the same question. "Let us join one another," said the youth. The maid answered with all her heart in the same words, and hastened to the spot, ready to throw her arms about his neck. He started back, exclaiming, "Hands off! I would rather die than you should have me!" "Have me," said she; but it was all in vain.

에코가 대답했다. "여기요." 나르키소스는 주위를 둘러보았지만 아무도 발견하지 못해 "오라" 하고 다시 외쳤다. 에코는 "와요" 하고 대답했지만 아무도 오지 않았으므로 나르키소스는 "왜 당신은 나를 피하는가?"고 다시 불렀다. 에코도 같은 질문을 하였다. "우리 서로 만나자" 하고 청년이 말했다. 처녀도 진심으로 같은 말을 하고 그 장소로 급히 달려가서 그의 목에 팔을 두르려고 했다. 그는 뒤로 물러서면서 외쳤다. "놓아라, 네가 나를 붙잡는다면 차라리 죽고 말겠다". "나를 안아 주세요" 하고 그녀가 말했지만 아무 소용이 없었다.

부게로의 〈님프와 사티로스〉. 아름다운 님프들이 사티로스를 물가로 데려가며 장난을 치고 있다. 1873년 작품.

He left her, and she went to hide her blushes in the recesses of the woods. From that time forth she lived in caves and among mountain cliffs. Her form faded with grief, till at last all her flesh shrank away. Her bones were changed into rocks and there was nothing left of her but her voice. With that she is still ready to reply to any one who calls her, and keeps up her old habit of having the last word.

그는 그녀를 버리고 떠났고 그녀는 부끄러움을 감추려 숲 속으로 들어갔다. 그때부터 그녀는 동굴 속이나 산의 절벽에서 살게 되었다. 그녀의 몸은 슬픔으로 여위어 갔고 끝내 모든 살이 없어졌다. 그녀의 뼈는 바위로 변했고 남은 것이라고는 목소리밖에 없게 되었다. 이 목소리로 에코는 지금도 그녀를 부르는 어떤 사람에게도 대답을 하며 끝까지 대꾸하는 이 오랜 습관을 지니게 된 것이다.

Narcissus's cruelty in this case was not the only instance. He shunned all the rest of the nymphs, as he had done poor Echo. One day a maiden who had in vain endeavored to attract him uttered a prayer that he might some time or other feel what it was to love and meet no return of affection. The avenging goddess heard and granted the prayer.

나르키소스의 잔인성은 여기에서만 그치는 것이 아니었다. 그는 에코에게 한 것처럼 다른 모든 님프들도 피했다. 어느 날 그의 마음을 끌려고 노력했지만 소용을 보지 못한 어떤 처녀가 기도를 올렸다. 그도 어느 때인가 사랑하고 그 보답을 받지 못하는 것이 어떠한 것인지를 깨닫게 해달라는 것이었다. 복수의 여신은 기도를 듣고 이를 응낙하였다.

There was a clear fountain, with water like silver, to which the shepherds never drove their flocks, nor the mountain goats resorted, nor any of the beasts of the forests; neither was it defaced with fallen leaves or branches; but the grass grew fresh around it, and the rocks sheltered it from the sun. Here came one day the youth, fatigued with hunting, heated and thirsty. He stooped down to drink, and saw his own image in the water; he thought it was some beautiful water-spirit living in the fountain.

어느 맑은 샘이 하나 있었는데 물이 마치 은처럼 빛나고 있어 양치기들도 그곳으로는 양떼를 몰지 않았고 산양이나 다른 숲의 짐승들도 가지 않았다. 나뭇잎이나 가지가 떨어져 더럽혀지는 일도 없었고 잔디만이 샘 주변에 푸르게 우거져 있었고 바위가 햇빛으로부터 몸을 숨기고 있었다. 어느 날, 나르키소스는 사냥과 더위와 갈증으로 지쳐 이 샘가에 왔다. 그가 몸을 굽히고 물을 마시려 했을 때 물 속에 비친

〈나르키소스와 에코〉. 워터하우스(Waterhouse,John William)의 1903년 작품.

자기 그림자를 보았다. 그는 그것이 이 샘에 사는 어떤 아름다운 물의 요정인 줄 알았다.

He stood gazing with admiration at those bright eyes, those locks curled like the locks of Dionysos or Apollon, the rounded cheeks, the ivory neck, the parted lips, and the glow of health and exercise over all. He fell in love with himself. He brought his lips near to take a kiss; he plunged his arms in to embrace the beloved object. It fled at the touch, but returned again after a moment and renewed the fascination. He could not tear himself away; he lost all thought of food or rest. while he hovered over the brink of the fountain gazing upon his own image. He talked with the supposed spirit: "Why, beautiful being, do you shun me?

Surely my face is not one to repel you. The nymphs love me, and you yourself look not indifferent upon me. When I stretch forth my arms you do the same; and you smile upon me and answer my beckonings with the like."

그는 찬탄을 금하지 못하면서, 그의 빛나는 두 눈, 디오니소스나 아폴론과 같은 곱슬곱슬한 머리, 둥그스름한 볼, 상아 같은 목, 두 입술, 그리고 이 모든 것 위에 빛나는 건강하고 단련된 모습을 바라보며 서 있었다. 그는 그 자신과 사랑에 빠졌다. 키스를 하려고 입술을 댔고 사랑하는 대상을 포옹하려고 팔을 물 속으로 넣었다. 손을 대자마자 그것은 달아났지만 잠시 후 다시 돌아와 그 유혹을 계속하는 것이었다. 그는 그곳을 떠날 수가 없었다. 먹는 것도 잠자는 것도 잊고 언제까지나 샘 곁에서 서성이며 자신의 그림자를 바라보고 있었다. 그는 자신이 요정이라 생각한 존재에게 말을 걸었다. "아름다운 그대는 왜 나를 피하나요? 나의 얼굴이 그대가 싫어할 정도로 못생기지는 않았습니다. 님프들은 나를 사랑하고 그대도 내게 무관심하지는 않은 것 같군요. 내가 팔을 내밀면 그대도 내밀고, 내게 미소를 지으며, 내 손짓에 그대도 손짓을 하고 있군요."

His tears fell into the water and disturbed the image. As he saw it depart, he exclaimed, "Stay, I entreat you! Let me at least gaze upon you, if I may not touch you." With this, and much more of the same kind, he cherished the flame that consumed him, so that by degrees be lost his color, his vigor, and the beauty which formerly had so charmed the nymph Echo. She kept near him, however, and when he exclaimed, "Alas! alas!" she answered him with the same words. He pined away and died; and when his shade passed the Stygian river, it leaned over the boat to catch a look of itself in the waters. The nymphs mourned for him, especially the water-nymphs; and when they smote their breasts Echo

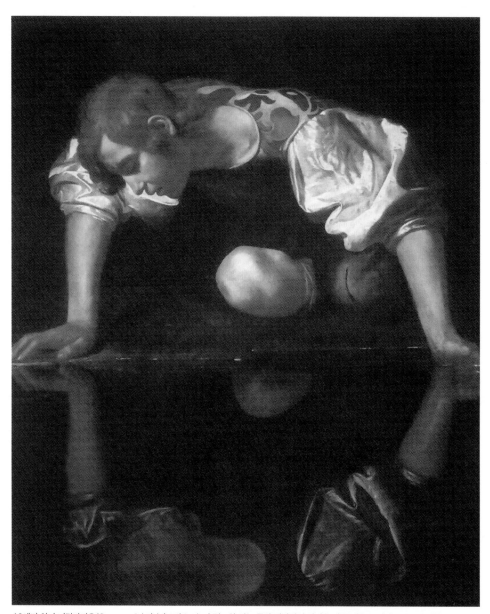

16세기 화가 카라바지오(Caravaggio)의 〈나르키소스〉. 숨결조차 멎는 듯한 적막감이 화면을 가득 채우고 있다. 1599년 작품.

smote hers also. They prepared a funeral pile and would have burned the body, but it was nowhere to be found; but in its place a flower, purple within, and surrounded with white leaves, which bears the name and preserves the memory of Narcissus.

그의 눈물이 물 속에 떨어져서 모습을 흔들어 댔다. 그것이 떠나는 것을 보고 그는 외쳤다. "제발 부탁이니 머물러 주시오. 손을 대는 것이 안 된다면 바라보는 것만이라도 허락해 주시오." 그를 애태우는 정염(情炎) 때문에 안색은 날로 초췌해졌고 힘은 쇠약해지고, 님프 에코를 매혹케 한 예전의 아름다움은 사라져 갔다. 하지만 에코는 아직 그의 곁에서 그가 〈아, 아!〉 하고 외치면 그녀도 같은 말로 대답하였다. 그는 애타게 갈망하다가 결국 죽고 말았다. 그의 영혼이 스틱스 강을 건널 때도 그는 배 위에서 몸을 굽혀 물 속을 들여다보려 했다. 님프들은 그를 슬퍼했고 특히 물의 님프들이 더욱 슬퍼했다. 그리고 그들이 가슴을 두들기며 슬퍼할 때 에코도 자기의 가슴을 두들겼다. 그들은 나무더미를 준비하고 화장을 준비했지만 시체를 발견할 수가 없었다. 그 대신 한 송이 꽃을 발견했는데, 속은 자줏빛이고 흰 잎으로 둘러싸여 있었다. 그것은 수선화라 불리며 나르키소스의 추억을 간직하고 있다.

HERO AND LEANDER
헤로와 레안드로스

Leander was a youth of Abydos, a town of the Asian side of the strait which separates Asia and Europe. On the opposite shore, in the town of Sestos, lived the maiden Hero, a priestess of Aphrodite. Leander loved her, and used to swim the strait nightly to enjoy the company of his mistress, guided by a torch which she reared upon the tower for the purpose. But one night a tempest arose and the sea was rough; his strength failed, and he was drowned. The waves bore his body to the European shore, where Hero became aware of his death, and in her despair cast herself down from the tower into the sea and perished.

레안드로스는 아비도스의 청년이었다. 아비도스는 아시아와 유럽을 가르는 해협의 아시아 쪽에 있는 도시다. 그 반대편 해안에 있는 세스토스라는 도시에는 아프로디테의 여사제인 헤로라는 처녀가 살고 있었다. 레안드로스는 그녀를 사랑하여 밤마다 이 해협을 헤엄쳐 건너가 애인과 사랑을 나눴다. 그녀는 탑에다 횃불을 밝혀 그를 인도했다. 그러나 어느 날 밤 폭풍우가 일어 바다가 거칠어졌다. 레안드로스는 힘이 부쳐 물에 빠져 죽고 말았다. 파도가 그의 시체를 유럽쪽 해안으로 운반했기 때문에 헤로는 그의 죽음을 알게 되었고, 절망한 나머지 그녀도 탑에서 바다로 몸을 던져 죽어버렸다.

죽은 레안드로스를 발견하는
헤로. 19세기 동판화.

Vocabulary Study

G

● **gamy** 결혼(marriage)

monogamy[mənágəmi] *n.* 일부일처제

> ▶ **mono**(하나 = one) + **gamy**(=marriage)

polygamy[pəlígəmi] *n.* 일부다처제

> ▶ **poly**(많은 = many) + **gamy**(=marriage)

bigamy[bígəmi] *n.* (法)중혼(重婚)

> ▶ **bi**(=two) + **gamy**(=marriage)

In Korea, bigamy is illegal. (한국에서 이중혼인은 불법이다.)

> **GAS** 일반적으로 기체의 총칭으로 쓰이며 특정한 모양이 없이 공간에 존재하는 gas는 네덜란드의 화학자 헬몬트가 1600년경에 만든 말이다. 석탄이 연소되면서 발생하는 증기를 연구하던 그는 바로 이 모양 없는 실체를, chaos에서 ch를 g로 바꾸고 o를 생략하여 gas라고 이름지었다. 액체상태인 석유에서 가장 기화하기 쉬운 물질 역시 gasoline(휘발유)이다.

● **gen** 발생(birth)

eugenics[ju:dʒéniks] *n.* 우생학(優生學)

> ▶ **eu**(좋은 = good) + **gen**(=birth) + **ics**(학문 = study)

Eugenics became a fundamental theory of Nazism in Germany.

(우생학은 독일에서 나치즘의 기초적 이론이 됐다.)

engine[éndʒən] *n.* 엔진, 기관 ▶ **en**(=into) + **gine**(발생 = birth)

genuine[dʒénjuin] *a.* 진품의, 순종의 ▶ **genu**(=birth) + **ine**

This is a genuine work of Picasso's. (이것은 피카소의 진품이다.)

genius[dʒí:njəs] *n.* ('수호신'에서) 천재, 천부적 재능 ▶ **gen**(=birth) + **ius**

Beethoven had a genius for music. (베토벤은 음악에 천부적 재능을 지녔다.)

germ[dʒə:rm] *n.* 싹, 세균

germinate[dʒə́:rmənèit] *vt.vi.* 싹트게 하다, 발생시키다

> ▶ **germin**(=birth) + **ate**

Necessity germinates invention. (필요는 발명을 싹트게 한다.)

generous[dʒénərəs] *a.* 관대한, 아량 있는, 고결한 ▶ gener(=birth) + ous

Then his wife, with a generous self-devotion, proffered herself as the substitute.

(그러자 그의 아내가 고결한 희생의 정신으로 자기가 대신 죽겠다고 자청했다.)

● **gest** 운반하다(carry)

digest[didʒést] *vt.* 소화하다, 간추리다 ▶ di(떼어내 = away) + gest(운반하다 = carry)

The lazy students could not digest the professor's lecture.

(게으른 학생들은 교수의 수업을 소화해 낼 수 없었다.)

gesture[dʒéstʃər] *n.* 몸짓, 제스처 ▶ gest(=carry) + ure

suggest[səgdʒést] *vt.* 시사하다, 제안하다 ▶ sug(아래로 = sub = under) + gest(=carry)

register[rédʒəstər] *vi.vt.* 등록하다, 기재하다 *n.* 기재, 등록

▶ re(=back) + gist(=bring) + er

They had to register the baby's birth in their hometown.

(그들은 아이의 출생을 고향에서 등록해야만 했다.)

● **gl** 빛나다(shine)

glory[glɔ́:ri] *n.* 영광 ▶ gl(=shine) + ory

gloss[glɔs] *n.* 광택, 허식

glow[glou] *n.* 백열(白熱:불꽃없이 타는 열) *vi.* 달아오르다.

The winner's face glowed with joy. (승자의 얼굴은 기쁨에 달아올랐다.)

glitter[glítər] *vi.* 빛나다

All that glitters is not gold. (반짝이는 것이 모두 금은 아니다.—격언)

glance[glæns] *vt.* 흘깃 보다 *n.* 흘깃 봄

The policeman recognized the suspect at a glance.

(경관은 용의자를 한 눈에 알아챘다.)

● **gno** 알다(know)

noble[nóubəl] *a.*('잘 알려진'에서) 고귀한, 고상한 *n.* 귀족 ▶ no(=know) + ble

diagnosis[dàiəgnóusis] *n.* 진단 ▶ dia(통하여 = through) + gnosis(=know)

recognize[rékəgnàiz] *vt.* 인정하다, 인지하다

▶ re(=again) + co(=together) + gn(=know) + ize(동사화접미사)

The teacher could not recognize her to be honest.

(선생님은 그녀가 정직하다고 인정할 수 없었다.)

incognito[inkǽgnitòu] *a.* 익명의 *ad.* 익명으로

▶ in(=not) + co(=together) +gn(know) + ito

Sometimes, the king traveled incognito. (왕은 가끔 신분을 숨긴 채 여행을 다녔다.)

● **grad** 걷다, 단계(step)

graduate[grǽdʒuèit] *vi.vt.* 졸업하다, 졸업시키다 *n.* 졸업생, 대학학사

▶ gradu(=step) + ate

progress[prágres] *n.* 진보 *vi.* 진보하다, 발달하다

▶ pro(앞으로 = forward) + gress(=step)

aggress[əgrés] *vt.* 침략하다 ▶ ag(=toward) + gress(=step)

He looked at this dreadful result of his unjust aggression, and felt confounded.

(그는 자신의 정당하지 못한 공격이 끔찍한 결과를 불러오자 이에 당황했다.)

transgress[trænsgrés] *vi.vt.* 지나치다, 위반하다 ▶ trans(=through) + gress(=step)

As he transgressed the will of Zeus, he had to be chained to a rock. where a vulture preyed on his liver. (그는 제우스의 뜻을 거역했으므로 바위에 묶였고, 그곳에서 독수리가 그의 간을 파먹었다.)

● **gram** 그리다(draw)

diagram[dáiəgræm] *n.* 도형, 도표 ▶ dia(=through) + gram(=draw)

program[próugræm] *n.* 프로그램, 시간표 ▶ pro(=forward) + gram(=draw)

hologram[háləgræm] *n.* (레이저 등을 이용한) 입체사진

▶ holo(전체의 = whole) + gram(그림 = draw)

● **graph** 쓰다(write)

autograph[ɔ́:təgræf] *n.* 자필 ▶ auto(=self) + graph(=write)

paragraph[pǽrəgræf] *n.* 짧은 기사, 짧은 논설

▶ para(옆으로 = beside) + graph(=write)

photograph[fóutəgræf] *n.* 사진 ▶ photo(=light) + graph(=write)

루벤스의 〈사슬에 묶인 프로메테우스〉. 1612년 작품.

● **grat** 감사(thank), 기쁘게 하는(pleasing)

gratitude[grǽtətjùːd] *n.* 감사, 감사의 마음 ▶ grati(=thank) + tude(명사화접미사)

The gratitude of the people for their deliverance was so great that they made Oedipus their king. (사람들은 오이디푸스에 의하여 구출된 것을 감사히 여겨 그를 나라의 왕으로 받들었다.)

ingratitude[ingrǽtətjùːd] *n.* 배은망덕 ▶ in(=not) + gratitude

They were changed into lions for their ingratitude to the goddess.

(그들은 여신에게 배은망덕한 죄로 사자가 되었다.)

congratulate[kəngrǽtʃəlèit] *vt.* 축하하다

  ▶ con(=together) + gratul(=thankful) + ate(동사화접미사)

People congratulated the prince on his wedding. (사람들은 왕자에게 결혼을 축하했다.)

grace[greis] *n.* 우아함, 아름다움, 신의 은총

  the three Graces 그라케여신들(아름다움, 우아함, 기쁨을 상징하는 세 자매 여신들)

gracious[gréiʃəs] *a.* 친절한, 자비로운

graceful[gréisfəl] *a.* 우아한, 고상한 (=elegant)

disgrace[disgréis] *n.* 불명예, 창피 ▶ dis(=not) + grace(기쁘게 하는 = pleasing)

Poverty is no disgrace. (가난은 불명예가 아니다.)

● **grav** 무거운(heavy)

grave[greiv] *a.* 무거운, 진지한 *n.* 무덤

What is learned in the cradle is carried to the grave.

(요람에서 배운 것이 무덤까지 간다.―격언)

gravity[grǽvəti] *n.* 무게, 중력

Zeus was sitting with august gravity in the midst of celestial hall.

(제우스는 하늘나라 궁전의 중앙에 존엄하게 앉아 있었다.)

grieve[griːv] *vi.vt.* 슬퍼하다, 슬프게 하다

You should rather have grieved when the people showered upon me undeserved honors. (여러분은 사람들이 제게 어울리지 않는 영예를 씌워줄 때 슬퍼하셨어야만 했답니다.)

루벤스의 〈미의 세 여신(the three Graces)〉. 루벤스는 자신의 두 아내를 이 작품의 모델로 그렸다. 오른 편의 여인이 사별한 첫째 부인 이사벨라이고, 왼편의 여인이 두 번째 부인인 엘렌이다. 그는 이 작품을 죽을 때까지 누구에게도 팔지 않았다고 한다. 마드리드 프라도미술관 소장. 1639년 작품.

Chapter 8 동사 *Verb*

1 문장의 종류

① 제1형식: s + v

The earth moves round the sun.

② 제2형식: s + v + c

He lived a saint and died a martyr.

③ 제3형식: s + v + o

He prides himself on his garden.

④ 제4형식: s + v + i.o (간접목적어) + d.o (직접목적어)

She asked me a question.

⑤ 제5형식: s + v + o + o.c (목적격보어)

Apollon saw her eyes bright as stars.

cf. make 동사의 문형종류

We made toward the museum. (1형식)

(우리는 박물관으로 갔다.)

He will make an excellent scholar. (2형식)

(그는 뛰어난 학자가 될 것이다.(make = become))

She always made good marks at school. (3형식)

(그녀는 늘 학교 성적이 좋았다.)

She made him a new suit. (4형식)

(그녀는 그에게 새 옷을 지어주었다.)

The king made him his successor on the throne. (5형식)

(왕은 그가 자신의 옥좌를 계승하도록 했다.)

2 동사에 따른 문장형식

1 제1형식동사

① There + 동사

There came a panic at the market.

= A panic came at the market.

(시장에 공황이 왔다.)

② 존재를 나타내는 be (=exist)

To be or not to be, that is the question.

(사느냐, 죽느냐 그것이 문제로다.)

③ 기타 완전 자동사

This book **sells** well.

(이 책은 잘 팔린다.)

This English word does not **translate** into French.

(이 영어단어는 불어로 번역되지 않는다.)

That door won't **open**.

(저 문은 잘 열리지 않는다.)

2 제2형식동사

① 보어를 취하는 be 동사

Man is mortal.

② 그 밖의 불완전 자동사

His son **became** a doctor.

(그의 아들은 의사가 되었다.)

She had **kept** quiet until her son confessed his failure.

(그녀는 아들이 잘못을 자백하기 전까지 침묵을 지켰다.)

This food **smells** delicious.

(이 음식은 향내가 좋다.)

She **seems** a very old woman.

(그녀는 매우 나이 들어 보인다.)

He **came** an enemy and **returned** a friend.

(그는 적으로 왔다가 친구가 되어 돌아갔다.)

3 제3형식동사

① 완전타동사

Honey helps the cough. (help=cure)

(꿀은 기침에 좋다.)

② 재귀대명사를 목적어로 쓰는 동사

She absented herself from the meeting.

(그녀는 모임에 불참했다.)

4 제4형식동사

〈S + V + 간접목적어 + 직접목적어〉의 4형식문장은 간접목적어 앞에 to, for, of, on을
써서 3형식으로 바꿀 수 있다.

① to를 쓰는 경우

Bob payed Nancy the money.

→ Bob payed the money to Nancy.

② for를 쓰는 경우

Nancy had bought him a watch.

→ Nancy had bought a watch for him.

③ of를 쓰는 경우

Bob asked her a question.

→ Bob asked a question of her.

④ on을 쓰는 경우

You had imposed me a heavy duty.

→ You had imposed a heavy duty on me.

5 제5형식동사

① 목적보어가 명사 혹은 형용사인 경우

She thought him an **idiot**.

Money didn't make her **happy**.

I am sorry to have kept you **waiting** so long. (현재분사)

He kept his eyes **closed** for some time. (과거분사)

② 목적보어가 to부정사인 경우

She allowed him **to meet** her son.

③ 목적보어가 원형부정사인 경우

• 지각동사 feel, see, hear, notice, observe, watch 등

She saw him **enter** the room.

• 사역동사 let, make, have 등

She made her son **say** hello to him.

cf. help는 목적보어로 to부정사나 원형부정사 모두 쓴다.

Would you help me (to) carry this box?

cf. hope, say는 that-절을 목적어로 하는 3형식 문장을 만든다(to부정사 못 취함).

I hope that you will be a good architect.

Mother said that I have a skill to build a house like my father.

cf. want 는 to부정사를 이용해 5형식문장을 만든다(that절을 가지지 않는다).

I want you to come again next year.

6 주의해야 할 자동사와 타동사

- He attended the law-school.
  (attend = 다니다, 참석하다)
- You must attend to your study.
  (attend to = 주의하다, 힘쓰다)
- He entered the store.
  = He went into the store.
- Bob married nancy.
  = Nancy was married to Bob.
- He reached the station at last.
  = He arrived at the station at last.
- He had to leave his homeland.
  (leave = ~을 떠나다)
- He is leaving for London tonight.
  (leave for = ~을 향해 출발하다)
- He graduated from Yale.
  = He was graduated from Yale. (모두 가능한 표현임)
- They believe in Buddha.
  (believe in = ~의 가치·존재를 믿다)

오딜롱 르동의 〈부처〉. 1905년 작품.

ATHENA
아테나

Athena, the goddess of wisdom, was the daughter of Zeus. She was said to have leaped forth from his brain, mature, and in complete armor. She presided over the useful and ornamental arts, both those of men—such as agriculture and navigation—and those of women, – spinning, weaving, and needlework. She was also a warlike divinity; but it was defensive war only that she patronized, and she had no sympathy with Ares's savage love of violence and bloodshed. Athens was her chosen seat, her own city, awarded to her as the prize of a contest with Poseidon, who also aspired to it.

지혜의 여신 아테나는 제우스의 딸이었다. 그녀는 제우스의 머리에서 다 자란 모습으로, 완전히 무장한 채 뛰어나왔다고 전해지고 있다. 그녀는 실용적인 기술이나 장식적인 기술을 관장하여 남자의 기술로는 농업과 항해술 등을, 여자의 기술로는 실짜기, 천만들기, 바느질 등을 아울렀다. 아테나는 또 전쟁의 신이기도 했다. 그러나 그녀가 지원하는 것은 방위적인 전쟁이었고, 폭력과 유혈을 좋아하는 아레스의 야만성에는 찬성하지 않았다. 아테나이는 그녀가 선정한 땅으로, 그녀의 도시였다. 그녀와 마찬가지로 이 도시를 원하고 있던 포세이돈과 경쟁한 끝에 승리를 거둠으로써 그녀가 얻게 된 도시였다.

The tale ran that in the reign of Cecrops, the first king of Athens, the two deities contended for the possession of the city. The gods decreed that it should be awarded to that one who produced the gift most useful to mortals. Poseidon gave the horse; Athena produced the olive. The gods gave judgment that the olive was the more useful of the two, and awarded the city to the goddess; and it was named after her, Athens, her name in Greek being Athene.

즉, 아테나이의 최초의 왕 케크롭스 시대에 아테나와 포세이돈 두 신이 그 도시를 자기의 것으로 만들려고 싸운 것으로 전해진다. 신들은 인간에게 가장 유익한 선물을 준 신이 그 도시를 차지해야 한다고 선언했다. 포세이돈은 인간에게 말을 주었고 아테나는 올리브나무를 주었다. 신들은 올리브나무가 더 쓸모 있다고 판정하고 이 도시를 여신에게 주었다. 그래서 그 도시는 그녀의 그리스식 이름을 따라 아테나이라고 불렸다.

파르테논 신전과 엘긴 마블스　아테나여신은 결혼이나 연애를 하지 않았기 때문에 아테나 파르테노스(Athena Parthenos:처녀 아테나)로 불린다. 기원전 480년경 전성기를 맞은 아테네 민주주의의 지도자 페리클레스는 건축가 익티노스로 하여금 도리아식 건물을 짓도록 했다. 이것이 바로 오늘날까지 아름다운 자태를 간직하고 있는 파르테논 신전이다. 신전을 장식하던 아름다운 부조물들을 떼어간 이들이 영국인들이다. 그들은 이 귀중한 아테네의 유산을 엘긴 마블스(Elgin Marbles : 엘긴의 대리석)라는 이름으로 런던 대영박물관에 전시하고 있다.

There was another contest, in which a mortal dared to come in competition with Athena. That mortal was Arachne, a maiden who had attained such skill in the arts of weaving and embroidery that the nymphs themselves would leave their groves and fountains to come and gaze upon her work. It was not only beautiful when it was done,

파르테논 신전의 동쪽을 장식하던 〈여신상〉.
엘긴 마블즈의 하나.
런던 대영박물관 소장.

but beautiful also in the doing. To watch her, as she took the wool in its rude state and formed it into rolls, or separated it with her fingers and carded it till it looked as light and soft as a cloud, or twirled the spindle with skillful touch, or wove the web, or, after it was woven, adorned it with her needle, one would have said that Athena herself had taught her.

또 다른 경쟁도 있었는데, 그것은 아테나여신에게 감히 도전한 인간과의 경쟁이었다. 그 인간은 아라크네라는 처녀였다. 그녀는 길쌈과 자수에 대단한 솜씨를 지니고 있어 님프들조차 그들이 살고 있는 숲과 샘을 떠나 그녀의 솜씨를 보러 올 정도였다. 완성된 작품이 아름다울 뿐만 아니라 일을 하고 있는 모습 역시 아름다웠다. 그녀가 헝클어져 있는 털실로 타래를 만들거나, 손가락으로 구분해 구름과 같이 가볍고 부드럽게 보일 때까지 빗질을 하거나, 북을 솜씨 있게 돌리거나, 천을 짜거나, 짠 뒤에 바늘로 수를 놓는 모습을 본 사람은 아테나 여신이 그녀를 가르쳤다고 말할 만한 것이었다.

But this she denied, and could not bear to be thought a pupil even of a goddess. "Let Athena try her skill with mine," said she; "if beaten I will pay the penalty." Athena heard this and was displeased. She assumed the form of an old woman and went and gave Arachne some friendly advice. "I have had much experience," said she, "and I hope you will not despise my counsel. Challenge your fellow-mortals as you will, but do not compete with a goddess. On the contrary, I advise you to ask her forgiveness for what you have said, and as she is merciful perhaps she will pardon you." Arachne stopped her spinning and looked at the old dame with anger in her countenance. "Keep your counsel," said she, "for your daughters or handmaids; for my part I know what I say, and I stand to it. I am not afraid of the goddess; let her try her skill, if she dare venture."

그러나 그녀는 이를 부정하였고 비록 여신일지라도 그 제자로 간주되는 것을 못 견뎠다. "아테나와 내가 겨뤄보게 하세요. 만약 지면 벌을 받지요." 하고 그녀는 말했다. 아테나는 이 말들 듣고 기분이 상했다. 아테나는 노파로 변장하고 아라크네에게 다가가 친절히 충고를 하였다. "나는 많은 경험을 하였지요. 당신이 나의 이야기를 경멸치 않기 바랍니다. 같은 인간에게라면 얼마든지 경쟁을 하세요. 하지만 여신과는 경쟁하지 말아요. 도리어 당신이 말한 것에 대하여 여신께 용서 빌기를 충고합니다. 여신은 인자하시기 때문에 아마도 당신을 용서하실 것입니다." 아라크네는 베를 짜던 손을 멈추고 화난 얼굴로 노파를 노려보았다. "그런 충고는 당신의 딸이나 하녀에게 하세요. 나는 내가 한 말을 알고 있고, 취소하지 않겠습니다. 나는 여신이 두렵지 않아요. 겨룰 마음이 있다면 여신더러 내게 솜씨를 보이라고 하세요."

〈아테나와 켄타우로스〉. 본능(켄타우로스)에 대한 지성(아테나)의 승리를 나타내고 있다. 이탈리아의 거장 보티첼리의 1482년 작품. 플로렌스의 우피치미술관 소장.

"She comes," said Athena; and dropping her disguise stood confessed. The nymphs bent low in homage, and all the bystanders paid reverence. Arachne alone was unterrified. She blushed, indeed; a sudden color dyed her cheek, and then she grew pale. But she stood to her resolve, and with a foolish conceit of her own skill rushed on her fate. Athena forbore no longer nor interposed any further advice. They proceed to the contest. Each takes her station and attaches the web to the beam. Then the slender shuttle is passed in and out among the

티치아노의 작품(1559년). 〈겁탈당하는 에우로페〉. 하얀 소로 변신한 제우스가 에우로페를 등에 업고 바다를 건너갔다. 에우로페가 건너간 땅이 바로 유럽(Europe)이 된 것이다.

threads. The reed with its fine teeth strikes the woof into its place and compacts the web. Both work with speed; their skillful hands move rapidly, and the excitement of the contest makes the labor light.

"그러마" 하고 아테나는 변장을 벗어 던지고 정체를 드러냈다. 님프들은 몸을 숙이고 경의를 표했으며, 옆에 있던 모든 사람들도 경외심을 표했다. 아라크네만이 두려워하지 않았다. 사실 그녀의 뺨은 갑자기 붉어졌다가는 곧 창백해졌다. 그러나 아라크네는 결심을 바꾸지 않고 어리석게 자신의 기술을 믿고서는 운명을 향해 돌진했다. 아테나는 더 이상 참을 수 없었고 더 이상의 충고도 하지 않았다. 그들은 경쟁을 시작했다. 각자 자리에 앉아 천을 틀에 걸었다. 재봉틀의 북이 실 날 사이로 황홀하게 움직였다. 가느다란 이를 가진 바디는 직물을 꿰어갔고 피륙의 짜임을 촘촘하게 하였다. 둘 다 빨리 일을 했다. 그들의 솜씨 좋은 손은 빨리 움직였고 경쟁의 흥분으로 일이 활기를 띠었다.

Athena worked on her web the scene of her contest with Poseidon. Twelve of the heavenly powers are represented, Zeus, with august gravity, sitting in the midst. Poseidon, the ruler of the sea, holds his trident, and appears to have just smitten the earth, from which a horse has leaped forth. Athena depicted herself with helmed head, her Aegis covering her breast. Such was the central circle; and in the four corners were represented incidents illustrating the displeasure of the gods at such presumptuous mortals as had dared to contend with them. These were meant as warnings to her rival to give up the contest before it was too late.

아테나는 자기의 직물에다 포세이돈과 경쟁했을 때의 광경을 짜 넣었다. 천상의 열두 신이 그려졌고, 제우스가 위엄 있게 중앙에 자리잡고 있었다. 바다의 지배자 포세이돈은 그의 삼지창을 손에 들고 방금 땅을 치고 온 모양으로 그려져 있었고

틴토레토 그림. 〈아테나와 아라크네〉. 피렌체 우피치 미술관 소장. 인간 아라크네는 감히 아테나여신과 길쌈대결을 벌이다 결국 거미로 변하는 저주를 얻는다.

땅으로부터는 한 마리의 말이 뛰어나와 있었다. 아테나 자신은 머리에 투구를 쓰고 가슴을 아이기스로 가린 모양이었다. 이러한 모양이 한가운데에서 원을 그리고 있었고 네 귀퉁이에는 신들에게 감히 경쟁하려고 대드는 인간들에 대한 신들의 노여움을 그림으로 예시하는 사건들이 그려져 있었다. 이런 광경은 더 늦기 전에 아라크네가 경쟁을 포기하게 하려는 경고를 의미한 것이었다.

Arachne filled her web with subjects designedly chosen to exhibit the failings and errors of the gods. One scene represented Leda caressing the swan, under which form Zeus had disguised himself; and another, Danae, in the brazen tower in which her father had imprisoned her, but where the god effected his entrance in the form of a golden shower. Still another depicted Europa deceived by Zeus under the disguise of a bull. Encouraged by the tameness of the animal Europa ventured to mount his back, whereupon Zeus advanced into the sea and swam with her to Crete. You would have thought it was a real bull, so naturally was it worked, and so natural the water in which it swam. She seemed to look with longing eyes back upon the shore she was leaving, and to call to her companions for help. She appeared to shudder with terror at the sight of the heaving waves, and to draw back her feel, from the water.

아라크네는 신들의 실패와 잘못을 나타내기 위해 일부러 뽑은 주제로 수를 놓았다. 어떤 장면에는 백조를 쓰다듬는 레다가 그려져 있었는데 이 백조는 제우스가 변장한 형태였다. 다른 장면에는 그의 아버지에 의하여 놋쇠로 만든 탑 속에 갇힌 다나에가 그려져 있었는데, 신이 그 탑에 금 소나기로 변장하여 들어가고 있었다. 또 다른 장면에는 황소로 변장한 제우스에게 속은 에우로페가 그려져 있었다. 그 소가 순해 보이자 에우로페가 등에 올라타니, 제우스는 바다로 들어가 그녀를 등에 업고 크레타 섬으로 헤엄쳐 갔다. 그 장면을 본 사람은 너무나 교묘한 솜씨에 진짜 황소로 생각했을 것이며 황소가 헤엄치고 있는 바다도 진짜로 여겼을 만했다. 에우로페는 동경하는 시선으로 떠나온 해안을 돌아보고 친구에게 구원을 호소하는 것같이 보였다. 그녀는 파도치는 물결을 보며 공포에 떨고 있었고 발꿈치가 물에 빠지지 않도록 몸을 움츠리는 모습이었다.

Arachne filled her canvas with similar subjects, wonderfully well done, but strongly marking her presumption and impiety. Athena could not forbear to admire, yet felt indignant at the insult. She struck the web with her shuttle and rent it in pieces; she then touched the forehead of Arachne and made her feel her guilt and shame. She could not endure it and went and hanged herself. Athena pitied her as she saw her

백조로 변신해 스파르타의 아름다운 왕비 레다를 유혹하는 제우스. 레오나르도 다빈 치(Leonardo da Vinci)의 그림. 트로이전 쟁의 원인이 된 절세의 미녀 헬레나는 바로 이들의 딸이다. 레다의 얼굴이 모나리자의 미소를 연상케 한다.

suspended by a rope. "Live," she said, "guilty woman! and that you may preserve the memory of this lesson, continue to hang, both you and your descendants, to all future times." She sprinkled her with the juices of aconite, and immediately her hair came off, and her nose and ears likewise. Her form shrank up, and her head grew smaller yet; her fingers cleaved to her side and served for legs. All the rest of her is body, out of which she spins her thread, often hanging suspended by it, in the same attitude as when Athena touched her and transformed her into a spider.

아라크네는 그녀의 직물을 이와 비슷한 제재로 채웠는데 그것은 놀랄 만한 작품이었지만 그녀의 오만하고 불경스러운 마음을 나타내고 있었다. 아테나는 아라크네의 솜씨에 감탄을 금할 수 없었지만 역시 그 모욕에 분개하였다. 그래서 북으로 직물을 쳐서 갈기갈기 찢어버렸다. 그리고는 아라크네의 아마에 손을 얹어 그녀가 자기의 죄와 치욕을 느끼게 하였다. 아라크네는 참을 수 없어 나가서 목을 맸다. 아테나는 그녀가 끈에 매달려 있는 것을 보고 불쌍히 여겼다. "죄지은 여인아. 살아나거라. 너와 너의 자손이 영원히 매달려서 이 교훈을 전하거라." 아테나는 아라크네의 몸에다 아코닛 즙을 뿌렸다. 그러자 바로 아라크네의 머리카락은 사라졌다. 코와 눈도 마찬가지였다. 그녀의 몸은 오그라들었고 머리는 더욱 줄어들었다. 손가락은 옆구리에 붙어 다리가 되었다. 나머지는 다 몸뚱이이고, 이 몸뚱이로부터 실을 뽑아 이따금 그 실에 몸을 매달고 있었다. 이것이 아테나가 그녀에게 손을 대어 거미로 만들었을 때의 자세다.

구스타프 클림트의 팔라스 아테나. 1898년 작품.

NIOBE
니오베

The fate of Arachne was noised abroad through all the country, and served as a warning to all presumptuous mortals not to compare themselves with the divinities. But one, and she a matron too, failed to learn the lesson of humility. It was Niobe, the queen of Thebes. She had indeed much to be proud of; but it was not her husband's fame, nor her own beauty, nor their great descent, nor the power of their kingdom that elated her. It was her children; and truly the happiest of mothers would Niobe have been if only she had not claimed to be so. It was on occasion of the annual celebration in honor of Leto and her offspring, Apollon and Artemis,—when the people of Thebes were assembled, their brows crowned with laurel, bearing frankincense to the altars and paying their vows,—that Niobe appeared among the crowd. Her attire was splendid with gold and gems, and her aspect beautiful as the face of an angry woman can be. She stood and surveyed the people with haughty looks.

아라크네의 운명은 널리 나라 곳곳에 전해져 모든 불손한 인간들에게 신들과 자신을 겨루어서는 안 된다는 교훈이 되었다. 그러나 어떤 귀부인은 겸손의 교훈을

배우지 못했다. 테바이의 여왕 니오베였
다. 그녀는 사실 뽐낼 만도 했다. 그녀를
자신만만하게 만든 것은 남편의 명성이나
그녀 자신의 아름다움이 아니었고, 그들
의 혈통도 아니었으며, 그녀를 떠받드는
왕국의 힘도 아니었다. 그것은 그녀의 자
식들이었다. 니오베는 그처럼 주장하지
않았더라면 아마 어머니들 중에서 가장
행복한 어머니였을 것이다. 레토와 그녀
의 자식들인 아폴론과 아르테미스를 기념
하는 연례 축제 때였다. 축제 기간 중 테
바이 사람들은 이마에 월계관을 쓰고 제
단에 유향을 바치며 기원을 하였다. 그때
니오베가 군중 속에서 나타났다. 그녀의

니오베와 그녀의 딸들이 주사위 놀이를 하
며 행복한 시간을 보내고 있다.

차림은 금과 보석으로 휘황찬란하였고, 그 얼굴은 화가 나 있었지만
너무도 아름답게 보였다. 그녀는 멈춰 서서 거만한 태도로 사람들을
바라보았다.

"What folly," said she, "is this!—to prefer beings
whom you never saw to those who stand before
your eyes! Why should Leto be honored with worship, and
none be paid to me? My father was Tantalus, who was
received as a guest at the table of the gods; my mother was a
goddess. My husband built and rules this city, Thebes, and
Phrygia is my paternal inheritance. Wherever I turn my eyes
I survey the elements of my power; nor is my form and

채울 수 없는 갈증과 허기로 고통받는 탄탈로스. 신들의 식탁에 아들의 고기를 내놓은 벌로 신들의 저주를 받는다. 니오베의 아버지이기도 하다. 기원전 4세기에 제작된 고대 그리스의 항아리 그림.

presence unworthy of a goddess. To all this let me add I have seven sons and seven daughters, and look for sons-in-law and daughters-in-law of pretensions worthy of my alliance. Have I not cause for pride? Will you prefer to me this Leto, the Titan's daughter, with her two children? I have seven times as many. Fortunate indeed am I, and fortunate I shall remain! Will any one deny this? My abundance is my security. I feel myself too strong for Fortune to subdue. She may take from me much; I shall still have much left. If I were to lose some of my children, I should hardly be left as poor as Leto with her two only. Away with you from these solemnities,—put off the laurel from your brows,—have done with this worship!" The people obeyed, and left the sacred services uncompleted.

"어리석은 사람들이구나, 눈앞에 보이는 사람을 무시하고 본 일도 없는 자를 택하다니! 어째서 레토를 숭배하고 나를 숭배하지 않는가. 나의 아버지는 신들의 식탁에 초청을 받은 탄탈로스이고 어머니는 여신이었다. 나의 남편은 이 테바이를 건설하고 지배하고 있다. 프리기아는 내가 아버지로부터 물려받은 땅이다. 어디로 눈을 돌리든지 나의 힘이 보인다. 또 나의 모습이나 풍채도 여신 못지 않다. 이 밖에도 내게는 일곱 아들과 일곱 딸이 있어, 어울리는 이웃 나라 가문에서 며느리와 사위를 구하고 있는 중이다. 이 정도면 자랑할 만하지 않은가? 그대들은 타이탄의 딸로 겨우 둘밖에 자식이 없는 레토를 나보다 더 훌륭하게 여기겠는가? 내게는 그 일곱 배나 되는 자녀가 있다. 나는 진정 행복한 여인이요, 장래에도 그럴 것이다. 그것을 누가 부정할 것인가? 나의 많은 자식들이 그 보증이다. 행운의 여신이 지배하기에는 나 자신이 너무도 강하다. 설사 그녀가 얼마만큼 거두어 간다고 할 지라도 내게 남겨진 것들은 많다. 아이들 몇몇을 잃는다 할지라도, 자식이 겨우 둘밖에 없는 레토 같은 빈약한 처지가 되지는 않을 것이다. 이러한 예배는 집어치우고 이마에 쓴 월계관도 벗어버리고 레토에 대한 숭배도 그만 두어라." 백성들은 니오베의 명령에 복종하여 제전을 중지하였다.

The goddess was indignant. On the mountain top where she dwelt she thus addressed her son and daughter: "My children, I who have been so proud of you both, and have been used to hold myself second to none of the goddesses except Hera alone, begin now to doubt whether I am indeed a goddess. I shall be deprived of my worship altogether unless you protect me." She was proceeding in this strain, but Apollon interrupted her. "Say no more," said he; "speech only delays punishment." So said Artemis also. Darting through the air, veiled in clouds, they alighted on the towers of the city. Spread out before the gates was a broad plain, where the youth of the city pursued their warlike sports.

여신 레토는 분개하였다. 여신이 살고 있는 산의 꼭대기에서 아들과 딸에게 이렇게 말했다. "애들아, 너희 둘을 자랑으로 삼아, 헤라 이외에는 어떤 여신한테도 뒤지지 않는다고 생각하던 내가 지금은 여신인지 아닌지 모르게 되었구나. 너희들이 나를 지키지 않는다면 나는 숭배조차 송두리째 빼앗길 것이다." 같은 어조로 계속 말하려 하자 아폴론이 이를 막았다. "더 말씀하시지 마세요. 말씀은 형벌을 지연시킬 뿐입니다." 딸 아르테미스도 같은 말을 했다. 두 신들은 공중을 화살처럼 날아가 구름에 몸을 가리고 테바이 시의 탑 위에 내렸다. 성문 앞에 펼쳐진 너른 들에서 도시의 젊은이들이 전쟁놀이를 하고 있었다.

사냥을 즐기는 아르테미스. 프랑스 르네상스의 중심지 퐁텐블로(Fontainebleau)에 전해 내려온 작가 미상작.

The sons of Niobe were there with the rest,—some mounted on spirited horses richly caparisoned, some driving gay chariots, Ismenos, the first-born, as he guided his foaming steeds, struck with an arrow from above, cried out, "Ah me!" dropped the reins, and fell lifeless. Another, hearing the sound of the bow,—like the boatman who sees the storm gathering and makes all sail for the port,—gave the reins to his horses and attempted to escape. The inevitable arrow overtook him, as he fled. Two others, younger boys, just from their tasks, had gone to the playground to have a game of wrestling. As they stood breast to breast, one arrow pierced them both. They uttered a cry together, together cast a parting look around them, and together breathed their last. Alphenor, an elder brother, seeing them fall, hastened to the spot to render assistance, and fell stricken in the act of brotherly duty. One only was left, Ilioneus. He raised his arms to heaven to try whether prayer might not avail. "Spare me, gods!" he cried, addressing all, in his ignorance that all needed not his intercessions; and Apollon would have spared him, but the arrow had already left the string, and it was too late.

　니오베의 아들들은 그곳에서 다른 청년들과 함께 있었다. 어떤 이들은 호사스럽게 장식한 맹렬한 말을 타고 있었고, 어떤 이들은 화려한 전차를 몰고 있었다. 장남 이스메노스가 거품을 물고 달리는 말 위에서 갑자기 공중에서 날아오는 화살을 맞고 "악!" 하고 부르짖으며 고삐를 놓쳐 땅위에 떨어져 죽고 말았다. 또 다른 아들은 활 소리를 듣자, 마치 폭풍우가 닥쳐오는 것을 보고 선원이 항구를 향해 돛을

아폴론과 아르테미스. 고대 그리스 항아리의 그림.

모조리 활짝 펴고 항해하는 것처럼, 말의 고삐를 틀어쥐고 도망치려 했다. 피할 수 없는 화살은 날아갈 듯 도망치는 그를 뒤따라 잡고야 말았다. 어린 두 소년은 방금 수업을 마치고 씨름을 하러 운동장에 나온 길이었다. 가슴을 서로 맞대고 서 있었을 때, 한 대의 화살이 두 사람을 관통하였다. 두 사람은 함께 비명을 질렀고, 함께 주위에 작별을 고하게 되었으며, 함께 마지막 숨을 거두었다. 그들의 형인 알페노르는 동생들이 쓰러진 것을 보고 이들을 구하려고 그 곳으로 달려갔지만, 형제애를 보이려는 그 자신도 화살에 맞아 쓰러져 버렸다. 일리오네오스 하나만이 남게 되었다. 그는 기도를 드리면 효험이 있지 않을까 하여 하늘을 향해 팔을 올렸다. "신들이여, 도와 주소서." 하고 모든 신들을 부르며 울부짖었다. 모든 신들에게 구원을 청할 필요는 없었다는 것을 몰랐기 때문이었다. 아폴론은 그를 살려 주고 싶었지만 때는 이미 늦어 화살이 활시위를 떠난 후였다.

The terror of the people and grief of the attendants soon made Niobe acquainted with what had taken place. She could hardly think it possible; she was indignant that the gods had dared, and amazed that they had been able to do it. Her husband, Amphion, overwhelmed with the blow, destroyed himself. Alas! how different was this Niobe from her who had so lately driven away the people from the sacred rites, and held her stately course through the city, the envy of her friends, now the pity even of her foes! She knelt over the lifeless bodies, and kissed now one, now another of her dead sons. Raising her pallid arms to heaven, "Cruel Leto," said she, "feed full your rage with my anguish! Satiate your hard heart, while I follow to the grave my seven sons. Yet where is your triumph? Bereaved as I am, I am still richer than you, my conqueror." Scarce had she spoken, when the bow sounded and struck terror into all hearts except Niobe's alone. She was brave from excess of grief. The sisters stood in garments of mourning over the biers of their dead brothers. One fell, struck by an arrow, and died on the corpse she was bewailing.

사람들의 공포와 하인들의 비탄을 듣게 된 니오베는 무슨 사태가 일어났는가를 곧 알아차렸다. 그녀는 그런 일이 가능하리라고는 생각조차 할 수 없었다. 그녀는 신들이 감행한 데 대해서 분노하였고, 신들이 그런 일을 할 수 있었다는 점에 놀랐다. 그녀의 남편인 암피온은 충격에 싸인 나머지 자살하였다. 아, 최근까지만 해도 사람들을 성스러운 제전에서 몰아내며 위풍당당하게 거리를 활보하고, 친구들에게 질투의 표적이었던 니오베와, 지금 그녀의 적에게조차 동정의 대상이 된 니오베는 얼마나 큰 차이가 있는가! 그녀는 죽은 아들들의 시체 앞에 무릎을 꿇고 그 하나 하나에게 입을 맞추었다. 그녀는 창백한 두 팔을 하늘에 들어올리고 말했다. "잔인한 레토여, 나의 고통으로 당신의 분노를 채우게 하라. 내가 아들들을 따라 무덤으로 갈 때 그대의 가슴이 후련해지겠지. 하지만 너무 기뻐하지 말라. 이렇게 아들과 남편을 잃었지만 아직도 나는 나를 치는 당신보다 부유하다." 니오베가 말을 끝내자 활소리가 났고, 니오베를 뺀 나머지 모든 사람은 등골이 오싹해졌다. 니오베는 너무도 슬펐기 때문에 도리어 용감하였다. 자매들은 상복을 차려입고 죽은 오빠들의 관 앞에 서 있었다. 한 명이 화살에 맞아 그녀가 곡하고 있던 시체 위에 쓰러졌다.

니오베의 자식들에게 활을 쏘는 아폴론과 아르테메스. 고대 그리스 항아리.

279

nother, attempting to console her mother, suddenly ceased to speak, and sank lifeless to the earth. A third tried to escape by flight, a fourth by concealment, another stood trembling, uncertain what course to take. Six were now dead, and only one remained, whom the mother held clasped in her arms, and covered as it were with her whole body. "Spare me one, and that the youngest! O spare me one of so many!" she cried; and while she spoke, that one fell dead. Desolate she sat, among sons, daughters, husband, all dead, and seemed torpid with grief. The breeze moved not her hair, no color was on her cheek, her eyes glared fixed and immovable, there was no sign of life about her. Her very tongue cleaved to the roof of her mouth, and her veins ceased to convey the tide of life. Her neck bent not, her arms made no gesture, her foot no step. She was changed to stone, within and without. Yet tears continued

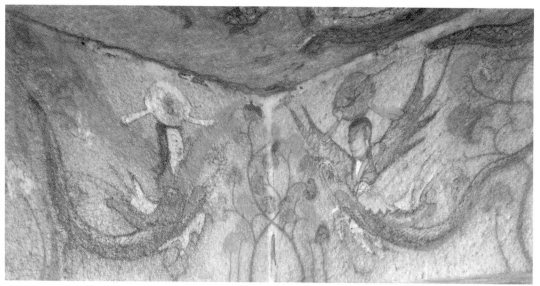

고구려 광개토대왕비가 발견된 집안(輯安)지방의 고대 분묘 벽에 그려진 벽화. 달의 여신과 해의 신으로 보인다.

to flow; and borne on a whirlwind to her native mountain, she still remains, a mass of rock, from which a trickling stream flows, the tribute of her never-ending grief.

다른 딸은 어머니를 위로하려다 갑자기 말을 그치고 죽어 땅 위에 쓰러졌다. 셋째는 도망치려 했고, 넷째는 숨으려 했으며, 또 다른 딸은 어찌할 바를 몰라 그저 벌벌 떨며 서 있었다. 마침내 여섯이 죽고 오직 하나만이 남아, 그 어머니는 이 딸을 두 팔로 끌어당겨 온 몸으로 감싸 안았다. "하나만, 제일 어린 이 아이 하나만 살려주시오. 그 많던 자식 중에서 오직 하나만 살려주시오." 니오베는 부르짖었지만 이렇게 말하고 있는 동안에 그 딸마저 죽어 쓰러졌다. 절망에 빠진 그녀는 죽은 아들들과 딸들과 남편 가운데 앉았다. 미풍도 그녀의 머리카락을 흩날리지 않았으며, 뺨의 혈색은 사라져 버렸고, 그녀의 눈은 살아있는 기색도 없이 한 곳만을 응시한 채 움직이지 않았다. 그녀의 혀는 입천장에 붙어 버렸고, 혈관에서는 생명의 흐름이 그쳤다. 목은 굽혀지지 않았고, 팔도 어떤 몸짓을 보이지 않았으며, 발도 한 발자국 움직이지 않았다. 니오베는 안팎이 모두 돌로 변해 버린 것이다. 하지만 눈물은 계속하여 흘렀고 회오리에 실려 고향의 산으로 날아갔다. 그녀는 지금도 바위덩어리로 남아 있는데, 그 바위로부터 그녀의 그칠 수 없는 슬픔을 이야기하듯 물줄기 하나가 졸졸 흐르고 있다.

H

● **hab, hib** 갖다(hold)

habit[hǽbit] *n.* 습관

exhibit[igzíbit] *vt.* 나타내다, 전시하다 ▶ ex(=out) + hibit(=hold)

She filled her web with subjects designedly chosen to exhibit the failings and errors of the gods. (그녀는 신들의 실패와 잘못을 나타내기 위해 일부러 선택한 제재로 직물을 채웠다.)

prohibit[prouhíbit] *vt.* 금하다, 방해하다 ▶ pro(=forward) + hibit(=hold)

Our government has prohibited the sale of guns except for hunting.

(우리 정부는 수렵용을 제외하고 총기류 판매를 금지해왔다.)

habilitate[həbílətèit] *vt.* 재활교육을 하다 ▶ habilit(=live) + ate

Mrs Sullivan devoted herself to habilitate Helen Keller.

(설리반 선생은 헬렌 켈러를 재활교육시키는 데 평생을 바쳤다.)

　　앤 설리반(1886~1936)　　선생은 불행한 과거를 지니고 있는 여성이었다. 10살 때 남동생과 함께 고아원에 보내졌고 당시의 처참한 환경 속에서 남동생은 죽어갔다. 그녀 또한 눈병에 걸려 실명직전까지 가기도 했다. 파킨스 맹학교에서 교사를 하고 있던 20세에 헬렌 켈러의 가정교사로 들어갔다. 이후 설리반과 헬렌은 사제지간이자 평생의 동반자로 떨어질 수 없는 한몸이 되어 반세기를 살아간다.

　　헬렌 켈러(1880~1968)　　미국 앨라배마주(州) 출생으로 두 살 때 열병을 앓은 후, 소경·귀머거리·벙어리가 되었다. 7살 때부터 가정교사 앤 설리반에게 교육을 받고, 1900년에 하버드대학교에 입학하여 1904년 우등생으로 졸업했다. 영화에 출연도 했으며 미국과 세계전역을 돌아다니며 출판 강연회를 통해 맹농아자의 교육, 사회복지시설의 개선을 위해 노력했다. 채플린, 에디슨, 레닌을 존경하는 인물로 꼽았고 러시아 볼셰비키 혁명을 지지했다. 1937년 조선을 방문한 바 있다. 사진은 그녀가 20살 되던 해 마크 트웨인과 찍은 것이다.

● **herit** 상속인(heir)

heir[ɛər] *n.* 상속인

The shoeshine boy fell heir to the millionaire. (구두닦이 소년은 백만장자의 상속인이

"어떤 기적이 일어나 사흘 동안 눈을 뜰 수 있다면 나는 제일 먼저, 내게 세상 문을 열어주신 설리반 선생님의 얼굴을 보고 싶다. 나를 오늘날까지 가르쳐주신 그분의 얼굴에서 부드러움과 인내의 참모습을 보고 싶다. 친구들을 모두 불러, 고맙고 예쁜 얼굴들을 마음 깊이 간직하고 싶다. 아가의 천진난만한 얼굴과 나를 따르는 믿음직스런 우리집 개들의 눈망울도 보고 싶다. 우리집 거실 바닥의 깔개 색깔, 벽에 걸린 그림도 보고 싶다. 오후에는 숲을 찾아가 자연으로 내 눈을 흠뻑 적시고 싶다. 돌아오는 길엔 밭을 갈고 있는 점잖은 말들도 볼 수 있을 것이다. 어쩜 트랙터를 볼 수 있을지도 모르겠지! 해질녘 하늘을 물들이는 노을을 보고 싶다. 땅거미가 질 때면 사람들이 만든 인공의 빛이 나를 놀라게 할 것이다. 그 날 밤은 하루종일 본 것들이 내 가슴속에 뛰놀아 잠을 제대로 못 이룰 것 같다.

두 번째 날 새벽에는 해가 떠오르는 기적을 보고 싶다. 박물관을 찾아가 지구의 역사와 인류의 발자취를 보고 싶다. 메트로폴리탄 미술관을 찾아가 역사적인 미술품들을 보고 싶다. 저녁에는 극장이나 영화관에서 지내려 한다. 두 번째 밤도 생생한 사람들의 모습이 눈에 아른거려 잠을 청하기가 어려울 것 같다.

마지막 날 아침에도 새벽에 일어나 어제와 분명 다른 해가 떠오르는 모습을 볼 것이다. 엠파이어 스테이트 빌딩 꼭대기로 올라가 뉴욕의 실제 모습과 내 머릿속에 그려본 모습을 맞춰보고 싶다. 북적거리는 길 한 모퉁이에 서서 그곳을 지나가는 사람들의 얼굴을 바라보고 싶다. 사람들의 웃음을 보면 나도 기쁠 것이고 슬픈 얼굴들을 보면 내 마음도 뭉클해질 것이다. 화려한 5번가를 따라 걸어가며 눈을 가늘게 뜨고 거리의 색깔을 예쁘게 뭉개보고 싶다. 거리에 나온 아가씨들의 옷 색깔과 유리창 너머로 진열된 상품에 푹 빠져버릴 것이다. 파크애비뷰, 빈민가, 공장, 아이들이 뛰노는 공원에도 가보고 싶다. 이렇게 해서 내가 볼 수 있는 마지막 기적의 날이 저물어 가겠지. 나는 서둘러 극장으로 뛰어들어가 웃음 넘치는 코미디를 마지막으로 보고 싶다.

한밤중이 되면 내게 허락된 이 빛의 시간은 물러갈 것이고, 영원한 밤이 다시 찾아올 것이다. 내 가슴 속에는 사흘동안 지켜본 너무도 아름다운 추억들이 자리잡고 있어 결코 슬프지 않을 것이다."

Three Days To See - 헬렌 켈러

되었다.)

heiress[ɛ́əris] *n.* 상속녀

heredity[hirédəti] *n.* 유전, 세습 ▶ **hered** + **ity**

inherit[inhérit] *vt.* 물려받다, 상속하다 ▶ **in**(=in) + **herit**

inheritance[inhéritəns] *n.* 물려받음, 상속

heritage[héritidʒ] *n.* 유산, 상속재산 ▶ **herit** + **age**(명사화접미사)

Father's virtue is the best heritage for his child.

(아버지의 덕행은 최고의 유산이다.—격언)

● **helio** 태양(sun)

heliocentric[hì:liouséntrik] *a.* 태양중심의 ▶ **helio**(태양 = sun) + **centr**(=center) + **ic**

The heliocentric theory is issued by Copernicus in 16th century.

(태양 중심설은 16세기 코페르니쿠스에 의해 제기되었다.)

helium[hí:liəm] *n.* 헬륨 : 태양을 관측하면서 발견한 원소. 19세기 발견 당시에 지구상에서의 존재여부가 불확실했지만 태양 속에 존재하는 것이 확실시됐다. 결국 이 원소는 태양을 의미

하는 helio가 붙여져 helium으로 명명됐다.

● **hemo** 피(blood)

hemoglobin[híːməglóubin] *n.* 척추동물의 적혈구 속에 다량으로 들어 있는 색소단백질. 철 (Fe)을 함유하고 있다.

anemia[əníːmiə] *n.* 빈혈 ▶ **an**(=not) + **emia**(= hemo = blood)

hemophilia[hìːməfíliə] *n.* 혈우병 ▶ **hemo**(=blood) + **philia**(=love) : 작은 상처에도 피 가 멎지 않는 병이다.

● **hor** 두려운(fear)

horror[hɔ́ːrər] *n.* 공포, 전율

She, ignorant of all these horrors, counted the days till her husband's promised return. (이 무서운 사건이 일어난 줄도 모르고 그녀는 남편이 돌아오기로 약속한 날을 손꼽 아 기다리고 있었다.)

horrible[hɔ́ːrəbəl] *a.* 공포스러운

Proteus, waking and finding himself captured, immediately resorted to his arts, becoming first a fire, then a flood, then a horrible wild beast, in rapid succession. (잠에서 깨어나 자기가 사로잡힌 것을 깨달은 프로테우스는 곧 재주를 부리기 시작했는데, 처음에는 불로 변했다가 다음에는 강이 되고, 그 다음에는 무서운 야수가 되는 등 재빠르게 변신했다.)

abhor[æbhɔ́ːr] *vt.* 끔찍이 싫어하다. ▶ **ab**(=away) + **hor**(=fear)

Apollon was seized with love, and Daphne abhorred the thought of loving. (아폴론은 사랑의 포로가 되었고, 다프네는 사랑이라는 생각조차 끔찍이 싫어졌다.)

● **huss** 집(house)

hut[hʌt] *n.* 오두막

husband[hʌ́zbənd] *n.*('거주하는 농사꾼' 의 뜻에서) 남편
▶ **hus**(=house) + **band**(농사꾼=boor)

husk[hʌsk] *n.* 껍질

husky[hʌ́ski] *a.* 껍질의, 목이 쉰

Earth, screening her face with her hand, looked up to heaven, and with a husky voice called on Zeus. (대지의 여신은 손으로 얼굴을 가린 채, 하늘을 향하여 쉰 목소리로 제우스에게 도움을 청했다.)

● **hum** 땅(earth), 인간(man) : 대홍수 이후 데우칼리온과 그의 아내 피라가 돌을 뒤로 던져 사람을 만든 이야기 또는 창세기 3장19절 "하나님이 아담에게 이르시며 너는 흙이니 흙으로 돌아갈 것이다" 등에서 〈사람과 땅의 동화(同化, identification)〉를 읽을 수 있다.

human[*hjú:mən*] *n.* 인간 *a.* 인간의

humane[*hju:méin*] *a.* 자비로운, 인도적인

　humane stories (인문과학)　natural science (자연과학)

humble[*hʌ́mbəl*] *a.* 낮은, 비천한, 겸손한

　Iphis was a young man of humble parentage, who saw and loved Anaxarete, a noble lady of the ancient family. (이피스는 가난한 집안에서 태어난 젊은이였는데, 유서 깊은 집안의 아나사레테라는 귀부인을 보고 반해버렸다.)

humiliate[*hju:mílièit*] *vt.* 굴욕감을 주다, 창피를 주다

　The general was humiliated by a common soldier of enemy.

　(장군은 적군의 졸병에게 창피를 당하였다.)

흙으로 빚은 인간에게 생명을 불어넣는 조물주. 미켈란젤로의 그림(1508년).

homage[hámidʒ] *n.* 존경, 경의 ▶ hom(=man) + age

The fame of her beauty was so great that strangers from neighboring countries came in crowds to enjoy the sight, paying her that homage which is due only to Aphrodite. (그녀의 아름다움은 실로 명성이 자자해 이웃 나라에서 사람들이 그녀를 보려고 몰려들었으며 그들은 오직 아프로디테에게만 어울리는 경의를 그녀에게 표했다.)

posthumous[pástʃuməs] *a.* 사후의, 유복자의 ▶ post(후 = after) + hum(=man) + ous

The Koran is posthumous works of Muhammad.(A.D.570? ~ 632).

〔코란은 무함마드(모하메트의 아라비아식 원음)의 사후저작물이다.〕

homicide[háməsàid] *n.* 살인 ▶ homi(=man) + cide(=kill)

신과 인간의 중간 우리 나라 대부분의 절에는 명부전(冥府殿)이 있다. 명계(冥界)를 다스린다는 10명의 왕(대표적인 지옥의 왕 염라대왕도 이 중 5번째 왕이다)을 모시고 있어 시왕전(十王殿)이라고도 한다. 이 곳에 모셔진 존재 중 으뜸은 역시 한가운데 자리잡은 지장보살이다. 헌데 지장이 부처(열반의 세계에 들어간 신적 존재)가 아닌 보살(도를 구하는 사람)이란 점이 흥미롭다. 불교에 따르면 지장은 음탕한 어머니를 구제하기 위해 지옥까지 스스로 내려간 사람이다. "지옥이 다 비워지기 전에는 성불(成佛)하지 않으리라"는 각오를 세우고 지옥의 중생들을 구제하기 위해 애쓰는 인간이다. 신과 인간, 그 사이에 위치하며 서양으로 치면 Saint(聖人)을 떠올리게 하는 동양적 존재다.

● **hydro** 물(water)

hydrogen[háidrədʒən] *n.* 수소(水素)

▶ hydro(=water) + gen(=birth)

hydropower[háidrəpàuər] *n.* 수력

▶ hydro(=water) + power

hydroplane[háidrouplèin] *n.* 수상비행기

hydrophobia[hàidroufóubiə] *n.* 공수병(恐水病)

▶ hydro(=water) + phobia(=fear)

hydra[háidrə] *n.* 히드라, 물가에 사는 괴물

His next labor was the slaughter of the Hydra which dwelt in a

〈헤라클레스와 레르나 샘의 히드라〉. 머리가 아홉 개인 거대한 물뱀 히드라가 헤라클레스를 위협하고 있다. 구스타프 모로의 그림.

swamp near the well. (그의 다음 일은 우물 옆의 늪에서 살고 있는 히드라를 퇴치하는 것
이었다.)

● **hypno** 잠(sleep)

hypnosis[hipnóusis] *n.* 최면상태, 최면술

hypnotherapy[hìpnouθérəpi] *n.* 최면치료, 최면요법

　cf. somni 잠(sleep)

somnambulism[sɑmnǽmbjəlìzəm] *n.* 몽유병

somnolent[sɑ́mnələnt] *a.* 졸린, 최면의

somniferous[sɑmnífərəs] *a.* 잠이 오게 하는, 졸린

insomnia[insɑ́mniə] *n.* 불면증

잠의 신 히프노스(Hypnos)의 두상. 기원전 4세기 그리
스 유적. 히프노스는 로마신화 솜누스(Somnus)에 해
당하며 꿈의 신 모르페우스(Morpheus)의 아버지다.
대영박물관 소장.

Chapter 9 부사 *Adverb*

부사는 동사와 형용사, 분사, 다른 부사, 문장 전체를 수식한다.

1 부사의 형태

① 형용사와 같은 경우: early, enough, fast, hard, long 등

She is an early riser. = She gets up **early**.

He is a hard worker. = He works **hard**.

② 형용사 + ly = 부사

She **carefully** opened the box, but found nothing.

The queen received Herakles **kindly**, and consented to yield him her girdle.

③ 부사 + ly = 다른 뜻의 부사

The bird flew **high**. (높이)

It is **highly** improbable that her husband would ever return. (매우)

We arrived in Seoul an hour **late**. (늦게)

Midas hated the gift he had **lately** coveted. (최근)

Stay **close** to me. (가까이)

Look **closely** at the first chapter. (면밀히)

2 very와 much의 쓰임새

① very

She was very pretty. (원급의 형용사 수식)

The burglar ran very fast. (원급의 부사 수식)

This story is very interesting. (현재분사 수식)

② much

She was much prettier than her sister. (비교급의 형용사 수식)

The burglar ran much faster than the policeman. (비교급의 부사 수식)

He is much interested in that story. (과거분사 수식)

> *cf.* 서술적 용법으로(=보어로)만 쓰이는 형용사 수식: afraid, alike, alive, alone, content, worth 등은 much가 수식
>
> I am **much aware** of that problem. / She was **much afraid** of snakes.

3 부사의 위치

① 동사를 수식하는 부사는 보통 일반동사 앞, 조동사나 be 동사 다음에 놓는다.

The giant **always** rose with renewed strength from every fall.

Grant me this favor that I may **always** remain unmarried, like Artemis.

Hera was **always** hostile to the offspring of her husband by mortal mothers.

cf. 부사의 위치가 절대적인 것은 아니다. 부사가 문장 앞에 오면 Comma를 수반하는 것이 보통이며 문장 전체를 강조한다.

Fortunately, he survived the ordeal.

② 동사가 목적어로 대명사를 가질 경우 〈동사 + 대명사 + 부사〉 순

I took it off. (나는 그것을 벗었다.)

Put it on quickly.

cf. 동사의 목적어가 명사일 가질 경우 〈명사 + 부사〉, 〈부사 + 명사〉 모두 좋다.

I took off my hat. = I took my hat off.

Put your hat on. = Put on your hat.

4 부사의 원급, 비교급 및 최상급

She runs fast.

She runs faster than her sister.

She runs fastest of all her family. (형용사와 달리 the가 붙지 않는다.)

5 관계부사

종속절에서 부사역할을 한다. 부사 = 전치사 + 명사. 따라서 전치사 + which로 바꿔 쓸 수 있다. 이 때 전치사는 종속절에서 필요한 것임에 유의하자. 관계부사 앞의 선행사는 생략이 가능하다.

He reached an open space **where**(= in which) the chief scene of the orgies met his eyes.

Next morning, **when**(= in which) Eos had put out the stars, they met at the accustomed spot.

Tell me your name, and the name of your country, and the reason **why**(= for which) you are thus bound.

Hermes told him **how** the instrument on which he played was invented.

(how는 선행사를 갖지 않는다.)

PERSEUS AND MEDUSA
메르세우스와 메두사

구스타프 클림트의 〈다나에〉. 1908년 작품.

Perseus was the son of Zeus and Danae. His grandfather Acrisius, alarmed by an oracle which had told him that his daughter's child would be the instrument of his death, caused the mother and child to be shut up in a chest and set adrift on the sea. The chest floated towards Seriphus, where it was found by a fisherman who conveyed the mother and infant to Polydectes, the king of the country, by whom they were treated with kindness. When Perseus was grown up Polydectes sent him to attempt the conquest of Medusa, a terrible monster who had laid waste the country. She was once a beautiful maiden whose hair was her chief glory but as she dared to vie in beauty with Athena, the goddess deprived her of her charms and changed her beautiful ringlets into hissing serpents. She became a cruel monster of so frightful an aspect that no living thing could see her without being turned into stone. All around the cavern where she dwelt might be seen the stony figures of men and animals which had chanced to catch a glimpse of her and had been petrified with the sight.

페르세우스는 제우스와 다나에 사이에 태어난 아들이었다. 그의 외조부 아크리시오스는 외손자 때문에 죽게 되리라는 신탁에 놀라 다나에와 그녀의 아들을 궤짝에 넣어 바다에 띄워 버렸다. 궤짝이 세리

신탁의 실현을 두려워한 아크리시오는 다나에를 청동탑에 가두지만 제우스는 금화로 둔갑해 소나기가 되어 다나에에게 접근하고 있다. 티치아노(Tiziano Vecellio)의 1553년 작품. 마드리드 프라도 미술관 소장.

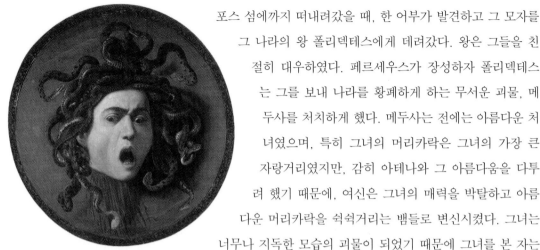

〈메두사〉. 카라바지오(Caravaggio)의 그림 (1599년).

포스 섬에까지 떠내려갔을 때, 한 어부가 발견하고 그 모자를 그 나라의 왕 폴리덱테스에게 데려갔다. 왕은 그들을 친절히 대우하였다. 페르세우스가 장성하자 폴리덱테스는 그를 보내 나라를 황폐하게 하는 무서운 괴물, 메두사를 처치하게 했다. 메두사는 전에는 아름다운 처녀였으며, 특히 그녀의 머리카락은 그녀의 가장 큰 자랑거리였지만, 감히 아테나와 그 아름다움을 다투려 했기 때문에, 여신은 그녀의 매력을 박탈하고 아름다운 머리카락을 쉭쉭거리는 뱀들로 변신시켰다. 그녀는 너무나 지독한 모습의 괴물이 되었기 때문에 그녀를 본 자는 누구나 돌로 변했다. 그녀가 살고있는 동굴의 주위에서 사람과 동물 모습의 돌들을 볼 수 있는데, 이는 그녀를 한 번 보고 굳어져버린 것들이었다.

Perseus, favored by Athena and Hermes, the former of whom lent him her shield and the latter his winged shoes, approached Medusa while she slept and taking care not to look directly at her, but guided by her image reflected in the bright shield which he bore, he cut off her head and gave it to Athena, who fixed it in the middle of her Aegis.

페르세우스는 아테나와 헤르메스의 총애를 받아, 아테나로부터 빌린 방패와 헤르메스로부터 빌린 날개돋친 신을 신고, 메두사가 잠들어 있을 때 접근하였다. 그는 그녀를 직접 바라보지 않도록 조심하여, 지니고 간 반들거리는 방패 속에 비치는 그녀의 모습을 보고 그녀의 머리를 베었다. 그 머리를 아테나에게 바치자, 아테나는 그것을 자기의 아이기스 방패 한가운데에 붙였다.

PERSEUS AND ATLAS
페르세우스와 아틀라스

After the slaughter of Medusa, Perseus, bearing with him the head of the Gorgon, flew far and wide, over land and sea. As night came on, he reached the western limit of the earth, where the sun goes down. Here he would gladly have rested till morning. It was the realm of King Atlas, whose bulk surpassed that of all other men. He was rich in flocks and herds and had no neighbor or rival to dispute his state. But his chief pride was in his gardens whose fruit was of gold, hanging from golden branches, half hid with golden leaves. Perseus said to him.

bulk[bʌlk] *n.* 크기, 거대함
surpass[sərpǽs] *vt.* 능가하다, 낫다

황금의 열매가 열리는 〈헤스페리데스의 정원〉. 19세기 영국의 화가 프레데릭 레이턴 경(Leighton, Frederic Lord)의 그림. 커다란 뱀이 잠자지 않고 열매를 지키고 있다.

메두사를 처치한 후에 페르세우스는 그 고르곤의 머리를 들고 멀리 육지와 바다를 건너 날아갔다. 저녁 무렵이 되어서야 그는 해가 지

는 서쪽 끝 땅에 도달했다. 여기에서 그는 다음날 아침까지 편히 쉬려고 하였다. 그곳은 세상 그 누구보다 거대한 인간인 아틀라스 왕의 나라였다. 그에게는 가축떼가 많았고 영토를 다툴 만한 이웃 나라나 적수가 없었다. 하지만 그의 제일 자랑거리는 황금열매의 정원이었다. 그 열매는 황금 잎에 반쯤 가려져 황금 가지에 매달렸다. 페르세우스는 그에게 말했다.

"I come as a guest. If you honor illustrious descent, I claim Zeus for my father; if mighty deeds, I plead the conquest of the Gorgon. I seek rest and food." But Atlas remembered that an ancient prophecy had warned him that a son of Zeus should one day rob him of his golden apples. So he answered, "Go away! or neither your false claims of glory nor parentage shall protect you;" and he attempted to thrust him out. Perseus, finding the giant too strong for him, said, "Since you value my friendship so little, deign to accept a present;" and turning his face away, he held up the Gorgon's head. Atlas, with all his bulk, was changed into stone. His beard and hair became forests, his arms and shoulders cliffs, his head a summit, and his bones rocks. Each part increased in bulk till he became a mountain, and heaven with all its stars rests upon his shoulders.

"나는 손님으로서 여기에 왔습니다. 당신이 빛나는 가문을 귀히 여기시신다면 나는 제우스의 아들임을 밝히는 바입니다. 당신이 위업을 귀하게 여기신다면 내게는 고르곤을 정복한 위업이 있습니다. 내게 휴식과 음식을 주시기 바랍니다." 그러나 아틀라스는 제우스의 아들이 어느 날 자기의 황금 사과를 빼앗아 갈 것이라고 한 옛날의 어떤 예언을 기억하고는 이렇게 말했다. "물러가거라. 너의 거짓된 업적이나 가문 덕에 무사하지는 못할 것이다." 이렇게 아틀라스는 페르세우스를 몰아내려고 했다. 페르세우스는 아틀라스가 상대하기엔 너무도 강한 거인임을 깨닫고 말했다. "그대가 나의 우정을 너무도 하찮게 평가하기에 선물을 주겠소." 그리고는 자기의 얼굴을 옆으로 돌리며 고르곤의 머리를 치켜 들었다. 거인 아틀라스의 온 몸은 돌로 변했다. 그의 수염과 머리털은 숲이 되었고 팔과 어깨는 절벽, 머리는 산봉우리, 뼈는 바위가 되었다. 각 부분은 덩어리채로 점점 커져서 마침내 산이 되었고 하늘은 모든 별들과 더불어 그의 어깨에 의지하게 되었다.

하늘을 들고 있던 아틀라스는 지동설이 확립된 근세에 들어 지구를 드는 모습으로 변화해갔다. 1500년경 네덜란드의 지리학자 메르카토르가 최초의 근대식 지도를 펴내며 표지 그림으로 아틀라스를 넣었고 그 후 지도책은 아틀라스라고 불리게 되었다.

THE SEA-MONSTER
바다 괴물

Perseus, continuing his flight, arrived at the country of the ethiopians, of which Cepheus was king. Cassiopeia his queen, proud of her beauty, had dared to compare herself to the Sea-nymphs, which roused their indignation to such a degree that they sent a prodigious sea-monster to ravage the coast. To appease the deities, Cepheus was directed by the oracle to expose his daughter Andromeda to be devoured by the monster. As Perseus looked down from his aerial height he saw the virgin chained to a rock, and waiting the approach of the serpent. She was so pale and motionless that if it had not been for her flowing tears and her hair that moved in the breeze, he would have taken her for a marble statue. He was so startled at the sight that he almost forgot to wave his wings. As he hovered over her he said, "O virgin, undeserving of those chains, but rather of such as bind fond lovers together, tell me, I beseech you, your name, and the name of your country, and why you are thus bound."

페르세우스는 계속 하늘을 날아가 에티오피아인들이 사는 나라에 도착하였다. 그 나라의 왕은 케페우스였다. 카시오페이아 왕비는 자신의 아름다움에 자만하여 자기를 바다의 님프들에 비교하였다. 노한 님프들은 거대한 바다 괴물을 보내 해안

을 휩쓸게 했다. 신들의 노여움을 풀기 위
해서 케페우스는 딸 안드로메다를 괴물에
게 먹이로 바쳐야 한다는 신탁을 받았다.
페르세우스가 하늘에서 내려다보니, 처녀
가 바위에 사슬로 묶여 뱀이 다가오는 것
을 기다리고 있었다. 그녀는 얼굴이 너무
도 창백했고 꼼짝도 하지 않았기 때문에,
흐르는 눈물과 미풍에 흩날리는 머리카락
이 아니었더라면 페르세우스는 그녀를 대
리석상으로 여겼을 것이다. 그는 이 광경
을 보고 너무나 놀라 날개 젓는 것을 잊을
뻔했다. 그는 그녀의 위를 날며 말했다.
"오, 처녀여. 서로 사랑하는 이들을 결합
시키는 이로 대접받아야 할 그대가 이런
쇠사슬에 묶여 있다니! 원하노니 내게 그
대의 이름과 나라 이름, 그리고 왜 그대가
이처럼 묶여 있는지 말해 주시오."

프레데릭 레이턴 경(Leighton, Lord
Frederic)의 〈페르세우스와 안드로메다〉.

At first she was silent from modesty, and, if she could, would have hid her face with her hands; but when he repeated his questions, for fear she might be thought guilty of some fault which she dared not tell, she disclosed her name. And that of her country, and her mother's pride of beauty. Before she had done speaking, a sound was heard off upon the water, and the sea-monster appeared, with his head raised above the surface, cleaving the waves with his broad breast. The virgin shrieked, the father and mother who had now arrived at the scene, wretched both, but the mother more justly so, stood by, not able to afford protection, but only to pour forth lamentations and to embrace the victim. Then spoke Perseus; "There will be time enough for tears; this hour is all we have for rescue. My rank as the son of Zeus and my renown as the

프랑소아 르므완(Francois Lemoyne)의 〈페르세우스와 안드로메다〉. 1723년 작품.

slayer of the Gorgon might make me acceptable as a suitor; but I will try to win her by services rendered, if the gods will only be propitious. If she be rescued by my valor, I demand that she be my reward." The parents consent and promise a royal dowry with her.

정숙한 그녀는 처음에는 아무 말도 하지 않았다. 오히려 할 수만 있었다면 얼굴을 손으로 가렸을 것이다. 그러나 그가 되풀이하여 물어보자, 잠자코 있으면 어떤 죄나 잘못을 저질렀을 것이라고 의심받을 것 같아 자기 이름과 나라 이름, 그리고 어머니가 아름다움을 자만했던 사실을 밝혔다. 그녀가 말을 끝내기도 전에 바다에서 어떤 소리가 나더니, 바다 괴물이 나타나 머리를 수면 위에 내놓고 넓은 가슴으로 파도를 가르는 것이었다. 처녀는 비명을 질렀고, 이 광경을 바라보게 된 부모는 가슴이 찢어졌다. 특히 어머니는 더욱 그러해 어찌 도울 방법도 없이 다만 서서 비탄에 몸부림치며 제물이 된 딸을 부둥켜 안을 따름이었다. 이때 페르세우스가 말했다. "눈물은 나중에 얼마든지 흘릴 수 있습니다. 지금은 빨리 따님을 구해야 할 때입니다. 제우스의 아들이라는 신분과 고르곤의 정복자라는 나의 명성은 구혼자로서의 자격을 충족할 것입니다. 하지만 신들의 가호 덕분에 공훈을 이루고 따님을 얻고자 합니다. 제가 무용(武勇)을 떨쳐 따님을 구하면 상으로 제게 주시기 바랍니다." 부모는 승낙하여 딸과 더불어 지참금으로 왕국을 줄 것을 약속했다.

베네치아 파(派)의 거장 베로네세 (Veronese, Paolo, 1528~1588)가 그린 〈페르세우스와 안드로메다〉. 16세기 후반 작품.

A nd now the monster was within the range of a stone thrown by a skilful slinger, when with a sudden bound the youth soared into the air. As an eagle, when from his lofty flight he sees a serpent basking in the sun, pounces upon him and seizes him by the neck to prevent him from turning his head round and using his fangs, so the youth darted down upon the back of the monster and plunged his sword into its shoulder. Irritated by the wound, the monster raised himself into the air, then plunged into the depth; then, like a wild boar surrounded by a pack of barking dogs, turned swiftly from side to side, while the youth eluded its attacks by means of his wings. Wherever he can find a passage for his sword between the scales he makes a wound, piercing now the side, now the flank, as it slopes towards the tail. The brute spouts from his nostrils water mixed with blood. The wings of the hero are wet with it, and he dares no longer trust to them. Alighting on a rock which rose above the waves, and holding on by a

〈안드로메다를 구출하는 페르세우스〉. 루벤스의 그림. 페르세우스가 메두사의 머리를 붙인 무적의 방패 아이기스를 들고 날개 달린 말 페가소스 곁에 서 있다.

projecting fragment, as the monster floated near he gave him a death stroke. The people who had gathered on the shore shouted so that the hills reechoed with the sound. The parents, transported with joy, embraced their future son-in-law, calling him their deliverer and the savior of their house, and the virgin, both cause and reward of the contest, descended from the rock.

바다 괴물은, 투석의 명수가 돌을 던져 맞출 만한 지점까지 접근해 왔다. 그때 젊은이는 갑자기 대지를 박차고 하늘 높이 몸을 치솟았다. 독수리가 높이 날다가 햇볕을 쬐고 있는 뱀에게 덤벼들어 그 목을 쪼아 독아(毒牙)의 사용을 막는 것처럼, 젊은이는 괴물의 등짝으로 돌진해 들어가 놈의 어깨쭉지를 칼로 찔렀다. 상처를 입어 화가 난 괴물은 공중으로 몸을 일으켰다가 바다 속으로 들어갔다. 그리고 짖어대는 개들에게 둘러싸인 멧돼지처럼 빠르게 몸을 이리저리 돌렸다. 그러나 젊은이는 날개를 이용해 괴물의 공격을 피했다. 청년은 괴물의 비늘사이로 칼이 들어갈 곳만 발견하면 옆구리에서 꼬리까지 이곳저곳을 찔러 상처를 냈다. 괴물은 콧구멍으로 피가 섞인 바닷물을 내뿜었다. 영웅의 날개는 그 핏물에 젖어 더 이상 쓸모가 없었다. 그는 파도 위로 솟아 있는 바위 위에 내려와 돌출한 것을 잡고, 괴물이 가까이 떠왔을 때 치명타를 가했다. 해안에 모여 있던 군중의 환성으로 언덕이 울렸다. 처녀의 부모는 기쁨에 넘쳐 그들의 사윗감을 껴안고, 그가 가문을 구원했노라고 외쳤다. 이윽고 이 투쟁의 원인이자 보상인 처녀가 바위로부터 내려왔다.

Vocabulary Study

I

● **isle** 섬(island)

isolate[áisəlèit] *vt.* 고립시키다, 격리시키다 ▶ isol(=island) + ate

There is no grief deeper than the consciousness that we are isolated.

(고립되었다는 의식보다 더한 슬픔은 없다.)

peninsula[pinínʃələ] *n.* ('거의 섬'에서) 반도(半島) ▶ pen(=almost) + insula(=island)

● **it** 걷다(walk)

exit[égzit] *n.* 출구 ▶ ex(=out) + it(=walk)

initial[iníʃəl] *a.* 처음의 *n.* 첫 글자 ▶ in(in) + it(=walk) + ial

R.O.K. is the initials of 'Republic Of Korea.'

(R.O.K.는 'Republic Of Korea'의 머릿글자다.)

initiate[iníʃièit] *vt.* 시작하다, 개시하다 ▶ in(=into) + it(=go) +iate(동사화접미사)

initiative[iníʃiətiv] *n.* 주도, 선도, 주도권

It was reported that the Red Guards took the initiative of the Cultural Revolution movement in China. (중국의 문화혁명은 홍위병이 주도한 것으로 알려졌다.)

obituary[oubítʃuèri] *n.* 사망기사, 부고 ▶ ob(=over) + itu(=walk) + ary(명사화접미사)

transit[trǽnsit] *n.* 통과 *vi.vt.* 통과하다 ▶ trans(가로질러 = across) + it(걷다 = walk)

transitive[trǽnsətiv] *a.* 과도적인

a verb transitive = *v.t.* 타동사   a verb intransitive = *v.i.* 자동사

transient[trǽnʃənt] *a.* 일시적인, 덧없는 ▶ trans(=across) + i(=walk) + ent

He lamented over transient affairs of life. (그는 덧없는 세상사에 슬퍼했다.)

perish[périʃ] *vi.* 사라지다, 죽다 ▶ per(=complete) + ish(=go)

Hero became aware of his death, and in her despair cast herself down from the tower into the sea and perished. (헤로는 그의 죽음을 알게 되었고, 절망한 나머지 그녀도 탑에서 바다로 몸을 던져 죽어버렸다.)

circuit[sə́:rkit] *n.* 회로, 순회(巡廻) ▶ circu(원 = circle) + it(=walk)

Hades took a circuit of inspection to satisfy himself of the extent of the damage. (하데스는 피해의 정도를 확인하기 위해서 시찰의 순회를 떠났다.)

무지개의 여신 이리스가 헤라를 도와 아르고스의 눈을 공작새에게 달고 있다.

> **이리스와 무지개**   무지개의 여신 이리스(Iris)라는 이름을 인체에 적용한 예가 있다. 1721년 덴마크의 학자 윈슬로는 눈의 색깔이 있는 부분, 즉 홍채를 iris라고 명명했다. 다양한 색깔의 꽃이 피는 붓꽃의 이름 역시 iris이다. 1804년 영국의 스미스 테넌트는 자신이 발견한 금속의 염류 수용액이 여러 가지 색깔을 보이자 이리스의 이름을 따서 이리듐(Iridium)이라고 불렀다. 이리듐은 천연으로는 백금광석 속에 유리(遊離) 상태 또는 합금으로서 존재하는 은백색 금속이다.

J

● **ject** 던지다(throw)

conjecture[kəndʒéktʃər] *n.* 추측 *vt.* 추측하다, 억측하다

  ▶ con(=together) + ject(=throw) +ure

They made a conjecture that the beggar might be the prince.

(그들은 그 거지가 왕자라고 추측했다.)

projcet[prədʒékt] *vi.vt.* 돌출하다, 던지다, 발사하다

There is a cliff which projects into the sea. (바다로 돌출한 절벽이 있다.)

object[ábdʒikt] *n.* 목적, 대상 *vi.vt.* 싫어하다, 반대하다

  ▶ ob(=against) + ject(=throw)

The dart of Jason misses its object, and kills instead one of their own dogs.

(이아손의 창은 목표물을 벗어나 그들의 개 한 마리를 죽였다.)

reject[ridʒékt] *vt.* 거절하다 ▶ re(=back) + ject(=throw)

The youth rejected his father's admonition and held to his demand.

(청년은 아버지의 훈계를 저버리고 제 주장을 계속 폈다.)

● **join**　결합하다(join)

adjoin[ədʒɔ́in] 결합하다 ▶ ad(=to) + join

　　Their parents occupied adjoining houses; and neighborhood brought the young people together.

　　(그들 부모의 집이 연접해 있어서 이웃사이가 된 그 젊은 이들은 가까워졌다.)

junction[dʒʌ́ŋkʃən] *n*. 접합, 연결점

rejoin[ri:dʒɔ́in] *vi.vt*. 재결합시키다, 대답하다

　　Eros heard these words, and rejoined, "My arrow shall strike you."

　　(에로스가 이 말을 듣고 대답했다. "나의 화살로 당신을 맞출 테야.")

● **journ**　날(day)

journey[dʒɔ́:rni] *n*. 여행 ▶ journ(=day) + ey

journal[dʒɔ́:rnəl] *n*. 신문, 정기간행물 ▶ journ(=day) + al

adjourn[ədʒɔ́:rn] *vi.vt*. 날을 뒤로 옮기다, 연기하다 ▶ ad(=toward) + journ(=day)

　　The meeting was adjourned one-sidedly. (그 만남은 일방적으로 연기되었다.)

● **jus**　정의(justice)

adjust[ədʒʌ́st] *vi.vt*. 바르게 하다, 조정하다 ▶ ad(=to) + just

　　The gangsters adjusted their watch to rob the bank.

　　(그 갱 단원들은 은행을 털기 위해 자기들의 시계를 맞추었다.)

justify[dʒʌ́stəfài] *vt*. 정당화하다. ▶ justi(=justice) + fy

injure[índʒər] *vt*. ('정의롭게 한다'는 뜻에서) 상처를 입히다 ▶ in(=into) + jure

정의(正義) 서양에서 정의를 실현할 때는 상처와 아픔이 따른다. 정의의 여신은 한 손에는 저울을 들어 판단의 근거를 삼고, 한 손에는 칼을 들어 의롭지 못한 편을 치는 존재다. 의로운 존재를 부축하고 돕기보다는 의롭지 못한 자에게 복수의 칼을 휘두르는 것이다. 이에는 이, 눈에는 눈으로 보복함으로써 정의를 구현하려 한 고대 바빌로니아의 함무라비 법전과 일맥상통한다.

우리 고조선의 팔조법금을 보면 '남에게 상처를 입힌 자는 곡식으로 갚는다'는 말이 나온다. 발전적인 정의의 실현이다. 널리 사람을 이롭게 한다는 홍익인간의 정의(正義)는 피해자도 가해자도 더 이상 상처받음 없이 모두 평화를 누리게 하고 있다.

정의의 여신상

● **jun** 젊은(young)

junior[dʒúːnjər] *n.* 연소자, 아들 2세, 대학 3학년

juvenile[dʒúːvənəl] *a.* 젊은, 소년소녀의

juvenile literature 소년문학

YMCA = Young Men's Christian Association

월남 이상재(月南 李商在, 1850~1927) 일제 때 조선인들은 일본 형사를 '나리'라 하고 제복경찰을 '개'라고 몰래 불렀다. 선생이 YMCA강당에서 연설을 하는데 곳곳에 일본의 형사와 경찰이 감시의 눈을 번득이며 틈틈이 자리 잡고 있는 것을 보셨다. 이에 선생은 너털웃음을 웃으시며 "아 여기 개나리들이 많이 피었구만" 하셨다.

개혁당 사건으로 옥고를 치른 선생은 1904년 석방되면서 옥중에서 받아들인 기독교와 선교사들을 찾는다. 이후 선생은 황성기독교청년회(YMCA)의 전신을 통해 나라의 독립과 인민의 깨우침을 위해 헌신적으로 활동하셨다. 청년이라는 말은 이 무렵에 쓰여지기 시작한 말로서 당시 그 말의 신선함으로 전국적으로 유행하였다.

선생은 독실한 기독교인이면서도 천도교나 불교 등 여러 종교에 대해 개방적인 사고를 지니셨다. 종교라면 모름지기 선(善)을 가르치는 것이니만큼 우리 민족이 '선에 강한 민족'이라 하며 긍지를 가지셨다. 기독교인의 조상숭배 문제에 관해서는 다음과 같은 말씀을 남기셨다. "조선혼(朝鮮魂)을 잃지 말아야지, 미신이 아닌 이상 부모의 제사지냄이 무엇이 그르랴."

선생은 75세의 연세로 1924년 9월 조선일보의 사장으로 모셔져 신문의 친일기관지적 성격을 민족지로 변모시키시는 데 앞장서셨으며 1927년 1월 일제하 최초의 민족단일당 민족협동전선 신간회(新幹會)회장으로 추대되기에 이른다. 신간회란 고목신간(古木新幹), 곧 오래된 나무에서 새 가지가 뻗어난다는 뜻에서 지어진 이름이다.

1927년 3월 30일 신문 호외가 선생의 부음을 전 조선에 알린다. 당시 우리 나라 초유의 사회장으로 치러진 선생의 장례는 114명의 장례위원과 각계 심지어 반(反)기독교 운동계를 포함한 246단체, 20여만 서울 시민의 오열 속에, 온 겨레의 눈물로 적셔졌다.

(민경배 선생이 쓰신 「2002년 3월의 문화인물, 한국문화예술진흥원」에서 발췌 인용했다. 서울 종로 종묘 앞 시민공원에 선생의 동상이 모셔져 있다.)

Chapter 10 조동사 *Auxiliary Verb*

조동사의 과거형은 '표현을 조심스럽게 = 부드럽게' 하는 공통점이 있다.

---

1 Can, Could

1 Can

① 능 력

I can can the can. (나는 깡통을 딸 수 있다.)

② Cannot: 강한 부정의 추측

She cannot have said so. (그녀가 그렇게 말했을 리 없다.)

Love cannot dwell with suspicion. (사랑은 의심과 공존할 수 없다.)

③ 허 가

Can I come in?

2 Could

① 과거의 능력

I could never climb that mountain.

② 허 가: can 보다 공손한 표현

Could you show me the way to the bus-stop?

③ 현재의 능력: can보다 의미가 약하다.

We could go to the dance hall. (우리는 댄스홀에 갈 수 있을 거야.)

I couldn't sew it. (나는 아무래도 그것을 꿰매지 못할 것 같다.)

---

2 May, Might

1 May

① 허 락

You may call her a reporter, but you cannot call her a journalist.

(너는 그녀를 기자라고 부를 수 있어도 언론인이라고 부를 수는 없다.)

② 추 측 : can보다 약하다.

He may come here tomorrow. (그는 내일 여기 올지 모른다.)

③ 능 력

Gather roses while you may.

[할 수 있을 때 장미꽃을 모아라. (청춘은 다시 돌아오지 않는다. – 격언)]

④ 소 원

I wish he may succeed. (나는 그가 성공하기 바란다.)

⑤ 관용적 표현

- may well ~ : 당연하다

  Her father was a patriot. She may well be proud of him.

  (그녀가 부친을 자랑스러워하는 것은 당연하다.)

- may as well ~ : ~하는 것이 낫다(= had better)

  You may as well do the homework at once.

  (너는 지금 당장 숙제를 하는 것이 좋다.)

2 Might

May보다 부드러운 표현이다.

① 허 락 : may보다 공손한 표현

Might I sing a song here?

② 추 측 : may의 과거형

She thought his words might be true.

(그녀는 그의 이야기가 사실일지도 모른다고 생각했다.)

③ 가능성 : may보다 약한 가능성

It might be true.

You might have been a lawyer. (너는 법률가가 될 수도 있었다.)

④ 관용적 표현

- might as well say that A as say that B.

  (B라고 하느니 차라리 A라고 하는 게 낫다.)

  You might as well say that white is black as say that he is a genius.

  (그를 천재라고 하느니 차라리 흰색을 검다고 말하는 것이 낫다.)

- as might have been expected : 예상한 대로

  He, as might have been expected, has succeeded in foreign trade.

  (그는 예상한 대로 해외무역에서 성공을 거뒀다.)

3 Shall, Should

1 Shall

주어가 아니라 타인의 의지로 행위가 이루어질 때 보통 쓰인다.

① 운명이나 필연의 의지

All life shall one day be extinct.

(모든 생명은 언젠가 죽게 마련이다.)

② 말하는 사람(speaker)의 의지 (평서문)

He shall not go.

(그가 못 가도록 하겠다.)

You shall have the money tomorrow.

(당신에게 내일 돈을 주겠습니다.)

You shall stay here as long as you like.

(좋다면 얼마든지 머무르게 해주겠습니다.)

Apollon said to Daphne, "you **shall** assuredly be my tree."

(아폴론이 다프네에게 말했다. "그대는 분명 나의 나무가 되리라.")

③ 상대방의 의사를 물을 때 (의문문)

Shall I explain this? (설명 드릴까요?)

Shall he wait? (그에게 기다리라고 할까요?)

2 Should

Shall의 의미를 보다 조심스럽게(=부드럽게) 전달한다.

① 의 무

Those who live in glass houses should not throw stones.

(약점이 있는 자는 남을 비방해서는 안 된다. – 격언)

② 불확실한 미래

If she should come, ask her to wait.

(혹시 그녀가 오면 기다리라고 해주세요.)

③ 주절에서 감정(기쁨, 놀람, 슬픔, 유감 등)을 표시한 경우 that절에서 should + 동사원형

It is strange that he **should say** so.

(그가 그런 말을 하다니 이상하군요.)

I am sorry that this **should have happened**.

(이런 일이 일어나 유감입니다.)

④ 주절에서 insist, propose, suggest, order, agree, decree 등 제안이나 명령을 할 때 that절에서 should를 사용하여 조심스러운 표현을 만든다. (미국인들은 Should 를 생략하고 동사원형만 쓰는 경향이 있다.)

He **insists** that she should come to the party.

She **suggested** that they should withdraw the troops from Vietnam.

Both armies **agreed** that the brothers should decide their quarrel by single combat. (양편의 군대는 형제들이 단 일회전으로 그들의 분쟁을 결말짓기로 합의했

다.)

The gods **decreed** that the city should be awarded to that one who produced the gift most useful to mortals. (신들은, 인간에게 가장 쓸모 있는 선물을 내리는 신이 그 도시를 차지할 것이라고 선언했다.)

⑤ should + have + p.p. = 과거에 대한 후회

I should have studied harder in my school days.

(나는 학창 시절 더 열심히 공부를 했어야만 했어.)

⑥ Why, How와 함께 쓰여 의무적 성격을 반문한다.

Why in the world should she go? (왜 그녀가 가야 하지?)

How should I know? (내가 어떻게 알겠어?)

---

4 Will, Would

1 Will

① 주어의 강한 의지

I will never again vote for him.

② 예 상

You will hear of this. (이 일에 관해 알게 될 겁니다.)

③ 주어의 습관, 경향

He will come to see me on Saturday. (그는 토요일이면 나를 만나러 온다.)

This door won't open. (이 문은 잘 안 열린다.)

④ 요 청

Will you tell me the way to the subway station?

(Tell me… 에 비해 부드러운 표현)

2 Would

① 의지, 고집

He would ignore other's rights. (그는 타인의 권리를 무시하곤 한다.)

② 과거의 습관 (used to에 비해 조심스럽다. 즉 덜 규칙적이다.)

She would sit for hours doing nothing.

(그녀는 아무 것도 안하고 몇 시간씩 앉아 있곤 했다.)

cf. He **used to** buy the papers at this store at 7 a.m.

(그는 아침 7시면 이 가게에서 신문을 사곤 했다.)

③ If-가정법의 주절에서 (가정법 참조)

If I had been your place, I would not have offered him the drinks.

(내가 당신 입장이라면 그에게 술을 권하지 않았을 텐데.)

④ 부드러운 요청

Would you show me the ticket, please?

(표 좀 보여 주시겠습니까?)

⑤ 조심스러운 가능성

That would be our teacher.

(저 사람은 우리의 선생님일 것이다.)

5 Must, Have to

1 Must

① 의무 (Have to와 바꿔 쓸 수 있다)

Children must obey their elders.

(아이들은 어른들에게 복종해야 한다.)

② 주장, 고집

She must have everything her own way.

(그녀는 무엇이든지 자기 고집대로 하고야 만다.)

③ 긍정적 확신

She must have been a beautiful girl in her days.

(그녀는 왕년(往年)에 아름다운 소녀였을 것이다.)

cf. 부정적 확신에 쓰이는 말은 cannot

She cannot be a Muslim. (그녀가 이슬람교도일 리 없다.)

④ must not: 강한 금지

You must not drive a car. (당신은 운전해서는 안 됩니다.)

2 Have to

① 의무 (Must와 바꿔 쓸 수 있다.)

You have to know about Vietnam War exactly.

(당신은 베트남 전쟁에 대해 정확히 알아야만 한다.)

② Don't have to = Need not = ~할 필요 없다.

We don't have to make wars upon small countries.

(우리는 약소국과 전쟁을 할 필요가 없다.)

③ **had to**: 과거의 의무

We had to engage the Vietnam War by the U.S.A.

(우리는 미국에 의해 베트남 전쟁에 개입해야 했다.)

---

6 Ought to, Used to

1 Ought to

의무를 나타내는 should와 거의 쓰임새가 같다.

Hera could not bear any longer to be pleaded with for one already dead, and to have hands raised to her altars that ought rather to be offering funeral rites.

(헤라는 이미 죽은 사람을 위한 탄원을 더 이상 들을 수 없었으며, 장례를 치러야 할 손이 자기의 제단에 기도로 올려지는 것을 견딜 수 없었다.)

2 used to

① 과거의 습관(Would에 비해 더 규칙적임)

The tender messages used to pass backward and forward through the gap.

(감미로운 메시지가 갈라진 틈을 사이로 오고갔다.)

② 과거의 상태

Where is that love of me that used to be uppermost in your thoughts?

(당신의 뇌리에 가장 귀하게 자리잡고 있었던 나에 대한 사랑은 어디 있나요?)

> *cf.* used to + 원형 동사: 과거의 습관이나 상태
>
> be used to + ~ing(동명사): …에 익숙하다
>
> She used to call on him every Sunday.
>
> (그녀는 매우 일요일마다 그를 방문했다.)
>
> He is used to getting up early in the morning.
>
> (그는 아침 일찍 일어나는 데에 익숙하다.)

THE SPHINX
스핑크스

Laius, king of Thebes, was warned by an oracle that there was danger to his throne and life if his new-born son should be suffered to grow up. He therefore committed the child to the care of a herdsman with orders to destroy him; but the herdsman, moved with pity, yet not daring entirely to disobey, tied up the child by the feet and left him hanging to the branch of a tree. In this condition the infant was found by a peasant, who carried him to his master and mistress, by whom he was adopted and called Oedipus, or Swollen-foot. Many years afterwards Laius being on his way to Delphi, accompanied only by one attendant, met in a narrow road a young man also driving in a chariot. On his refusal to leave the way at their command the attendant killed one of his horses, and the stranger, filled with rage, slew both Laius and his attendant. The young man was Oedipus who thus unknowingly became the slayer of his own father.

테바이의 왕 라이오스는 새로 탄생한 그의 아들이 그대로 성장하면 왕위와 생명이 위험에 빠질 것이라는 신탁을 받았다. 그래서 왕은 아이를 어느 양치기에게 맡기면서 죽이라고 명령하였다. 그러나 양치기는 아이가 불쌍하여 죽일 수도, 또 명령을 어길 수도 없어 아이의 발을 묶어 나뭇가지에 매달아놓고 도망쳤다. 때마침 어떤 농부가 아이를 발견하고는 농장주인 부부에게 데려가니 그들이 아이를 키우기로 하고 오이디푸스, 즉 '부푼 발'이란 이름을 지어줬다. 몇 년이 흐른 뒤 라이오스는 시종 하나만을 데리고 델포이로 가는 도중에, 마찬가지로 이륜마차를 몰고 오는 청년과 좁은 길에서 마주쳤다. 길을 비키라는 명령을 청년이 거부하자, 왕의 시종은 청년의 말 한 마리를 죽였다. 이에 청년은 격분하여 라이오스와 그의 시종을 모두 베었다. 이 청년이 오이디푸스였으니, 그는 저도 모르는 사이에 친아버지를 살해하고 만 것이다.

〈오이디푸스와 스핑크스〉. 구스타프 모로(Gustave Moreau)의 그림(1864). 스핑크스의 얼굴이 너무도 아름답다.

Shortly after this event the city of Thebes was afflicted with a monster which infested the highroad. It was called the Sphinx. It had the body of a lion and the upper part of a woman. It lay crouched on the top of a rock, and arrested all travellers who came that way, proposing to them a riddle, with the condition that those who could solve it should pass safe, but

19세기 고전파 화가 앵그르(Ingres, Jean Auguste Dominique)의 〈오이디푸스와 스핑크스〉. 오이디푸스 뒤로 사람이 놀라 도망가는 모습이 보이고 스핑크스가 서 있는 바위틈에서는 시체와 유골이 보인다. 파리 루브르 박물관 소장. 앵그르는 16세 때 파리의 다비드에게 사사하였으며 이탈리아에 체류하면서 라파엘로의 화풍을 연구하였다. 초상화가로서도 고전풍의 세련미를 발휘하여 많은 작품을 남겼으며 대표작으로 〈제우스와 테티스〉 등이 있다.

those who failed should be killed. Not one had yet succeeded in solving it, and all had been slain. Oedipus was not daunted by these alarming accounts, but boldly advanced to the trial. The Sphinx asked him, "What animal is that which in the morning goes on four feet, at noon on two, and in the evening upon three?" Oedipus replied, "Man, who in childhood creeps on hands and knees, in manhood walks erect, and in old age with the aid of a staff." The Sphinx was so mortified at the solving of her riddle that she cast herself down from the rock and perished.

이 사건이 일어나고 얼마 안 가서 테바이에 어떤 괴물이 나타나 큰 길에 자주 출몰하는 재난이 닥쳐왔다. 괴물은 스핑크스라고 불렸으며 사자의 몸뚱이에 상반신은 여자의 모습이었다. 놈은 바위 꼭대기에 웅크리고 앉아 있다가 길가는 사람을 붙잡아 수수께끼를 내주며, 그것을 푸는 자는 무사히 지나갈 수 있지만 풀지 못한 자는 생명을 앗아가겠노라 위협했다. 수수께끼를 푼 사람은 아직 한 사람도 없었기 때문에 모두가 죽음을 당했다. 오이디푸스는 이 끔찍한 이야기를 듣고도 겁내지 않고 오히려 대담하게 시험해 보려갔다. 스핑크스가 그에게 물었다. "아침에는 네 발로 걷고, 정오에는 두 발로 걷고, 저녁에는 세 발로 걷는 동물은 무엇이냐?" 오이디푸스는 대답했다. "그것은 인간이다. 인간은 어릴 때 두 손과 두 무릎으로 기어다니고, 커서는 두 발로 서며, 늙어서는 지팡이를 짚고 다니기 때문이다." 스핑크스는 자기가 낸 수수께끼가 풀려버리자 굴욕을 느낀 나머지 바위 밑으로 몸을 던져 사라졌다.

The gratitude of the people for their deliverance was so great that they made Oedipus their king, giving him in marriage their queen Jocasta. Oedipus, ignorant of his parentage, had already become the slayer of his father; in marrying the queen he became the husband of his mother. These horrors remained undiscovered, till at length Thebes was afflicted with famine and pestilence, and the oracle being consulted, the

오이디푸스 콤플렉스를 주창한 오스트리아의 천재 심리학자 지그문트 프로이트가 소장했던 스핑크스. B.C. 5세기 제작 추정. 높이 18cm의 테라코타. 런던의 프로이트 박물관 소장.

double crime of Oedipus came to light. Jocasta put an end to her own life, and Oedipus, seized with madness, tore out his eyes and wandered away from Thebes, dreaded and abandoned by all except his daughters, who faithfully adhered to him, till after a tedious period of miserable wandering he found the termination of his wretched life.

사람들은 오이디푸스에 의하여 구출된 것을 감사히 여겨 그를 나라의 왕으로 받들고 이오카스타 왕비와 혼인케 했다. 오이디푸스는 자기의 부친인지도 모르고 이미 부친을 살해하였고 또 왕비와 결혼함으로써 자기 모친의 남편이 되었다. 이러한 무서운 일들이 밝혀지지 않은 채 세월이 흘러 마침내 테바이에 기근과 전염병이 일어나게 되었다. 신탁에 물어보니 오이디푸스의 두 범행이 밝혀졌다. 이오카스타는 자살하고, 오이디푸스는 미쳐서 자기의 눈을 후벼파고 테바이를 떠나 헤매 다녔다. 그는 모든 사람으로부터 공포와 손가락질의 대상이 되었으나, 오직 그의 딸들만큼은 그를 애처롭게 보살폈다. 길고 비참한 방랑생활 끝에 그의 불쌍한 생애는 종말을 맞이했다.

PEGASUS AND CHIMAERA
페가소스와 키마이라

compound[kámpaund] a. 복합의 n.복합체
havoc[hǽvək] n. 파괴, 황폐화 vt. 파괴하다

When Perseus cut off Medusa's head, the blood sinking into the earth produced the winged horse Pegasus. Athena caught and tamed him and presented him to the Muses. The fountain Hippocrene, on the Muse's mountain Helicon, was opened by a kick from his hoof. The Chimaera was a fearful monster, breathing fire. The fore part of its body was a compound of the lion and the goat, and the hind part a dragon's. It made great havoc in Lycia, so that the king, Iobates, sought for some hero to destroy it. At that time there arrived at his court a gallant young warrior, whose name was Bellerophon. He brought letters from Proetus, the son-in-law of Iobates, recommending Bellerophon in the warmest terms as an unconquerable hero, but added at the close a request to his father-in-law to put him to death. The reason was that Proetus was jealous of him, suspecting that his wife Antea looked with too much admiration on the young warrior. From this instance of Bellerophon being

〈네 명의 뮤즈들과 페가소스〉. 네덜란드의
화가 에페르딩겐(Everdingen, Caesar
van)의 1650년 작품.

unconsciously the bearer of his own death warrant, the expression "Bellerophontic letters" arose, to describe any species of communication which a person is made the bearer of, containing matter prejudicial to himself.

페르세우스가 메두사의 목을 베었을 때 그 피가 스며들어간 땅 속에서 날개 돋친 말, 즉 페가소스가 나왔다. 아테나는 그 말을 잡아 길들인 후에 뮤즈들에게 선물했다. 뮤즈가 사는 헬리콘 산 위의 히포크레네 샘은 페가소스의 발굽에 채여서 생긴 것이다. 키마이라는 불을 뿜는 무서운 괴물이었다. 몸뚱이의 앞은 사자와 염소를 합친 것 같았고, 뒤는 용의 모습이었다. 괴물이 리키아 땅을 크게 설치고 다녔기 때문에 이오바테스 왕은 이 괴물을 퇴치할 용사를 찾고 있었다. 바로 그때 그의 궁전에 벨레로폰이라는 젊은 용사가 도착했다. 젊은이는 이오바테스의 사위 프로이토스의 편지를 가지고 왔다. 프로이토스는 벨레로폰을 용감무쌍한 영웅이라고 매우 치켜세우고 있었으면서도 편지 끝에는 장인더러 그를 죽여 달라는 의뢰를 첨부해 놓았다. 그 이유는 프로이토스가 그를 질투하기 때문이었는데, 아내 안테이아가 그 젊은 용사를 지나친 감탄의 눈길로 바라보았다는 것이었다. 자기도 모르는 채 자기의 사형 집행 영장을 가지고 온 이 벨레로폰의 경우로부터 "벨레로폰의 편지"란 말이 생겼는데, 이는 어떠한 종류든지 지참해간 사람 자신에게 불리한 내용을 담은 편지를 가리키게 되었다.

Iobates, on perusing the letters, was puzzled what to do, not willing to violate the claims of hospitality, yet wishing to oblige his son-in-law. A lucky thought occurred to him, to send Bellerophon to combat with the Chimaera. Bellerophon accepted the proposal, but before proceeding to the combat consulted the soothsayer Polyidus, who advised him to procure if possible the horse Pegasus for the conflict. For this purpose he directed him to pass the night in the temple of Athena. He did so, and as he slept Athena came to him and gave him a golden bridle. When he awoke the bridle remained in his hand. Athena also showed him Pegasus drinking at the well of Pirene, and at sight of the bridle the winged steed came willingly and suffered himself to be taken. Bellerophon mounted him, rose with him into the air, soon found the Chimaera, and gained an easy victory over the monster.

peruse[pərú:z] *vt.* 정독(精讀)하다
oblige[əbláidʒ] *vt.* 시키다, 소원을 들어주다

이오바테스는 이 편지를 읽고서 어찌할 바를 몰라 당황했다. 손님을 환대하지 않을 수도 없었지만 또 사위의 소원 역시 들어주고 싶었던 것이다. 마침 그에게 좋은 생각이 떠올랐다. 벨레로폰을 보내어 키마이라와 겨루게 하는 일이었다. 벨레로폰은 그 제안을 받아들였다. 그러나 괴물과 싸우러 가기 전에 예언자 폴리도스와 상의하니, 예언자는 괴물과 싸우기 전에 가능한 한 페가소스라는 말을 얻으라고 충고하는 것이었다. 그러기 위해서는 아테나의 신전에서 밤을 보내야

한다고 일렀다. 그가 지시에 따라 자고 있는 가운데 아테나가 나타나 그에게 황금 재갈을 주었다. 그가 잠에서 깨어났을 때 재갈이 그의 손에 쥐어져 있었다. 또한 아테나는 페가소스가 피레네 샘에서 물을 마시고 있다는 것도 보여주었다. 재갈을 본 날개 돋친 말은 순순히 다가와 몸을 맡겼다. 벨레로폰은 말 등에 타고 공중으로 날아 올라 잠시 후 키마이라를 발견하고 쉽사리 그 괴물을 퇴치했다.

After the conquest of the Chimaera Bellerophon was exposed to further trials and labors by his unfriendly host, but by the aid of Pegasus he triumphed in them all, till at length Iobates, seeing that the hero was a special favorite of the gods, gave him his daughter in marriage and made him his successor on the throne. At last Bellerophon by his

키마이라를 퇴치하는 벨레로폰. 티에폴로 (Tiepolo, Giovanni Battista, 1696~ 1770)의 그림.

pride and presumption drew upon himself the anger of the gods; it is said he even attempted to fly up into heaven on his winged steed, but Zeus sent a gadfly which stung Pegasus and made him throw his rider, who became lame and blind in consequence. After this Bellerophon wandered lonely through the Aleian field, avoiding the paths of men, and died miserably.

벨레로폰이 키마이라를 퇴치한 후에도, 그를 미워하는 주인은 여러 가지 시련과 일을 강요했지만, 페가소스 덕분에 그는 모두 성공을 거두었다. 결국 이오바테스는 벨레로폰이 신들의 각별한 은총을 받는다는 것을 알고 그의 딸과 결혼시켜 왕위의 계승자로 정했다. 훗날 벨레로폰은 자만심과 오만함이 넘쳐 신들의 노여움을 얻게 되었다. 전하는 바에 의하면 그는 그의 날개 달린 말을 타고 하늘에까지 올라가려 했다고 한다. 허나 제우스는 등에를 보내 페가소스를 쏘아 기수(騎手)를 떨어뜨리게 했다. 이로 인해 벨레로폰은 절름발이가 되었고 눈까지 멀게 되었다. 그 후 벨레로폰은 사람들을 피해 알레이안의 들판을 외로이 방황하다가 비참한 최후를 마쳤다.

Vocabulary Study

K

● **kin** 혈통(blood)

kin[kin] *n.* 친척, 혈통

kind[kaind] *n.* 종류

akin[əkín] *a.* 혈족의, 유사한 ▶ a(=toward) + kin(=blood)

   Pity is akin to love. (동정은 사랑에 가깝다.—격언)

> **성씨(姓氏)와 아들**　영국·미국인의 성씨(姓氏) 중 MacArthur는 Arthur의 아들이란 뜻이다. McDonald 는 Donald의 아들이란 뜻이다. Mac, Mc는 junior(아들)의 사투리인 셈이다. Johnson, Davidson 역시 John, David의 son이란 뜻이다. Smith라는 말은 원래 대장장이를 가리킨다. Smithson은 대장장이의 아들이란 뜻이고 이것이 성(姓)으로 굳어진 것이다. Bible에 보면 예수는 목수의 아들로 표현되는 경우가 많다.

L

● **labor** 땀흘리다

labor[léibər] *n.* 노동 *vi.vt.* 수고하다, 노동하다

laboratory[lǽbərətɔ̀:ri] *n.* 실험실 ▶ laborat + ory(장소)

labyrinth[lǽbərìnθ] *n.* 미로, 미궁 ▶ labyr(=labor) + inth(=into)

   The monster was kept in a labyrinth constructed by Daedalus.

   (괴물은 다이달로스가 만든 미로에 갇혀 있었다.)

● **lap** 미끄러지다(slip)

lapse[læps] *n.* 착오, 실수 *vi.* 타락하다

   lapse of the tongue 〔실언(失言)〕

collapse[kəlǽps] *n.* 무너짐 *vi.vt.* 무너지다, 무너뜨리다

   ▶ col(함께 = together) + lapse(미끄러지다 = slip)

   The extravagancy caused Rome to collapse. (사치함으로 인해 로마는 망했다.)

● lect   모으다, 고르다(gather, choose)

collect[kəlékt] *vi. vt.* 수집하다, 모으다 ▶ col(=together) + lect(모으다 = gather)

neglect[niglékt] *n.* 무시, 태만 *vt.* 무시하다, 게을리 하다 ▶ neg(=not) + lect(=gather)

The hero forgot the signal appointed by his father, and neglected to raise the white sails, and the old king, thinking his son had perished, put an end to his own life. (영웅은 아버지와 약속한 신호를 잊고 흰 돛을 달지 않았다. 노왕은 아들이 죽은 줄 알고 자결을 했다.)

recollect[rèkəlékt] *vt.* 회상하다, 다시 생각하다

Recollecting the danger that such a conflagration might set heaven itself on fire, Zeus changed his plan, and resolved to drown it. (그러한 대화재가 하늘도 불붙일 위험이 있다고 생각한 제우스는 계획을 바꾸어 세상을 물에 잠기게 해야겠다고 결심하였다.)

elect[ilékt] *vt.* 뽑다, 선출하다 ▶ e(=out) + lect(=choose)

intelligent[intélədʒənt] *a.* 지적인, 총명한

▶ intel(=between) + lig(=choose) + ent(형용사화접미사)

Athena is the goddess of excellent intelligence. (아테나는 매우 총명한 여신이다.)

> **망각의 강 Lethe**   그리스신화에서 죽은 자들의 영혼은 지하세계에 흐르는 강 레테(Lethe)에서 강물을 마신다. Lethe는 그리스말로 '망각'을 뜻하며 이 물을 마신 자는 전생의 일들을 까맣게 잊게 된다. lethergy(혼수상태). lethargic(혼수상태의). lethal(죽음을 부르는, 치명적인)의 어원이 된다.

● liber   자유의(free)

liberate[líbərèit] *vt.* 해방시키다 ▶ liber(=free) + ate(동사화접미사)

liberal[líbərəl] *a.* 자유의 ▶ liver(=free) + al(형용사화접미사)

deliver[dilívər] *vt.* 구출하다, 해방시키다, 배달하다 ▶ de(=out) + liver(=free)

The rapt of medusa was deliverd by the ship of Argus.

(메두사의 뗏목은 아르고스호에 의해 구출되었다.)

> **메두사의 뗏목**   1816년 프랑스의 군함 메두사 호는 아프리카 세네갈 앞 바다에서 파선했다. 배가 가라앉게 되자 선장과 고급 선원들은 구명보트를 타고 떠났고 하급 선원들과 승객들은 뗏목을 만들어 망망대해를 정처없이 떠돌았다. 결국 뗏목에서 죽음과 싸우던 15명이 아르고스 호에 의해 극적으로 구출되었다. 당시 프랑스 사회를 뒤흔들었던 이 사건은 1819년 제리코(Gericault, Theodore)가 그림으로 옮겼다. 목수를 시켜 실제 뗏목을 재현시키기까지 하여 만든 제리코의 〈The rapt of Medusa〉는 대형 화폭(5M x 7M)으로 극적인 현장을 증언하고 있다. 파리 루브르 박물관 소장.

● **lig** 묶다(bind)

colleague[káliːg] *n.* 동료, 친구 ▶ col(=together) + league(=bind)

religion[rilídʒən] *n.* 종교, 신앙 ▶ re(=again) + lig(=bind) + ion

oblige[əbláidʒ] *vt.* 복종시키다, 의무로 지우다 ▶ ob(=on) + lige(=bind)

Psyche was obliged to go with her own feet directly down to underground world. (프시케는 지하세계를 향해 제 발로 직접 내려갈 수밖에 없었다.)

● **line** 선(line)

linen[línin] *n.* 린넨: 아마(亞麻)로 짠 섬유

lingerie[làːndʒərèi] *n.* 여자 속옷, 란제리, 린넨 제품이라는 프랑스말

식물성섬유　　마직물은 인류역사상 의복용 섬유로는 가장 오래된 역사를 갖고 있다. 이집트에서 기원전 3천년에 만들어진 미이라는 고운 마(아마: 亞麻)로 둘러쳐져 있다. 우리 나라 역시 상(喪)을 치를 땐 베옷을 쓰는 풍습이 있다. 통풍이 잘 되고 가슬가슬한 느낌이 좋아 여름 옷감으로 요즘도 잘 쓰인다. 고조선시대에도 마포로 옷을 지어 입은 것으로 보이며 신라 말 경순왕의 아들은 베옷을 입고 금강산으로 들어갔다고 전해져 마의태자(麻衣太子)라고도 불린다. 고려 말 문익점의 목화씨 수입 이후 면포와 더불어 마포는 우리의 대표적 옷감이었으며 특히 충남 서천의 '한산모시'는 조선 모시의 대명사로 유명하다.

outline[áutlàin] *n.* 윤곽, 개요 *vt.* 윤곽을 잡다

delineate[dilínièit] *vt.* 묘사하다, 윤곽을 그리다

▶ de(=away) + line + ate

The statesman delineated the image of social welfare in his address.

(그 정치가는 그의 연설에서 사회복지의 이미지를 그렸다.)

원슬로우 호머의 〈생명줄 The Life Line〉. 19세기 후반의 미국화가 윈슬로우 호머(Winslow Homer, 1836~1910)는 바다를 주제로 그림들을 많이 그렸다.

● **lingu** 언어(language)

lingual[língwəl] *a.* 혀의, 말의

linguistics[liŋgwístiks] *n.* 언어학, 어학

● **liter** 글자(letter)

literature[lítərətʃər] *n.* 문학, 학술

obliterate[əblítərèit] *vt.* 흔적을 없애다, 지우다 ▶ ob(=out) + liter(=letter) + ate

He could not obliterate his fault on his mind.

(그는 자신의 실수를 마음속에서 지울 수 없었다.)

● loc 장소(place)

locate[loukéit] *vt.* 위치를 정하다, 위치에 놓다

▶ loc(=place) + ate(동사화접미사)

location[loukéiʃən] *n.* 위치, 위치선정, 야외촬영

locomotive[lòukəmóutiv] *n.* ('장소를 옮기다' 의 뜻에서) 기관차

▶ loco(=place) + motive 〔동기(動機)〕

locomotion[lòukəmóuʃən] *n.* 운동, 이동

allocate[ǽləkèit] *vt.* 할당하다, 분배하다

▶ al(=to) + loc + ate

The old king was obliged to allocate the territory to his sons and daughters. (노왕은 그의 영토를 아들들과 딸들에게 나누어주어야만 했다.)

프라고나르(Fragonard, Jean Honore)의 〈연애편지 The Love Letter〉. 1770년경 작품.

● log 말하다(speak)

dialogue[dáiəlɔ̀ːg] *n.* 대화

▶ dia(=between) + logue(말하다 = speak)

dialect[dáiəlèkt] *n.* 사투리 ▶ dia(=between) + lect(말하다 = speak)

prologue[próulɔːg] *n.* 머리말, 서론 ▶ pro(앞으로 = forward) + logue

epilogue[épilɔ̀ːg] *n.* 끝말, 폐막사 ▶ epi(=on) + logue

apology[əpálədʒi] *n.* 사과, 변명 ▶ apo(=from) + logy

apologize[əpálədʒàiz] *vt.* 사과하다

콩글리시 콩글리시는 한국판 영어사투리를 가리킨다. 실제 미국 혹은 영국(English는 분명 England 말인데 우리는 영국식 발음을 사투리 취급한다)에서 쓰이지 않고 우리 땅에서 쓰이는 영어. 월드컵에 즈음해 '파이팅'이란 말이 논란을 일으켰다. 우리 한국인은 그 말을 '열심히 싸워라, 힘내라'는 뜻으로 쓰는 데 반해 외국인들은 제대로 이해하기 힘들기 때문이다. 하지만 정작 영어에는 우리말 '파이팅'과 같이 풍부한 뜻의 말이 없다. 기껏 'Go' 정도이다. 우리가 콩글리시를 경멸한다면 우리는 '핸드폰' 대신에 '셀룰러폰', '(자동차)핸들' 대신에 '스티어링 휠'이라고 불러야 한다. TV야구중계에서는 왜색을 벗어버린다는 명분이 더해져 이미 '포볼' 대신에 '베이스 온 볼즈', '데드볼' 대신에 '히트 바이 피치트 볼'이 쓰여지고 있다. 초등학교 꼬흘리개들까지 어렵고도 몇 배의 길이를 가진 말을 외워야 하는 것은 불쌍한 노릇이다. 잡초 같은 생명력으로 퍼지는 언어는 나름의 경제적·문화적 이유가 있다. 우리 땅에서 '논'이라는 의미로 쓰이는 '畓'이 중국에는 없다. 우리 땅에서 만들어진 漢字와 英語에 대해 여러분은 어떻게 생각하는가?

You must apologize to this client for waiting for such a long time.

(당신은 이 손님이 이토록 오래 기다리게 한 데 대해 사과해야 한다.)

● lud 놀다(paly)

prelude[prélju:d] *n.* 전주곡 ▶ pre(=before) + lude(놀다 = play)

allude[əlú:d] *vt.* 암시하다, 넌지시 말하다 ▶ al(=to) + lude(=play)

collude[kəlú:d] *vi.* 결탁하다, 공모하다 ▶ col(=together) + lude(=play)

The manager colluded with his lawyer to cover his illegal deeds.

(사장은 그의 불법행위를 감추려 변호사와 공모했다.)

elude[ilú:d] *vt.* 회피하다, 벗어나다 ▶ e(=out) + lude(=play)

elusive[ilú:siv] *a.* 회피하는, 교묘한

The lawyer tried to elude the law by his elusive speech.

(그 변호사는 교묘한 말재주로 법망을 빠져나가려 했다.)

delude[dilú:d] *vt.* 속이다, 현혹하다 ▶ de(=from) + lude(=play)

Artemis removed him from the power of his deluded father and false stepmother, and placed him in Italy.

(아르테미스는 현혹된 아버지와 그릇된 계모의 세력으로부터 그를 이탈리아로 데려갔다.)

● ly 풀다(loosen)

analyze[ǽnəlàiz] *vt.* 분석하다, 분해하다 ▶ ana(=up) + ly(=loosen) + ze

Water cannot simply be analyzed into hydrogen and oxygen. You forgot the minerals!

paralyze[pǽrəlàiz] *vt.* 마비시키다, 무력화하다

▶ para(옆에 = beside) + ly(=loosen) + ze

Authorities concerned was afraid of general strike which could paralyze the whole country. (관계당국은 전국을 마비시키는 총파업을 두려워했다.)